一次讀懂心靈探索經典50

SPIRITUAL CLASSICS

湯姆・巴特勒─鮑登

TOM BUTLER-BOWDON

通往自我發現、
開悟與生命目的精義的捷徑

游淑峰──譯

時報出版

目次 *Content*

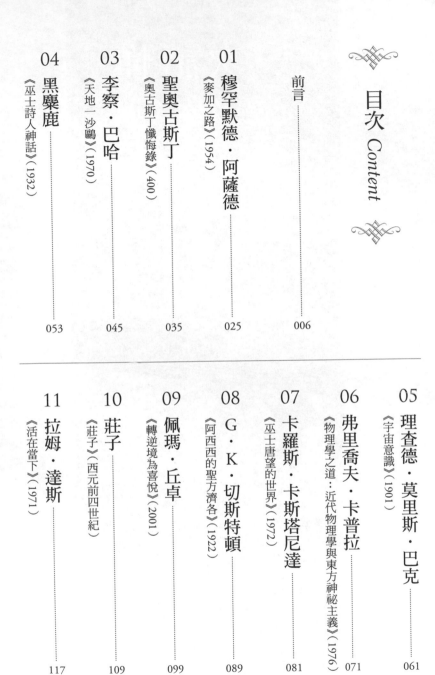

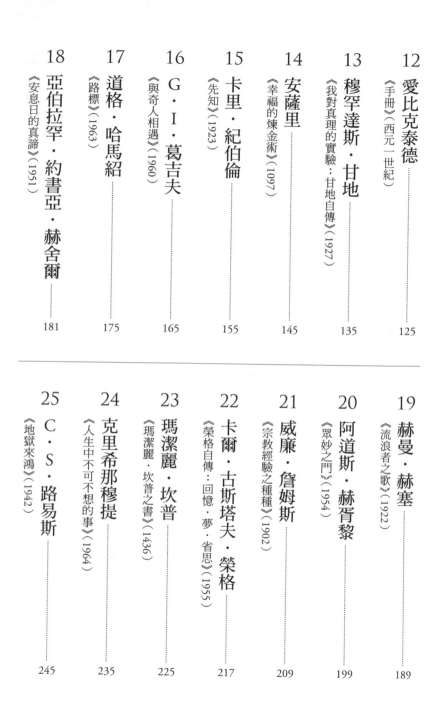

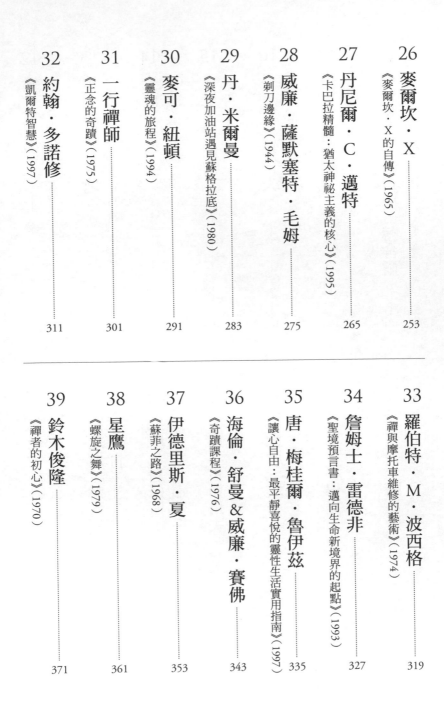

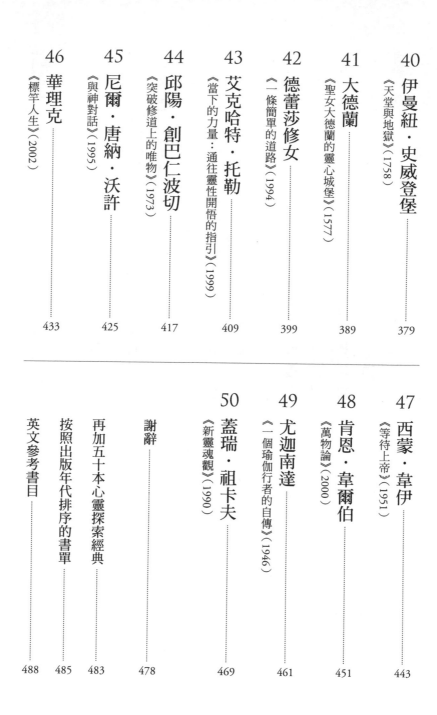

前言

《一次讀懂心靈探索經典》是個人成長三部曲中的第三部，第一部是《一次讀懂自我成長經典》。這本書探索了許多自我成長著作的里程碑，包括「原創的」勵志書，如《聖經》、《道德經》、《法句經》與《薄伽梵歌》，加上當代最傑出的作者，例如狄巴克．喬布拉（Deepak Chopra）、偉恩．戴爾（Wayne Dyer）、蘇珊．傑佛斯（Susan Jeffers）、湯瑪斯．摩爾（Thomas Moore）與達賴喇嘛。接下來第二本是《一次讀懂成功學經典》，這本書特別介紹了領導、動機與富足這些主題中的重要著作，焦點比較放在世俗的成功。

《一次讀懂心靈探索經典》寫作的前提是，單是追求物質上的安全感最終不會令人滿意，而且即使是情感上的安全感或偉大的知識，都不足以支持我們——我們生來要尋求更大問題的解答。個人成長的弔詭之處在於，從邏輯上說到底，它需要我們超越自我。意義存在於我們關注的狹小範圍之外。

英文「spiritual」（精神的、心靈的、靈性的）這個字來自拉丁文的「呼吸」——這是我們最平常與自然的動作。撇開其他的不說，這本書的目的，是要去除心靈經驗等同怪力亂神的保守觀念；相反地，心靈經驗使我們之所以為人。

如果你感覺生命中缺乏聖潔的信仰或神祕經驗，這本書中呈現的一些想法也許可以為你所渴望的豐富生命提供入門之鑰。如果你已經達到某種心靈水平，但發現還不夠滿足，這本書也許會讓你思考，你是否有更深層的生命目的要完成。

《一次讀懂心靈探索經典》比較不是關於宗教或神學，而是個人的心靈開悟與覺知的開展。因此，它聚焦於多位知名心靈導師級人物的人生故事，包括戲劇性的改宗或堅信，也包括橫跨一生的生命目的發掘。藉著探究使這些人蛻變的原因，我們得以開始了解我們自身的心靈潛能。

想當然耳，許多偉大的作者與著作理應被囊括在心靈探索經典的書單之中。然而，這份書單的主旨不是概括世界各種宗教，而是提供一個橫跨時空的多種偉大心靈觀點。有些讀者可能會訝異看見古老的著作與現代暢銷書並陳，但這本書關心的不是該本書寫作的年代，而是它傳達的意念所展現的力量。過去二十年，通俗心靈寫作有復興之態勢，而這些選書目的是提供一些傑出的著作參考，即便評審仍在觀望它們是否會成為亙古不移的經典，或者它們到底算不算「優秀的」著作。

在每一篇評論的開始，我列出了本質相似或主題相關的書目（同場加映）。就如同與《一次讀懂自我成長經典》有部分書目重疊一樣，有些建議延伸閱讀的書目是來自《一次讀懂成功學經典》。

心靈探索著作是集體智慧的寶藏，至少等同於科學、哲學、詩歌或小說的偉大藏書。這本書中的評論只是管窺這些偉大遺產的堂奧，但我希望它們能提升你對這些著作深度與廣度的感知。

以下我大致列出這些文本中的一些主題，作為你閱讀評論之指引，並且簡短介紹這些著作可能引導的重要心靈啟迪。

偉大靈性的生命

- 穆罕默德．阿薩德《麥加之路》
- 聖奧古斯丁《奧古斯丁懺悔錄》
- G．K．切斯特頓《阿西西的聖方濟各》
- 拉姆．達斯《活在當下》
- 赫曼．赫塞《流浪者之歌》
- 瑪潔麗．坎普《瑪潔麗．坎普之書》
- 麥爾坎．X《麥爾坎．X的自傳》
- 威廉．薩默塞特．毛姆《剃刀邊緣》

靈性（spirituality）如果不是為了轉化我們的生命，它的目的是什麼？想一想下面的例子：

● 麥爾坎．X曾經是一個無惡不作的罪犯，他在改宗後使他成為替黑人賦權發聲的人。

- 穆罕默德．阿薩德在維也納家庭長大，但他將歐洲拋之在後，成為伊斯蘭的擁護者。
- 聖奧古斯丁曾經過著放蕩不羈的生活，但是在偉大的靈魂探索後，成為天主教會的主教。
- 心理學教授理查．艾爾波特（Richard Alpert）放棄了他在哈佛的生涯，成為靜坐冥想的大師與心靈導師——拉姆．達斯。
- 聖方濟各原本是一位富裕商人的兒子，他為了重建毀棄的教堂，放棄了父親的遺產，與大自然交融。
- 瑪潔麗．坎普原本是一位自視甚高、兇狠暴躁的女人，她對耶穌的靈視使她成為篤信上帝的人。
- 在毛姆依據事實改編的小說中，勞瑞．達瑞爾（Larry Darrell）拒絕了物質的享受，轉向一生的心靈追尋。

雖然大多數人都以提高物質生活水平、進行漸進式自我提升計劃為滿足，但以上這些人物都不滿足於他們原來的人生所賦予他們的價值。他們每個人都明白，唯有一個完全的身分改變，才能得到生命的完滿，讓他們從心理上的支離破碎，蛻變到心靈的完整圓滿。他們的故事很激勵人心，因為他們展現了人性完全蛻變的可能性。懷疑論者認為改宗經驗就像帶走了他們認識的人，以便讓另一方出現，而對改宗的人，事情正好相反。如今他們的存在是為了更高的目的，而不僅僅是為他們自己，他們身而為人的潛能終於得以實現。

心靈實踐

佩瑪．丘卓《轉逆境為喜悅》
穆罕達斯．甘地《我對真理的實驗：甘地自傳》
卡里．紀伯倫《先知》
丹．米爾曼《深夜加油站遇見蘇格拉底》
一行禪師《正念的奇蹟》
唐．梅桂爾．魯伊茲《讓心自由：最平靜喜悅的靈性生活實用指南》
鈴木俊隆《禪者的初心》
艾克哈特．托勒《當下的力量：通往靈性開悟的指引》
邱陽．創巴仁波切《突破修道上的唯物》

佛教比丘尼佩瑪．丘卓提到「垮掉的一代」（Beat Generation）詩人傑克．凱魯亞克（Jack Kerouac）獨自走進山裡去見上帝或佛陀（他不確認是哪一個）。結果他第一次完全沒有酒精與毒品的掩護，遇見了赤裸的自己。我們可以更宏觀地認識「開悟」（enlightened），然而心靈生活的尋常現實，是每天對真理的同情與領會。這條路也是甘地這樣的人物所走的路，他在自傳裡描述的「真理實驗」包括嚴謹的禁食、禁欲、簡單生活與日常習慣，經年累月後，他從一個剛愎自負的青年，蛻變成一個無私與人類自由的象徵。越南佛教大師一行禪師「正念」的概念也是雷同的，在正念當中，即使是日常生活最枝微末節的事，都有其重要性，時時刻刻都被當作是珍貴的。艾克哈特．托勒出人意外的暢銷書《當下的力量》也提醒我們來自活在當下的平靜與力量。為了對每件事保持「初心」，我們確實要保持清淨心，避免錯誤的判斷。

修行與正念可以減少自我（ego）對思想與行動的執著，但大部分的我們並不認為最熱切的心靈追求本身，就可能是自我的產物。邱陽．創巴仁波切「精神唯物」的概念，指的是努力成為一個心靈提升的人，確實會讓我們心情更好；例如高我或是真我並不想要放棄工作、住進修道院或靜修院。若我們真的開悟了，那是經由我們對日常生活中種種問題本身的參悟。用丘卓的話來說，我們會想盡辦法逃避「逆境」，然而，只有在指出我們真正的想法與黑暗面時，才會得到真正的心靈療癒。

唐．梅桂爾．魯伊茲實用的心靈觀是根據墨西哥托爾特克人（Toltec）的傳統，他們認為關於自己是哪一種人，每個人都無意識地與他們自己和社會達成協議。藉著對這些協議的覺知，我們能夠掌握自己的人生，我們可以成為丹．米爾曼所稱的「和平勇士」（peaceful warrior），揮劍對付我們任何未具備力量的層面。

多種偉大的經驗

黑麋鹿《巫士詩人神話》

愛比克泰德《手冊》

亞伯拉罕．約書亞．赫舍爾《安息日的真諦》

威廉．詹姆斯《宗教經驗之種種》

卡爾．古斯塔夫．榮格《榮格自傳：回憶．夢．省思》

C．S．路易斯《地獄來鴻》

約翰．多諾修《凱爾特智慧》

海倫．舒曼&威廉．賽佛《奇蹟課程》

伊德里斯．夏《蘇菲之路》

星鷹《螺旋之舞》

尤迦南達《一個瑜伽行者的自傳》

威廉．詹姆斯為了撰寫他的里程碑研究《宗教經驗之種種》，閱讀了很多心靈開悟的自傳紀錄。他本身不太信教，比較重視開悟對生命的影響，而不是這個人可能感受到或看見的客觀真實。他結論道，重要的不是一個人信仰的內容，而是它們是否導引到某種正面的個人轉化。

宗教不僅是信仰的集合，也是看待世界的一種特別的方式，一種理解的方式，對信仰者圓滿地解釋人類在宇宙中的位置。這可以適用黑麋鹿這樣的美洲原住民的自然宇宙觀，也同樣適用愛比克泰德哲學中表現出斯多噶派對宇宙的理解。就如同安息日在猶太宗教中的核心地位，輪迴也是印度教看待世界絕對重要的觀念。雖然基督教可能視女神崇拜為邪術，但祂的信眾在女神崇拜中，發現神聖女性力量美麗與圓滿的展現。

榮格花了好幾年研究人類創造出來理解世界的神祕與宗教信仰，但他不認為這種多元性對任何人的個人信仰會造成威脅。當被問到他是否相信上帝時，他回答：「我不相信——我認識。」

開啟覺知的大門

李察．巴哈《天地一沙鷗》

弗里喬夫．卡普拉《物理學之道：近代物理學與東方神祕主義》

卡羅斯．卡斯塔尼達《巫士唐望的世界》

莊子《莊子》

G．I．葛吉夫《與奇人相遇》

阿道斯．赫胥黎《眾妙之門》
克里希那穆提《人生中不可不想的事》
羅伯特．M．波西格《禪與摩托車維修的藝術》

對於心靈探索著作的一般認知是，它們全都是關於上帝的。事實上，我們愈探究其中，愈發現它似乎是關於撥開層層誤解。例如《莊子》裡的奇聞軼事，是為了讓心靈從日常的駑鈍中覺知到隱藏在所有表象後的「道」，或者稱之為宇宙的力量。近代一點的葛吉夫，嘗試喚醒那些渾渾噩噩度日的人們，並看見讓人生更有價值的深層真義。克里希那穆提也獻身於相同的目的，區分所謂的「技術員」與「創造者」：前者只是機械式地為達成有限的目標工作，而後者將愛與真理這類事放在他們人生的中心，然後向外擴展。

在羅伯特．M．波西格的劃時代著作《禪與摩托車維修的藝術》裡，他寫到有一個人為了追求真理（或者「質素」），幾乎將自己逼到瘋狂邊緣，但最終他的人生因為如此而更加豐富。這一類的追求確實是嚇人的，只有相對較少的人願意打開「眾妙之門」——這扇阿道斯．赫胥黎與在他之前的威廉．布雷克（William Blake）所發現的法門。

對打破慣常認知模式貢獻最多的，也許是卡羅斯．卡斯塔尼達。他作品中的人物唐望教導我們，一個人只有在他停止成為他們文化的反照，能夠主導自己的心靈時，他才真正成為一個完整的人。我們都是環境的產物，所以這句話說比做容易，然而，為真實覺知的努力，是我們能以我們生命的時間所做的光榮事蹟之一，而要做到這一點，以上這幾本書都不需要對神的特別信仰。

聖靈關係與人生目的

安薩里《幸福的煉金術》
道格．哈馬紹《路標》
丹尼爾．C．邁特《卡巴拉精髓：猶太神祕主義的核心》
麥可．紐頓《靈魂的旅程》
大德蘭《聖女大德蘭的靈心城堡》
德蕾莎修女《一條簡單的道路》
尼爾．唐納．沃許《與神對話》
華理克《標竿人生》
西蒙．韋伊《等待上帝》
伊曼紐．史威登堡《天堂與地獄》

「我們為何而來？」這個問題從古至今啟發了所有偉大的心靈著作。超過九百年前，安薩里的《幸福的煉金術》運用邏輯而非盲目的信仰，為人類的存在建立一種理論基礎。對安薩里而言，男人和女人的創造是為了彰顯上帝更偉大的知識，而我們的幸福仰賴於增加這種知識。邁特的書中則概括論述了卡巴拉猶太體系，也是為這道謎題抽絲剝繭而發展出來的，卡巴拉的核心概念之一是，上帝為了完整而創造了人類——宇宙的進展其實端賴每個人獨特的潛能之實現。在現代著作中，華理克的《標竿人生》是這種觀點的絕佳範例，他認為我們的存在主要是為了榮耀上帝，我們被賦予人類的形象，因此靈魂的永恆能夠被完全地讚賞。

人生目標的發掘是任何存在個體的決定性大事。如《一條簡單的道路》中所敘述的，德蕾莎修女幫助加爾各答最窮苦的人的天命，是在她生命較晚期時發生的，但她的使命清晰，伴隨她在十五年內，從一位樸實的學校校長，成為全世界的心靈開創者。德蕾莎修女（Mother Teresa）是受到她之前同名的聖女大德蘭（Teresa of Avila）的啟迪；這位聖女大德蘭的宗教生涯是從一個少不更事的見習修女開始，但在一連串令人狂喜的上帝顯靈事件後，她漸漸蛻變成為一位心靈領袖，興建了一系列給男修士與女修士的修道院。在現代，前聯合國祕書長道格．哈馬紹是個偉大的例子，他展現了世俗的權力可以如何受到心靈堅信的驅使。

我們為何而來這個問題，因為生命的短暫而更形尖銳。少了關於死後與永生概念的書籍，心靈圖書館便不完整。

史威登堡宣稱他的《天堂與地獄》不是天馬行空的幻想，而是他處於高度意識狀態時，對他親身旅行過的世界之準確描述。這本書應該要和另一本由麥可．紐頓撰寫的現代著作《靈魂的旅程》一起閱讀，透過被催眠者的眼睛，強而有力地呈現出軀體死亡後，將發生在我們身上的事。

人類靈性的演進

理查德．莫里斯．巴克《宇宙意識》

詹姆士．雷德非《聖境預言書：邁向生命新境界的起點》

肯恩．韋爾伯《萬物論》

蓋瑞．祖卡夫《新靈魂觀》

人類覺知萌生的概念，一直是心靈著作反覆出現的主題。巴克的《宇宙意識》是對這項次文類的早期嘗試，當中提到歷史上持續不斷出現偶發的神祕經驗，而這種神明直接顯靈的次數增加，最終將會使宗教不再被需要。在《新靈魂觀》裡，蓋瑞．祖卡夫言之鑿鑿地說，人類從五官演化到「多官」，能夠感知到多種層次的精神現實，並且承認我們是「具有人類經驗的心靈存在」。

另一本一九九〇年代的《聖境預言書》請讀者以宏觀的角度觀看歷史，我們可以看見尋求物質安穩的驅力，逐漸被心靈目標的追求所取代。肯恩・韋爾伯是我們這個時代偉大的心靈理論家之一，他呼籲一種「萬物論」，融合意識的發展到我們對演化與物理世界的理解。他說，我們不只是住在一個由空間與物質組成的「宇宙」（cosmos），而是一個包括了情緒、心理、心靈國度的「大宇宙」（Kosmos）；只有當我們對個人成長的肯定，與對物質的操控一樣多時，真正物種的演化才會發生。

靈性道路的里程碑

承認不可見的秩序

「如果一個人要以盡可能最廣泛、最普遍的用語來描述宗教生活，他可能會說宗教生活包含了一種對看不見的秩序的信仰，而我們最高的良善，存在於與之和諧地調適。」

——威廉・詹姆斯（William James）

我們思考人類成就時，往往根據我們的目的與盼望，來設定與完成目標、形塑世界。這是假設如果有足夠的時間與努力，我們通常能夠獲得我們想要的。然而，如果我們活得夠久，會無可避免地見證到《舊約聖經》箴言裡的真理：「人心裡的謀算很多，唯有耶和華的計劃能實現。」

不是每個人都相信某一種神，但大部分的我們確實都相信有某一種智慧的力量推動著宇宙，所以，也許踏上心靈道路的第一步，是承認當我們與這個「看不見的秩序」並行時，生命會運轉地更好、更有意義。在尤迦南達著名的《一個瑜伽行者的自傳》中，他想起他的一位老師「飄浮聖人」巴篤利·瑪哈賽（Bhaduri Mahasaya）所說的話：

「上天比保險公司更保障我們的未來……世界上充滿緊張、缺乏安全感的信徒，他們只求物質的保障，這種不安的念頭揮之不去。其實當我們出生在這人世間，老天爺就一直看顧，給我們空氣和食物。」

在道教中，這個看不見的秩序或力量即是所謂的「道」。悟道的人能看透事物真正的本質，但要能夠悟道，他們必須謙卑，明白自己只是某種偉大力量的一個元素或表現。

人生目的的神聖化

現代概念中的個人成長，通常指的是讓自己進步，以便在事業與人際關係上功成名就；但真正的蛻變比較可能是透過強烈的心靈信仰。經歷轉化或頓悟的人通常原本就是極端性格的人，但重點是，他們的頓悟重新導引他們的能量，發揮他們較高特質的極致，造就一個更有意義的人生。

榮格指出，當一個人進入這個世界，他們即是代表一個問題，而他們的人生必須提供這個問題的解答。大部分的人從來沒有從這個角度思考他們的生命，然而心靈經驗會帶來這種體悟，明白因為我們是被創造出來的個體，我們的被創造必然有一個原因。在《標竿人生》中，華理克將生命比擬成一項邀請，唯有當我們與創造者產生連結時，我們才會發現它的目的。在此之前，生命是沒有意義的。我們可以根據我們的企圖心，在達成目標當中找到意義，但是，當我們發現存在被賦予神聖理由時，我們的存在才會晉升到另一個層次。

依據卡巴拉的智慧，神明的國度需要人類的行動，讓這個世界完成它的潛能。反過來，這得仰賴我們思考上帝的旨意與上帝造物之謎。這需要我們放下對自己的自大自滿，思索上帝的廣大無邊，如此我們才比較可能成為神明表現的媒介。大部分的人以為，成為「媒介」意旨我們失去對自己人生的掌控，然而，所有神祕主義者都指出，這樣其實是激發我們所有沈睡的潛力。自知是發覺上帝想要我們成為怎樣的人，然而，要看我們是否願意以我們的行動，在這個真實世界中展現出那個想法或願景。

小我的失落

十二世紀的伊斯蘭神學家安薩里說，人類會從他們被給予的能力得到快樂，例如，憤怒喜歡報復、眼睛愛看美麗的事物、耳朵愛聽音樂。因此，如果人類最高的能力是找到真理，那麼，我們最大的快樂必然在於找到它。

我們也許以為從生命中得到最大的享受來自於滿足於我們的胃口，但我們無法得知，更大的愉悅是來自揚棄這些世俗的欲望。世俗的享樂很好，然而認識神明的快樂是筆墨難以形容的。失去平常的自我感（sense of self）時，才能帶給人類最大的滿足。

《奇蹟課程》裡說：「你的任務非常簡單。你應該活下法，展現你不是一個自我（ego）。」避免成為充滿欲望的人是可能的。十八世紀的哈西迪主義（Hasidic）大師道夫．貝爾（Dov Baer）曾經說：「如果你認定自己是某個樣子，上帝便無法穿套上你的軀體，因為上帝是無限的。」

弔詭的是，藉由失去小我（small self）或自我，將能獲得最大的個人力量。

活在當下

貪得無厭的人為某種抽象的未來而活；而心靈富足的人則覺察當下的珍貴。

在《正念的奇蹟》裡，一行禪師轉述一位國王的故事，說他總是想要做正確的決定，上窮碧落下黃泉地尋找三個問題的解答：「做每一件事的最佳時機是什麼時候？最重要的人是誰？永遠最重要的事是什麼事？」

他得到解答了，但卻不是他料想的：最重要的時間是現在；最重要的人是和你在一起的人；最重要的事是讓你身邊的人快樂。在《路標》這本書裡，道格．哈馬紹說，比起真正對某個個體造成改變，對偉大理念表達承諾是比較容易的。莊子曾說有一個人拒絕擔任皇帝的故事，因為他對種菜這件事比較感興趣。放棄偉大的願景而屈就於眼前，這樣的選擇似乎太天真，但多位心靈作家，包括艾克哈特·托勒與鈴木俊隆都指出，這是真正效力的開始。

全然活在當下的另一個好處，是回到簡單的生活，因為悲傷與煩惱必然是來自於過去或未來的思緒。就像在《深夜加油站遇見蘇格拉底》中，主角丹發現了一件大事：「每一刻都不平凡！」

超越二元論的觀點

每一位心靈旅者最終都會經歷「非二元性」的經驗，或者是對於宇宙同為一體的認同，超越世俗的對立，如善與惡、讚美與譴責、快樂與悲傷。我們無休止地做區分，為了維持世界是各自獨立的事物與想法之集合這種觀點，但在這些背後，我們可以察覺到一種亙古不變的一體。我們明白，如果真有一位上帝創造了宇宙，它是遵循上帝無所不包的道理——即使那些事似乎與上帝對立。

我們誤以為每個人是遊走人生的單一獨立存在實體，然而，世界上大部分的神學家與宗教都影射，靈魂不過是從一個更大的心靈逃脫出來的意識碎片。我們可以尋求維持分離狀態的幻覺，然而，它造成的痛苦與破碎，正是最終驅使我們從整體看清宇宙的原因。

對廣義一體的認同，有兩個顯而易見的結果。第一個結果是對所有生物的慈悲，因為我們明白我們不過是同一種生命力的表現：你對另一個人所做的事，從另一個水平看來，其實是你對自己做的事。第二個結果是更加沈著冷靜。我們經常遇到的窘境，是在歡愉與痛苦、得到與失去之間擺盪，然而，只要我們處在這個單擺中，就不可能有真正的平靜。沈著冷靜是擁有一顆不將每件事立刻區分為好或壞、喜好或憎惡的心，而是單純的「如是觀」，這與大部分人的反應相反。這種對一體的領悟通常稍縱即逝，然而，這種非二元論的快閃念頭，如果能更常見、更持久，將能轉化我們的生命。

有一句波斯諺語說：「在靜坐冥想中尋找真理，不要在發黴的書本裡尋找。望向天空尋找月亮，不要在水池裡尋找。」接下來的評論比較像是看向水池，而不是直接賞月，但我仍希望它們可以為你帶來一些直接注視實體的動機。

1954

麥加之路

The Road to Mecca

「世界上存在著許多更美的風景，但是我認為，沒有一個能以如此至高無上的方式形塑一個人的心靈……沙漠空寂、純淨，一絲不苟。它從人們的心中帶走所有可以用來佯裝一廂情願的綺麗幻想，因而使他得以自由臣服於沒有形象的絕對者（the Absolute）：在遠處最遠的，也是在近處最近的。」

總結一句

喚醒伊斯蘭信仰之美，及其在人類心靈演化的角色。

同場加映

安薩里《幸福的煉金術》（14章）
卡里・紀伯倫《先知》（15章）
麥爾坎・X《麥爾坎・X的自傳》（26章）

01

穆罕默德・阿薩德

Muhammad Asad

當穆罕默德・阿薩德於一九五二年以巴基斯坦派駐美國代表旅行至紐約時，他已經離開西方世界二十五年了。他原來的名字是里奧波德・維思（Leopold Weiss），一位出生於中歐的猶太人，他於二十六歲時改信伊斯蘭教，實質上的揚棄了西方文化。

現在知道《麥加之路》這本書的人出奇地少，但仍不失為二十世紀最偉大的心靈蛻變紀錄之一。這本書不是阿薩德完整一生的故事，只涵蓋他年輕時在阿拉伯地區經歷的時光，特別是一九三二年夏天前往麥加二十三天的旅程。這本書不僅是一本遊記或回憶錄，阿薩德在書中敘述了他最初被伊斯蘭吸引的過程，以及最終與伊斯蘭信仰的融合。他的文采優美，這意味很少讀者能在看過這本書後，不對這個宗教產生不同的看法，而這也是他撰寫這本書的目的。

阿薩德當時是一位早熟而且才華洋溢的年輕記者，任職於聲譽卓著的《法蘭克福報》（Frankfurter Zeitung），他在阿拉伯、巴勒斯坦、埃及、敘利亞、伊朗、伊拉克與阿富汗出差數百次且撰寫報導。他的冒險故事已經構成閱讀這本書的充足理由，但在這篇評論裡，我們只將焦點放在他改宗的根本原因，以及引導他接近伊斯蘭信仰的思緒。

初嘗

阿薩德生於一九〇〇年，是三個孩子中的第二位。他的父親是一位大律師，家境優渥。雖然他的父母不是嚴格的猶太人，他仍然被教導希伯來文與《聖經》，阿薩德很早就質疑猶太人為上帝選民的觀念，因為這似乎排擠了所有其他的人。就讀維也納大學時，他讀的是藝術史與哲學史，喜歡流連於維也納的知識精英社群中。當時很流行心理分析，但他認為那是「精神的虛無主義」，而且也注意到歐洲靈魂中的空虛。

一九二〇年，阿薩德不告而別，離開父親前往柏林，度過一段身無分文的波西米亞人生活。他設法找到一份記者的工作，然而，這份工作不夠有趣，當阿薩德住在耶路撒冷的叔父邀請他前往時，他立刻把握這個機會。他承認當時是抱持尋常的「東方主義」刻板印象而去：對浪漫的一千零一夜的模糊概念、伊斯蘭文化的異國情調，以及典型歐洲人所認為的，相較於基督教與猶太教，伊斯蘭屬於邊緣宗教。

除了身為猶太人，阿薩德在巴勒斯坦時並不關心猶太復國主義的議題，他認為歐洲猶太人大批湧入一塊長達兩千年不屬於他們的土地，是一種人為的解決之道，注定會製造問題。他發現，歐洲人看待當地的阿拉伯人，就像殖民地主看待非洲人一樣——視他們為落後、無足輕重的人——他也為此議題與以色列建國之父之一查姆．威茲曼（Chaim Weizmann）針鋒相對。反之，猶太復國者也無法理解這位猶太人對阿拉伯人的同情與興趣。

皈依與浸潤

經過數星期、數個月，阿薩德開始從不同的角度看待歐洲文化，尤其是關於他們在情緒上的缺乏安全感與道德上的模糊不清。相較之下，他留意到穆斯林似乎相當享受兄弟情誼、思考與行為的一致。他明白歐洲也曾經享有過這種靈性的合一，例如在巴哈的音樂、林布蘭的藝術與歌德式教堂中展現的；然而，這些特質已經因為物質主義當道而被遺棄，而且將歐洲集體的心靈碾成碎片。「進步」這個目標變成歐洲文化的表徵，但聚焦於物質進步實際上並沒有帶來更大的幸福。基督教在西方世界已然失去它的力量，變成只是一項習俗，大家行禮如儀。在阿薩德的心中，歐洲人不再覺察宇宙是「一顆擘畫心靈的展現，因而形成一個有機的整體」。與其保持信仰，西方已將科學與科技放在生命的中心，最後，只有在實體上能被證明的東西，才被賦予合理性；在西方的體系裡，已經沒有任何上帝的空間。

阿薩德決心要留在穆斯林世界，而且幸運地，他被指派為駐外記者的任期延長了，讓他得以在整個中東旅行。接下來的幾年裡，他產出了數百篇針對當地人民與議題的深入透徹分析。他在一九二六年成為一位穆斯林，而且有六年的時間長駐現代沙烏地阿拉伯首任國王伊本・沙特（Ibn Saud）的朝廷。阿薩德的歐洲妻子艾莎（Elsa）在他們第一次前往麥加朝聖的途中染上熱帶疾病因而過世。阿薩德與國王第一次見面時，正處在失去妻子的沈痛之中。在一般情況下，當地人對西方人多帶著懷疑的眼光，但阿薩德對伊斯蘭的信仰是全心全意的，而且他與沙特國王的交情讓他得以參訪通常被管制的地點。例如，幾乎沒有任何外國人被允許進入阿拉伯中部的內志（Nadj）地區，但是阿薩德卻受沙特國王之邀，花了兩個月的長途跋涉到此地旅行。當他後來在麥第那與一位阿拉伯女子結婚，並育有一子後，他的穆斯林人生算是完整了。

十字軍東征造成的誤解

阿薩德發現，西方人無法真正理解他皈依伊斯蘭的原因，因為他們理所當然地認為穆斯林文化比西方文明低落。對歐洲人與美國人而言，歷史即是西方文明興起的紀錄，而非西方文化只有在干擾到歐洲與美洲崛起成為世界領袖時，才會被寫入。他評論說，這種扭曲的觀點從希臘與羅馬時代就已經開始，他們認定自己是「文明人」，而世界上其他人都是「蠻族」。西方人的心靈可以興味盎然、心平氣和地看待印度教或佛教，因為這兩種宗教看起來如此截然不同，然而伊斯蘭——因為它來自相同的猶太—基督教神學傳統——被視為可怕的競爭者。這種憎惡從十字軍東征可以看出來，這項行動藉著提供一個「基督教世界」的共同敵人，將整個歐洲團結起來。根據阿薩德的說法，十字軍是「一種西方心靈透過對伊斯蘭教義與理想的刻意誤解，以對抗穆斯林世界的毒藥」。

阿薩德撰寫自傳的初衷，不是為西方人依時序紀錄他在東方異域的冒險，而是希望消除一些這種錯誤的觀點。他明白自己站在一個獨特的位置，對於東方與西方文化都有完整的了解：「我是一位穆斯林，但我也來自西方，因此，我能運用伊斯蘭與西方兩者知識份子的語彙。」他謹慎地指出，使他改宗的不是穆斯林，而是他對伊斯蘭的愛，鼓舞他長留在穆斯林國家。

伊斯蘭的展望

阿薩德熱愛伊斯蘭對絕對者簡約的愛，以及《可蘭經》的樸實與質美，不需要正式的闡釋說明它的智慧。相較於西方信仰鼓勵個人主義，他陶醉於伊斯蘭賦予信眾的社群感。由於伊斯蘭教沒有「原罪」的概念，每個人都被認為是神，直到被證明不然，這種看法在穆斯林謙敬有禮的招呼語形式中表現出來，他們強調「您」(thou)而非「你」(you)。在這本書中，阿薩德在許多段落試著傳達出他對阿拉伯與伊斯蘭的感情。下面節錄的段落中，最後一句來自《可蘭經》，捕捉了穆斯林對神明親近的情感：

「他們是在惡劣的天地中，寧靜與孤獨中長大的民族，他們的生命在這些嚴峻、無垠的空間裡格外艱難，因此，他們無法逃避對於一個能夠以絕無漏失的正義與慈愛、嚴厲與智慧包圍萬物的力量：絕對的神。他居處在無限中，散發到無限——但因為你在祂的創作之中，祂比你頸子裡的血管更靠近你……」

先知穆罕默德最初想讓阿拉伯的部族社會接受絕對的神明時，非常不容易，因為他們想要維持個別的信仰與商業王國、社會習俗與日常習慣。阿薩德認為，只有當伊斯蘭（字面上的意思是向神明臣服）被允許塑造制度與習俗時，阿拉伯世界的願景才得以完成。

信仰的墮落

身為穆斯林歷史與文化的學者，阿薩德發現伊斯蘭的知識界在穆罕默德死後的數個世紀領先全世界，其原因很簡單：新的宗教是深度理性的，促使信徒讚嘆與了解神的創造，而不像阿薩德所發現的，如基督教會神父聖保羅與聖奧古斯丁「憤世」的神學。先知曾說：「追求知識是每位穆斯林男人與女人最神聖的職責。」知識與崇拜之間有了自然的連結，而科學隨著這項啟發不斷精進。

然而，阿薩德對於許多穆斯林社會中智識與物質的敗壞並非視而不見，這導致他們在科學與經濟上的倒退。根據阿薩德的說法，當這種深刻的信仰與日復一日追隨穆罕默德的教義衰滅，造就伊斯蘭文化偉大的創造衝勁與原創力亦然。西方的觀點認為，嚴守伊斯蘭教義是伊斯蘭世界衰落的原因，但他的看法相反，他寫道：「不是穆斯林讓伊斯蘭偉大，是伊斯蘭讓穆斯林偉大。」

總評

《麥加之路》不難名列世界上最好的旅行與冒險寫作，書中對沙漠裡的漆黑星夜、綠洲、繁忙的市集、麥加與麥地那、驕縱國王的癖好、貝都因人（Bedouin）的習俗等，都有令人難忘的描述。正如你能從一位新聞記者身上期待的，書中也對沙特國王皇室的歷史，以及殖民主義與阿拉伯自決的政治議題，均提出獨到的見解。然而，這本書之所以成為一份文獻作品，在於描述對一個人逐漸明白他的心屬於不是陪伴他成長的宗教這當中的過程。如果你從未確實認識伊斯蘭以及它所啟發的信仰，這本書會是一位很出色的老師。

阿薩德在半個世紀之前寫下這本書，但有許多證據顯示，西方與穆斯林世界的認知差異在這幾年來更顯著了，這使得這本書的觀點更加珍貴。他是一位純粹靈性者，很遺憾人們無法活出伊斯蘭高尚的理想，但這樣的批評也同樣適用於猶太教與基督教。這本書的後半部，阿薩德向讀者提到一位伊斯蘭神話中的旦扎里（Dajjal）[1]，他有一隻眼睛失明，但卻擁有看見與聽見地球遠方角落消息的能力。阿薩德認為這號人物代表了人類透過科技掌握世界，但半盲象徵了一顆對神明關閉的心。他寫到，每個文化都有崇拜物質進步的弱點，但這永遠不能填補我們每一個人心中，保留一塊與神連結的空間。

1 伊斯蘭教末世論中的一個邪惡人物，是一位反救世主人物。

400

奧古斯丁懺悔錄

Confessions

「我來到了迦太基，我周圍沸騰著、震響著罪惡戀愛的鼎鑊。我沒有和人談戀愛，但我渴望愛，並且感到若有失。我恨自己不夠積極……我恨沒有陷阱的道路；我心靈因為缺乏滋養的糧食，缺乏祢、我的上帝而饑渴，但我並沒有感覺到這種饑渴，並不企求不朽的糧食，並非我已飽餐這種糧食；相反地，我越缺乏這種糧食，越對此感到無味。這正是我的心靈病了。」

總結一句

宗教信仰可以為不安的靈魂帶來平靜與秩序。

同場加映

麥爾坎．X《麥爾坎．X的自傳》（26章）
大德蘭《聖女大德蘭的靈心城堡》（41章）

02

聖奧古斯丁

St. Augustine

大部分的人都體驗過，我們想成為的人與現實中的我們之間，存在落差的緊繃情況。我們的自我愈分裂，痛苦愈大，但這本身即是一種尋求療癒的強烈動機。奧古斯丁痛苦的內心掙扎持續到他三十多歲，雖然他是一千五百多年前的人，他內在得勝的故事，依然令人感動。

早年的奧古斯丁聰敏且純真過人，在事業上相當成功，但他發現他的大腦與博學，並沒有為他帶來快樂與平靜。他縱情人間歡愉的結果，只帶來了空虛。

相較之下，改信基督教後，奧古斯丁成為教會的開路先驅，撰寫了著名的《天主之城》(*De Civitate Dei*)，並創建了奧古斯丁會。

然而，在《奧古斯丁懺悔錄》中娓娓道來的人並不是一個「偉人」。書中的文筆親切而坦誠，描繪奧古斯丁從自我中心逐漸朝向與神同在的人生，這中間漫長的歷程。若是讀到一本好的譯本，你也許會覺得是在讀一位朋友的日記，他很努力地自我改進，過更有靈性的人生。《奧古斯丁懺悔錄》是最早的自傳之一、歐洲文學中影響深遠的一本書，亦堪稱是一本探討靈性覺醒（或者「重生」）能如何劇烈改變生命的經典。

早年生活

奧古斯丁生於西元三五四年的努米底亞省（Numidia，現今突尼西亞與阿爾及利亞一帶），當時已是羅馬帝國晚期。他的父親帕特里休斯（Patricius）為當地的低階官員，遵循羅馬帝國的異教傳統。他的母親摩妮卡（Monica）則改信了基督教。

奧古斯丁不喜歡上學，但仍被認為是一位聰明的學生，研讀西塞羅、維吉爾、柏拉圖和亞里斯多德。在《奧古斯丁懺悔錄》中，他抱怨演講與寫作技巧在當時被認為比道德教義更重要，因此他學了很多這方面的學問，為了繼續深造，他被送到另一個離家三十六公里遠的文法與修辭學校，並且以第一名的成績畢業。

十六歲時，奧古斯丁回到父母家中住了一年。這時他已經長大成人，有段記趣說到有一天他在洗澡時，父親發現他驚人的「成熟」。他懊悔地回憶說，這一年的自由是一個痛苦的錯誤，他被情欲與縱欲吞噬。他說：「罪惡從他身上泌出，就像油從脂肪泌出一樣。」他懷疑他的父母親沒有將他的精力導向婚姻的唯一理由，是擔心妻子可能會局限他的企圖心。

奧古斯丁曾經是如此受飽受折磨與罪惡摧殘的靈魂，他痛苦地寫出在許多人看來似乎只是少不更事的小意外。在一段著名的懺悔中，他說到他和朋友如何把梨子從一棵梨樹上搖下來，但並不是出於飢餓，而只是出於好玩。對奧古斯丁而言，這個事件成為他個人對於無意識剝奪生命的一個象徵。

躁動的誘惑

奧古斯丁的人生隨著前往迦太基而再次啟動，迦太基是一個知識中心，他在那裡繼續他的求學之路。但迦太基也是一個港口城市（隔著地中海，與西西里遙遙對望），到處充滿誘惑，「在我耳邊迴盪的歌曲，盡是躁動的不潔之愛」。他的生活只為滿足他的欲望，甚至在教堂裡犯了「淫蕩的行為」。夜晚，他冒險進入戲院，特別是為了去看極度悲傷或淫穢的戲。然而，縱情貪樂之餘，他的人生變得更缺乏意義。

雖然如此，他依然是個熱切的讀者，尤其是西塞羅的《荷爾登休斯：哲學的勸勉》（*Hortensius*）激起了他對哲學的喜愛，並喚醒他對真理的追求。他也試著閱讀《聖經》，但同時也承認當時還未具有了解其中真義所需要的謙遜。奧古斯丁自然的心靈依歸被導引至摩尼教（又稱牟尼教或明教），這是一種混合了諾斯底教義（又稱靈智派）、瑣羅亞斯德教（又稱祆教）與佛教的基督教分支。他信仰摩尼教長達九年，這令他母親相當絕望。與此同時，他也潛心研究天文學。

在工作方面，奧古斯丁曾經擔任一位修辭學老師，關於這點，他羞愧地稱之為「靠嘴巴吃飯」，並曾分別在迦太基與他的出生地塔卡斯特城（Tagaste）執教。這份工作形式重於內涵，是奧古斯丁心神不安定的另一個根源。他轉向一位憤世嫉俗的專家，但在心智上也沒有享受到任何泉湧的真理。他如此總結他二十幾歲的生活：

「（從我十九歲）到二十八歲的這九年之中，我們活在一種被引誘與引誘別人、被欺騙與欺騙別人的縱欲裡；公開來看，用科學的角度稱為自由派；祕密地，被誤稱為宗教；這裡看見驕傲，那裡看見懷疑，到處都是徒勞。在這裡，鎮日追逐空虛的眾人讚賞、甚至下至戲院的掌聲、詩人獎賞，為花環爭吵、愚蠢的鬧劇，以及無節制的欲望。」

奧古斯丁開始在無婚約的情況下與一名女子同居，並且一起有了一個孩子阿德奧達徒（Adeodatus）。出於罪惡感，他形容這段感情是不聖潔的，而且窩藏了肉欲，雖然他總結說，她愛他，而且他們都愛這個孩子。後來由於母親的壓力，他們分開了。

另一件事將奧古斯丁捲入了靈魂的黑夜：一位朋友的死去。深沈的悲傷令他相當震驚，直到他明白，他的痛苦與悲哀之深，比任何事件都還要深。他試著在安靜的角落尋找平靜，如書本、飲食和性愛，但遍尋不著。

奧古斯丁從二十幾歲就明白了兩件事：學習與智識並沒有帶領他認識任何真理（它們只教會他如

何質問與懷疑）；以及他長期追求的歡愉，只讓他更悲慘。

他結論說，智識必須「被另一種光啟蒙」；換言之，是上帝。然而，他還沒有準備好相信上帝能接受與轉化他的苦難。

緩慢而痛苦的發現

西元三八三年，奧古斯丁逃避母親，搬到了羅馬。第二年，在摩尼教朋友的幫助下，他得到一份在米蘭教授辯論法的職位，在那裡，他很喜歡去看知名的安博主教（Bishop of Ambrose）傳教，他不是來聽宗教見解，而是來研究身為一位演說家的技巧。安博後來成為類似心靈導師，漸漸地，這位主教的基督教義滲入了奧古斯丁的思想裡。起初，他認為《聖經》裡充滿了「荒謬的故事」，但他也無法忽略其他部分。

奧古斯丁承認自己「因焦慮與恐懼而精疲力竭」，這是在乎外在事情而缺乏內在平靜的人常有的困擾。他說，富足總是在他即將抓住它時，離他而去。人們不斷說，最重要的是一個人快樂的泉源，但他用典型的誠實態度告訴朋友，他的泉源，是自己身上的驕傲與榮耀。

然而，奧古斯丁逐漸明白，永遠受苦可能不是人類的命運，藉由親近上帝所得到的寬廣觀點，悲苦與折磨可以被沖刷掉：「無論一個人的靈魂轉向何方，除非轉向祢，否則，它只會緊盯著悲傷。」

頓悟

奧古斯丁回憶，若沒有上帝，他不過是一個「自行墮落的嚮導」。然而，他繼續一段關於信仰論證的痛苦過程，經過更多關於上帝到底是誰的質疑，他聽到一個聲音對他簡單地說：「我就是我。」

這並未讓他的思緒平靜很長一段時間，他主要的罣礙是，如果他要成為一位神父，他可能無法抗拒肉體的歡愉。當他和他的朋友亞里比斯（Alypius）住在鄉村一幢房子裡時，他的掙扎到了尾聲，奧古斯丁滿腔絕望，伏倒在一顆無花果樹下，為他悲慘且缺乏信仰的自我傷心落淚，他大聲哭喊，他還要等待多久，才會得救與被療癒？

這時來到了《奧古斯丁懺悔錄》的最高潮：他隔著一道牆，聽見一個小孩的聲音，他正在玩某種遊戲，一邊說：「拿著，讀吧！」奧古斯丁認為這是某一種指示，便很快跑到他朋友坐著地方，抓走他剛才正在閱讀的《聖經》，隨機地翻開來。他兩眼目光落在這個段落：走向上帝的道路不是透過肉欲、飽食與競爭，而是透過基督。

奧古斯丁辭去了教職，回到非洲，被任命為神父。西元三九六年，他成為希波主教（Bishop of Hippo，希波即今日阿爾及利亞境內的安那巴〔Annaba〕），他擔任這個職位一直到他辭世。他成為各種異端邪說的積極批判者，包括之前他所信仰的摩尼教，因而使他成為正統天主教會的偉大捍衛者。

總評

如果你的苦難夠深，你有可能體驗到較不敏感的人從來不曾體驗過的，與奧古斯丁同等的平靜感與意義感。關於一個分裂、受煎熬的人如何透過宗教得到療癒，《奧古斯丁懺悔錄》是最佳著作之一。

然而，奧古斯丁不是真的像聖方濟各那種鼓舞人心的人，在很多方面，他的教條主義、對性愛的罪惡與人生的享受，對教會造成不好的觀感。這本書（原作為拉丁文）的英文版翻譯者布萊克拉克（E. M. Blaiklock）便直白地指出奧古斯丁人格中的弱點，包括欺騙、情欲，以及無法承諾，而且大部分的讀者會對於他對待同居妻子的態度不以為然。也有人認為，比起後來成為一位道貌岸然的主教，年輕時的奧古斯丁擁有親近的朋友、活潑的個性、廣泛的興趣，當時他愉快的個性必然較好相處。

然而，你很難在歷史上找到很多能將他們的潛能發揮如此極致的人物。從羅馬時代閉塞鄉下長大、前景堪憂的孩子，到狂放不羈的學生生活，奧古斯丁（與阿奎那〔Aquinas〕）在接下來的一千年，成為基督教西方世界最主要的知識份子。他花費十三年光陰寫成的偉大著作《天主之城》，成為萌發中的基督教之神學基礎。這些全來自出生在一個白人帝國邊疆地區的一位黑人。

奧古斯丁於西元四三〇年辭世，當時汪達爾人（Vandals）正逐步進逼，即將洗劫他的城市。據說，他的許多教友都在這場劫掠中喪生了。因而《奧古斯丁懺悔錄》成了一份重要的歷史文獻，紀錄了一個土地與習俗即將永遠改變的世界。

但這些史實都不如書中對一場內心革命描述的引人入勝。奧古斯丁發現了一個心靈祕密，也是所有宗教的基礎——信仰能為一顆飽受折磨的心靈帶來平靜與秩序。

1970

天地一沙鷗

Jonathan Livingston Seagull

「他說的是很簡單的事——飛行是一隻海鷗的權利，自由是他存在的本質，任何阻礙自由的，都必須放到一邊，不論是任何形式的儀式或是迷信或是限制。」

「海鷗強納森發現，無聊、恐懼和憤怒是海鷗的生命如此短促的原因，由於這些已被他拋諸腦後，他確實好好的活了很長的時間。」

總結一句

活著的目的不只是倖存下來，而是追求最完美的你。

同場加映

麥可・紐頓《靈魂的旅程》（30章）
尤迦南達《一個瑜伽行者的自傳》（49章）
蓋瑞・祖卡夫《新靈魂觀》（50章）

03

李察・巴哈
Richard Bach

如同美國電視動作影集《警網雙雄》（Starsky and Hutch）、電影《大白鯊》和喇叭褲，《天地一沙鷗》也是一九七〇年代的圖騰。它甚至被拍成電影。但這本書寫的到底是什麼？現在依然值得閱讀嗎？

巴哈最暢銷的書是一則勵志向上的寓言，說的是海鷗強納森（Jonathan）決定他不只是一隻海鷗，他想要從生命中獲得其他的東西。這本書不到一百頁，包括許多海鷗飛翔動作的想像畫面。

這本書如今是另類選擇的象徵，或者是當代嶄露的新時代精神——然而，如許多人發覺的，故事中強納森的經歷，其實正是耶穌一生的寓言。

飛向未知

強納森和他同一群的其他海鷗不一樣：「對大部分的海鷗來說，飛行並不重要，進食才是重要的。然而，對這隻海鷗來說，進食並不重要，飛行才是重要的。」他的父親告訴他：「你飛行的原因是為了進食，你並不是為了飛行而飛行。」

然而，強納森花了整天的時間實驗以高速俯衝而下，並緊貼水面飛行。他想將自己推往極限，發現各種可能性。他的嘗試往往以糟糕的結局收場。

有一次，他在接近水面之前，飛得比平常都要快，但無法及時煞住，最後以每小時九十英里的速度像撞到牆壁般地撞進水裡。他告訴自己：「我是一隻海鷗。我天生受限……如果我注定能高速飛行，我應該會有像獵鷹一樣的短翅，而且是以老鼠為生，不是吃魚。」

他放棄了，變成同族鳥類的一員，做著他們一直在做的事。但是有天他突然想到：如果他飛行的時候，可以讓雙翼夾緊一點，他就會有一對像獵鷹一樣的翅膀，在高速飛行時，適合方向的些微變換。然後，他嘗試俯衝，就在加速到時速一四〇英里，成為「月光下的一顆銀色炮彈」。第二天，他更進一步，突破時速二〇〇英里，是海鷗飛行最快的紀錄。

在慶祝這項紀錄時，強納森從高處俯衝而下，正好穿過他的族群，幸好沒有撞死任何一隻海鷗。他明白，他已將他的族類帶到一個新的水平。他認為，一旦他把自己所知道的教給他們，他們就不再需要過著從一艘漁船飛到另一艘漁船，撿食魚頭維生的無聊日子。他將為他們展現一種更高層次的存在。

被放逐的天才

然而第二天，強納森被召喚去站在海鷗議會前。因為他「魯莽的不負責任」，被該群體引以為恥，並且被驅逐了。他們說，他不了解海鷗生命的目的：進食以便盡量活得長久。

在遠崖上，強納森一天天獨自在那裡，鬱鬱寡歡，不太是為自己難過，而是為了他的族群所摒棄的可能性。他總是尋找著新方法做事。從他的飛行實驗中，他發現一種控制得宜的高速俯衝，可以抓到游在水裡較深處、比較可口的魚。弔詭的是，他對飛行的愛本身，讓他得到豐沛的食物。

後來，強納森遇到了一群比較進化的海鷗，他們像他一樣為飛行而飛行。他們帶他進入了另一個境界，對海鷗而言有點像是天堂，而他也被告知，他是百萬中選一的海鷗，因為他學到了人生的寶貴教訓：生命不是活過就好，而是在某方面追求你自己的完美。大部分的海鷗必須活過一千次，才能明白這一點。他們告訴他：「我們藉由這個世界所學到的東西，去選擇下一個世界。如果我們在這個世界裡，什麼也沒有學到，那麼我們所面臨的下一個世界就仍和這個世界一樣，仍有許多限制和如鉛錘般重的擔子，等著我們去克服、去承擔。」我們必須尋求我們自己的完美——這是活著的理由。

上帝的海鷗

強納森遇到一隻年長的海鷗，他已達到爐火純青的地步，他不需要移動，就可以旅行。他只要在頭腦裡想一個地點，就會到達那個地方，強納森為此感到驚為天人。

強納森自己了解，他知道他不只是「有骨有羽毛」的海鷗，而是「一個自由與飛翔的完美概念，不受任何限制」。一隻出色的鳥不是做事方法不一樣，而是看待自己的方式不一樣。讓飛行更高超的方法一直都存在，只是等著被發現。如果你從來沒有脫離看待自己的方式，將永遠無法看見自己有其他的可能性。強納森明白，學習飛行的精湛技術是展現一隻海鷗真正本性的一步——是上帝的亮光。

當巴哈提到那「偉大的海鷗」，耶穌的寓言就很清晰了。強納森成為一位教師，告訴一隻雄心勃勃的海鷗說，當他的族群驅逐他時，他不該抱怨，他應該原諒他們，有一天，他們會感謝你走過的路，並且向你學習。當你與眾不同時，你不是被歸類為魔鬼，就是被奉為神祇，強納森這麼告訴他的學生，但無論如何，你知道選擇愛與原諒，這才是應該學習的最崇高的一課。

總評

以上是這本書的梗概，如果你想得到更多的靈感，應該去讀完整的故事。閱讀它可能只需要四十分鐘，但它可以清淨你的心靈、提升你的眼界，就像在海濱漫步一樣。

經過了三十年，現在的我們很容易忽略這本書中概念的原創性。雖然有些人覺得這本書相當天真，但實際上，它展現了關於人類潛能的不變想法。

當你走到海邊時，也許會看見一群海鷗爭相啄食一塊薯條或一塊麵包屑，覺得他們為了無意義的東西爭吵。然而，這本書告訴我們，大部分的人們就像強納森族群裡的這群海鷗：如果他們能夠跳脫狹隘的心態，將能明白有什麼寶藏正等著他們。如果你正在思索人生重大的轉變，這本書也許可以鼓舞你，提供你所需要的信心。

李察．巴哈

李察．巴哈於一九三六年出生在伊利諾州，曾就讀長灘州立學院（Long Beach State College）。後來成為一名航空公司飛行員，也曾擔任美國空軍的義務役戰鬥機飛行員、電影特技飛行員、飛行教練和飛航技術手冊作者。他與第一任妻子育有六個孩子，而他在一九七三年聯絡拍攝電影《天地一沙鷗》時遇到了他的第二任妻子萊斯莉（Leslie）。

巴哈的其他著作包括《夢幻飛行》（*Illusions*）、《跨越永恆的橋》（*Bridge Across Forever*）、《一》（*One*）、《飛行》（*Flying*）和《雪貂紀實》（*The Ferret Chronicles*）系列。

1932

巫士詩人神話[1]

Black Elk Speaks

「我要說的是一個有關所有聖潔、良善生命的故事，是一個我們人類和地面上的動物、空中的鳥類以及所有植物共同分享的故事。因為這些都是同一位母親的孩子，而他們的父親也是同一神靈。」

「而現在當我絕望地看著四周的族人，我很想啜泣，我很希望很希望我所看見的靈視，是給予另一個更值得看見的人。我納悶為什麼是我，一個痛苦而且束手無策的老人。我曾運用靈視的力量醫治了男人、女人和小孩的疾病；但對於我的部族，我卻無能為力。如果一個男人、一個女人或一個小孩死了，影響不會很久遠，因為整個部族仍然存活下來。但如今是這個部族正在死去，我所見的靈視是關於這個部族，但我卻毫無作為。」

總結一句

將整個生命想成一個整體，看得見的與看不見的，靈性的與物質的。

同場加映

星鷹《螺旋之舞》（38章）

伊曼紐．史威登堡《天堂與地獄》（40章）

1　繁體中文版初版譯名為《黑麋鹿如是說》，二版改為《巫士詩人神話》。

04

黑麋鹿
Black Elk

一九三〇年八月，約翰・內哈特（John Neihardt）前往美國內布拉斯加州附近，蒐集美國西部的口述史詩。當他在奧格拉拉蘇族（Oglala Sioux，也被稱作「拉科塔」〔Lakota〕）的保留區時，遇見了一位幾乎全盲的年長印第人聖者，他的名字是黑麋鹿（Black Elk）。雖然他們從未謀面，但黑麋鹿「知道」內哈特將會到來，而且打算把他的故事告訴他。

內哈特開始紀錄這位長者的回憶，後來成為《巫士詩人神話》這本書。雖然受到正面的評論，但這本書只有美國國內與國外一小群認真的讀者能看懂，他們欣賞當中動人與優美的語言。直到一九六〇年代，突然吹起一股對美國本土宗教的研究風潮，在心理學家榮格對黑麋鹿的興致助長下，這本書終於成為一本暢銷書。

這本書長久吸引讀者的原因是什麼？它不只是單純的歷史事件紀錄，而是描述了黑麋鹿一系列鉅細靡遺的靈視，關於他的族人在歐洲文化摧殘下的黑暗未來，以及因此感受到的沈重心靈負荷。身為一個古老民族的驕傲戰士——他的表哥是有名的拉科塔領袖瘋馬（Crazy Horse）——對這種未來將被閹割的想法，可能會令大部分的人尋求化學方法的遺忘或自殺，但這本書描繪出黑麋鹿設法適應現代的白人世界，去理解自己文化之外的文化。從他在傷膝河（Wounded Knee）戰役[2]的角色，到接受維多利亞女王的召見，黑麋鹿的人生是不同文化之間最罕見的橋樑之一，這只會發生在二十世紀。

這本書可以當成比較宗教或人類學的著作，然而，這裡我們把焦點放在黑麋鹿的神祕力量，以及對他的族人極具靈性的世界觀。

第一次的靈視

黑麋鹿的靈視是這本書的核心。這些靈視的本質顯然是神聖的，這使得他分享給內哈特的格外有價值。黑麋鹿第一次聽到這些聲音時只有五歲，當時他很怕向任何人提到這件事。這種情況持續整個童年，最重大的一次發生在他九歲的時候。

這次的靈視經驗造成他身體不適，他來到他族人的六位祖先（神靈）面前，他們帶他遊歷宇宙，揭露偉大的神祕。這趟旅程的目的似乎是要讓黑麋鹿看見他在世界上相對位置的大圖像，以及他對其

2 一般稱為「傷膝河大屠殺」，事件發生於一八九〇年十二月二十九日的美國南達科他州，美國騎兵因為淘金引起的誤會，對印第安人蘇族的部族拉科塔進行屠殺，造成三百名拉科塔族人死亡，美國騎兵也有二十五人死亡。

族人的責任。在這次的經驗中，他學到了強大的神聖歌謠與舞蹈，這些對他後來執行任務很重要。黑麋鹿回憶說，當時他年紀太小，無法了解任何他所見到的景象，多年後，他才開始思考這些靈視的意義。他的一位親戚立熊（Standing Bear）說，這些靈視經驗發生後，黑麋鹿變成一個不一樣的孩子，隨著時間的流逝，以後見之明，他們知道靈視經驗在他身上賦予了通靈與醫治的力量。

力量

黑麋鹿有名的表哥瘋馬過世後，逐步進犯的白人（拉科塔人稱他們為「瓦西楚」（Wasichus））命令拉科塔人搬進保留區。一些人離開了族人，包括黑麋鹿，他們想出發前往「祖母之地」，即加拿大，他們覺得在那裡可以得到安全，免於白人軍隊的侵擾。然而，那裡極度的寒冷使他們瀕臨飢餓邊緣，幸好在黑麋鹿通靈的指引下，他們得到野牛的肉充飢，終於得救。

對於青少年時的黑麋鹿而言，他的重擔幾乎超過他的負荷。鳥類和動物開始和他「說話」，告訴他「時間到了，時間到了」，但是，什麼的時間到了？他不知道。最後，黑麋鹿把他的靈視告訴一位年長的醫者，他立刻安排表演一場黑麋鹿見過的「馬舞」。與白人戰鬥的時代，這種舞蹈成功地讓他的族人更強大，並帶來某種療癒效果，但是黑麋鹿仍然因為無法真正幫助他的族人，而飽受身心煎熬。他不斷懷疑，為什麼他被加諸如此的重擔，一定有其他人比他更值得；他覺得他辜負了族人，他的力量不足以打敗美國人占領的問題。

雖然許多的靈視經驗呈現出絢爛的美麗，讓黑麋鹿領悟到宇宙的合一以及與自然的緊密連結，它們也透露了野蠻鎮壓的黑暗未來，有蘇族人住在「灰色四方房子裡」、美洲野牛數量大幅減少。不幸的是，黑麋鹿將看見一些更讓人憂心的景象成真。

戰士

這本書涵蓋了蘇族與白人戰鬥期間一些令人驚駭的描述。許多讀者聽過惡名昭彰的「傷膝河大屠殺」，但黑麋鹿以一種抽離的語調敘述，讀來更令人動容。當他聽到五百名軍人已經在傷膝河聚集，他在前一晚便感覺到某種恐怖的事件即將發生。第二天，他穿著具有護祐力量的神聖「鬼衫」，在臉上塗上顏料，騎上馬背前往戰場，只帶著他的聖弓。

這起慘絕人寰的事件導因於一場簡單的誤會，起因於一位白人軍官在沒收武器時遭受槍擊。拉科塔人因此被武裝部隊攻擊，但是因為在遭受攻擊前他們已經繳交了槍隻，他們只能徒手保衛自己，在許多血淋淋的場景中，黑麋鹿描述了被殺害的遺體堆積如山，包括嬰兒、小孩和婦女，他們在努力逃跑時被美國軍人槍擊而死。實際上拉科塔人在戰場上也有些斬獲，黑麋鹿說自己也殺了幾個白人軍人，甚至剝下他們的頭皮，但黑麋鹿對此似乎未表遺憾，因為這是美國原住民的土地，身為戰士，他們必須捍衛它。

世界的旅者

《巫士詩人神話》全書充滿了軼聞與自述，描繪出一幅豐富的美國原住民文化，尤其是對於動物與大自然的切身感受。與鳥類、四足動物、天空與植物的親密關係，它們被呈現出來的方式，讓人很難想像黑麋鹿缺少這些元素的生活。書中的語言穿插著原住民與大自然相關的話和用語，例如一年當中的月份，九月是「小牛長毛之月」，十二月是「蹦樹之月」。

然而，他的族人無法自外於世界，而黑麋鹿也想親身去見識白人的生活方式是否比他自己的社會更好。二十三歲時，他「遠渡重洋」到了歐洲，也希望白人認識自己的族人。雖然極度思鄉，但他在倫敦停留了六個月，在野牛比爾（Buffalo Bill）的「蠻荒西部秀」裡表演，被當成一種奇人秀。在這段自貶身分的經驗中，黑麋鹿的靈視能力開始從他的日常生活中消退，他感覺到他的靈性也減弱了。

說一點輕鬆的，他見到了維多利亞女王，而且被邀請進入白金漢宮。黑麋鹿提到女王對他說，他和他的拉科塔族人是她所見過最英俊的男人，還說：「如果你屬於我，我不會讓他們帶你四處去表演那種秀。」黑麋鹿接著在曼徹斯特待了幾個月，後來也去了巴黎，雖然他想念他的族人，但卻付不起回到美國的旅費。在巴黎期間，他經歷了另一次重要的靈視經驗，當中，他的靈性獨自旅行回到故鄉，並未和軀體一起，對於任何一位長時間離家的人而言，這是書中相當感人的一段。

總評

雖然從信仰陳述的角度，《巫士詩人神話》不算是一本心靈經典，但是相對於西方人將精神與物質區分開來，這本書精采地紀錄了一個了解世界充滿了靈性意義，並且將整個自然視為神聖的民族。

關於這本書有多少比例是黑麋鹿說的，多少比例是內哈特增添的，一直有一些爭議。然而，我們可以確定的是，如果不是內哈特將黑麋鹿記憶的原始素材轉變成一本書，它將會是一堆筆記，而不會成為一部文獻。顯然，他們兩者之間有深厚的連結，以及共同的偉大目標，要讓這些靈視被拉科塔以外的人知道，讓它們屬於全人類。

雖然黑麋鹿不斷訴說他無法達成對族人的責任之絕望，或者無法過一個真正屬於他的人生，然而，透過分享他的靈視，他為世人留下對美國原住民更多的理解。如果他今天仍在世，將會很訝異，也很欣慰，他的話語和人生，在他的族人與更寬廣的世界中的深遠影響。黑麋鹿本身不會讀寫，但如內哈特指出的，他對於文字的感覺卻具有高度理解。雖然代價很高，但是他對事物覺知的深度，是一般人永遠不會明瞭的。

1901

宇宙意識

Cosmic Consciousness

「雖然宇宙意識的本質已經（而且必然如此）完全被理解，它的存在在東方與西方世界早已被承認，而且今天大部分國家受過文明薰陶的男男女女，都跪拜在具有宇宙意識的明師之前……所有平庸的明師直接或間接地從開悟的明師處傳得這些教誨。」

總結一句

「宇宙意識」，或者說開悟（enlightenment），是人類進化的一部分。

同場加映

威廉．詹姆斯《宗教經驗之種種》（21章）
詹姆士．雷德非《聖境預言書：邁向生命新境界的起點》（34章）
肯恩．韋爾伯《萬物論》（48章）
蓋瑞．祖卡夫《新靈魂觀》（50章）

05

理查德·莫里斯·巴克

Richard Maurice Bucke

理查德·莫里斯·巴克是一位極受敬重的加拿大精神科醫師，他在空閒的時候經常浸淫在詩歌與文學中，有時候與朋友整晚吟誦惠特曼、華滋華斯、雪萊、濟慈與白朗寧的作品。一次拜訪英國期間，與朋友吟詩的夜晚結束後，他搭乘輕便馬車在長長的旅途上，覺得特別受到惠特曼詩作的啟迪，巴克頓時開了大悟，感受到一瞬間他所謂的「宇宙意識」(cosmic consciousness，或「宇宙覺知」)。在那一刻裡，他體認到宇宙不是死氣沈沈的存在，而是充滿了生機，人類有靈魂，而且靈魂是永生的，宇宙被這樣創造，讓所有事物朝向良善的方向發展，每個人最終的幸福是必然的，以及愛是宇宙的根本原則。

巴克承認，他在那一刻所學到的，比他多年苦讀所學的還多。然而，那只是真正開悟的驚鴻一瞥，他認為，人類歷史上有一群選民永遠維持在這種狀態，而且自然地影響了其他的人，而其數量比他們這些少數者多上好幾倍。他們之中有些人——耶穌、穆罕默德、佛陀——啟發了偉大的宗教，因為他們提出一種對於什麼是生而為人的新見解。巴克相信，在意識方面的成長，是人類進化的一部分，而這些人物開啟採取對於存在與覺知的新特質，是芸芸眾生尚未明白的。

什麼是宇宙意識？

巴克區分了不同層次的意識。「簡單的意識」是大部分的動物具有的，能感知他們的身體與周遭的環境。如巴克所言：「動物如其本身，浸淫在自己的意識裡。就像魚游在海裡，即使運用想像，也無法一刻置身其外去感知它。」另一方面，「自我意識」（Self-consciousness）是人類獨有的，帶給我們對自身一種完全不同的覺知：我們可以思索我們認為的事實。自我意識，結合擁有可以表達與運用的語言，成就智人成為人類。

然後，宇宙意識將某些人高高置於其他人之上。巴克形容它是對於真正「生命與宇宙秩序」的正確覺知，這個人將體驗到與上帝合一，或者宇宙的能量。這種上智的覺知，或者說是認識真理，會帶來極大的喜悅，因為所有對於一般自我意識的誤解都化開了。如果人們看見宇宙的本質是愛，而且我們全是潛藏意識生命力的一部分，他們就不再會經驗到恐懼或懷疑。

對人類的意義

巴克說，在宇宙意識的時期，宗教不會存在，因為沒有談論信仰或不信的必要——每個人都擁有第一手對上帝的覺知，以及對宇宙完美靈性的覺知。世界與我們現在所知的世界之間的差異，將會像是人類的黎明與現今之間的差異。

這種巨大的演化躍進似乎遙不可及，但巴克指出，所有新人類的特質或能力是從一個人開始，時間到的時候就成為普遍化。例如，對於顏色的認識，這在人類的歷史上出現的時間相對較晚。《聖經》裡沒有提到天空是藍色的，而古希臘人只看見三種或四種顏色。巴克的論點是，隨著時間的推展，人類能夠看出先前不被認為存在的事物。

達爾文說，物種身上新出現的特性往往容易消失——即「返祖現象」。受到高度撫養的動物較容易受疾病侵害，器官較弱。他們的性狀不穩定。與此相反的，某種性狀存在某種物種或族群身上愈久，就愈穩定。這與宇宙意識有什麼關聯？簡單地說，首例無可避免地被視為怪異不正常，但是，當愈來愈多的案例發生，我們就愈能接受某些人能夠跨越正常自我意識的可能性，而且我們承認這種人天生較高等。他們基本上是較進化的。

悟道的特徵

巴克提出一份歷史人物的名單，這些人在他看來顯然已經達到宇宙意識：耶穌、佛陀、穆罕默德、聖保羅、法蘭西斯・培根（Francis Bacon）、雅各・波默（Jacob Boehme）、十字若望（John Yepes 或 John of the Cross）、巴托洛梅・德拉斯・卡薩斯（Bartolomé Las Casas）、普羅提諾（Plotinus）、文學家但丁、巴爾札克、惠特曼和愛德華・卡本特（Edward Carpenter）。他提出另一份名單是「較弱的光」，這些人他比較不確定，包括摩西、蘇格拉底、巴斯卡、伊曼紐・斯威登堡（Emanuel Swedenborg）、威廉・布雷克、愛默生與羅摩克里希納（Sri Ramakrishna），以及許多他當代的人，只能從他們初萌的行徑來辯識。在這個次級的名單中有四位女士，包括中世紀的神祕家蓋恩夫人（Madame Guyon）。

巴克對這些案例的探討讀來津津有味，也是這本書的主幹。以下是他認為達到宇宙意識的人所具備的特質：

- 平均悟道的年齡是三十五歲。
- 熱衷追求心靈生活，如喜愛宗教經文或靜思冥想。
- 身體健康。
- 享受孤獨（名單中許多人從未婚）。

- 通常人緣很好，廣受愛戴。
- 對金錢興趣缺缺。

宇宙意識的特性或指標包括：

- 最初會看見極明亮的光。
- 接受分離是一種幻相，換言之，宇宙中的萬事萬物是一體的。
- 接受永生為事實。
- 悟道後，主體存在於一種永遠的喜樂中。他們實際上會看起來不一樣，有一種喜悅的表情。
- 對死亡、恐懼與罪惡無感——例如惠特曼走在紐約危險地區時，沒有人會碰他。
- 經驗悟道的人能辨識出其他已悟道的人，但很難表達他們所見。

巴克還指出其他有趣的點：

- 大部分宇宙覺知的經驗發生在春天或夏天。
- 教育程度不是因素——有些悟道的人教育程度很高，有些只受過一點教育。
- 悟道的人通常有性格迥異的父母，例如樂觀的母親與憂鬱的父親。

總評

《宇宙意識》稱不上完美的著作。注意，巴克是從白人文明至上的角度來闡述他的信念，相信社會主義終將獲勝，相信法蘭西斯·培根撰寫莎士比亞作品的理論。許多讀者也許會質疑他的宇宙意識名單，因為他沒有提及大德蘭修女、諾里奇的朱利安（Julian of Norwich）與聖方濟各。

然而，想想他寫作的時空背景與當時所擁有的知識，這方面是可以被原諒的。在舉出體驗宇宙意識之共通性的有力案例這方面，巴克首開先例，而他的努力理所當然的使這本書成為一本經典。《宇宙意識》從科學的角度觀之並不嚴謹，但其客觀詳細闡述神祕經驗的目的，出現在威廉·詹姆斯出版《宗教經驗之種種》的數年之前（書中對巴克的書也讚譽有加），也早於艾弗琳·昂德西（Evelyn Underhill）具影響力的《神祕主義》（*Mysticism*）十二年之久。巴克的主旨是，宇宙意識的案例正在增加，而這也呼應到現代作者如亞伯拉罕·馬斯洛（Abraham Maslow，他認為「自我實現」的人數也正在增加）以及瑪麗琳·弗格森（Marilyn Ferguson，《寶瓶同謀》〔*The Aquarian Conspiracy*〕作者）。

宇宙意識的概念也許看似天真——畢竟，我們仍帶著史前人類的本能反應生活——然而，由於個人悟道的概念如今已被接受為我們文化的一部分，這本書的論述也因此得到支持。悟道被接受，被視為一種崇高的目標，受限於自我意識的另類人生選項。我們喜歡知道有鳳毛麟爪的人活在永恆的愉悅與幸福裡，因為他們提醒我們，即使活在軀體中，我們仍然可以是靈性的存在。

理查德・莫里斯・巴克

巴克生於一八三七年英格蘭的諾福克（Norfolk），後來舉家移民到加拿大安大略省，是家裡排行第七的孩子。他的父親是一位飽讀詩書的英國教會牧師，後來放棄神職而務農。巴克的母親在他七歲時就過世了，他的繼母在他十七歲時也往生了，這時他決定離開老家。在接下來的數年裡，他旅行到美國，從事過園丁、蒸汽船的水手，最後是馬車隊車伕。最後這項工作帶他進入鹽湖城更內陸的落磯山區無人丈量的土地，他在那裡遭遇美國原住民攻擊。他成為一名金礦工，在一次冰天雪地裡進入蠻荒之地尋找銀礦後，有一隻腳遭到截肢。

繼承一些遺產後，巴克申請進入醫學校，在英格蘭做學士後研究，成為當時所稱的「精神科醫師」。他進入漢米爾頓（Hamilton）與安大略省倫敦市的精神病院，一八八二年，他成為安大略省西部大學（Western University）的精神與神經疾病教授。一八九〇年，他被選為美國醫學—精神科學協會（American Medico-Psychological Association）主席。

巴克於一八七七年第一次遇見詩人惠特曼，而他也將他的第一本書《人類的道德天性》（*Man's Moral Nature*）獻給他的好友。

《宇宙意識》於一八九四年首次出現在美國醫學—精神科學協會年會的論文裡。這本書是獻給他的兒子莫利斯（Maurice），但莫利斯在這本書出版的前一年於一次意外中喪生。巴克本人則在這本書出版（一九〇二年）後不到一年，在他家外面因踩到一塊冰滑倒，就此與世長辭。

1976

物理學之道：

近代物理學與東方神祕主義

The Tao of Physics

「我們應該看看二十世紀物理學的兩大基礎——量子論與相對論——兩者如何迫使我們以極近似印度教、佛教與道教的方式看待這個世界，而且，當我們看看近來試圖結合這兩種理論來描述亞微觀的世界時，這種相似度如何強化……在這裡，現代物理與東方神祕主義的平行發展是最令人驚異的，我們應該經常會遇到一些陳述，幾乎無法辨別它們是由物理學家說的，還是由東方神祕主義者說出來的。」

總結一句

物理學與靈性是同一個銅板的兩面。

同場加映

阿道斯．赫胥黎《眾妙之門》（20章）

06

弗里喬夫・卡普拉

Fritjof Capra

物理學與靈性有什麼關係？弗里喬夫・卡普拉擔任粒子物理研究員時，問了這個問題，他開始對東方宗教產生興趣。這兩個領域對物質與真實的描述，相似度極高，讓他深感震撼，然而，似乎沒有人將兩者連結起來。促使他有這種比較的不是平常的古典物理，而是相對較新的量子科學，後者似乎以呼喚一種理解世界的方法——而這種方法從傳統的眼光看來——只能以神祕來描述。

《物理學之道：近代物理學與東方神祕主義》（*The Tao of Physics: An Exploration of the Parallels between Modern Physics and Eastern Mysticism*）有助創造新的寫作類別，溝通科學與靈性兩者，這本書至今仍是一個里程碑，因為它帶來前所未見的連結之興奮感。這本書出版的時間點正是科學與科技獨領風騷之際，這本書跌破大家眼鏡，因為它揭露了現代科學正設法解決的奇異物理現象，而這在好幾個世紀前的心靈文獻中早已描述與解釋了。

同一個宇宙，不同的眼光

卡普拉說，牛頓在十七世紀所想像的宇宙，是一個機械性的宇宙，由運動中的物體所組成的巨大機器，如果你知道它的法則，這個宇宙是完全可以預測的。每一件發生在這個宇宙裡的事都有一個確定的原因，每一個事件都會造成某種影響。時間與空間是分離的，如果有人湊得夠近去看，所有的物質都可以打碎到最基本的構成單位。

牛頓的模型顯然可以運用到我們日常生活中的運作，一粒鹽會掉在盤子上，一顆球會飛過天際，一顆行星會旅行穿越太陽系。這項理論具直覺性。然而，愛因斯坦的相對論顯示，物質並不具有我們感官認定的固態性質。東西不是「東西」，而是能量，只是具備其外表與形式的感覺。世界的本質不是穩固的，而是不斷的變動。

早期的量子物理學家證實了這項理論，他們發現，當物質以最細微的水平觀察時，更容易以某種能量的表現來理解——質子、電子等——不斷地移動。而且與牛頓的「撞球」宇宙相反，在牛頓的宇宙裡，物體照理會強迫其他物體做某件事，但量子物理則發現了一個更流動的世界，與明確的因果關係無關。量子物理的先驅維爾納・海森堡（Werner Heisenberg）和尼爾斯・波耳（Niels Bohr）對於他們自己的一些實驗結果與含義，有點無法置信，例如：

- 粒子經常出現在他們沒料想到的地方。
- 他們無法預測某個亞原子事件什麼時候會發生，只能注意它發生的概率。
- 有時候，粒子在觀察者看來是粒子，其他時候看起來像波浪的模式。
- 粒子不是牛頓意義上的物體，而是可觀察的反應與互連的徵兆。
- 粒子在保留重要屬性時，不會相互排斥。相反地，他們不斷吸收彼此或交換屬性。
- 粒子只能根據環境來理解，而不是孤立的個體。

簡言之，這些實驗透露了我們物理世界的本質並不像是物體的集合，而比較像是一個不斷變動的複雜互動網絡。

卡普拉說，原子的核子——它的「本質」——比整個原子小十萬倍，但它幾乎具有該原子全部的物理質量。由此我們可以開始了解，我們所認為的一張椅子、一顆蘋果或一個人，雖然看起來是密實的，卻大多是由真空（empty space）組成的架構，而堅硬的部分通常是處在一種狂暴振動的狀態。

然而，要介紹量子科學諸多矛盾之一，「真空」具有一種近乎活躍的特質，而粒子能在沒有明顯原因下在它之外同時出現。如卡普拉所言：「物質在這些實驗中呈現出來的，是完全可變的。所有的粒子都能轉變成另一種粒子；它們可以從能量中製造出來，也可以遁入能量中。」在這些亞原子粒子的力場中，物質與它周圍空隙的差異變得模糊，而空隙本身變得重要。現在，它被理解到是活躍的，而物理形式只是變成「潛在空隙過渡期的具體化」。

以空作為創造者

卡普拉廣泛閱讀印度教、道教與佛教的宇宙觀，他發現他們對於宇宙如何運作的描述，比比皆是怪異的發現以及明顯的量子力學矛盾。這些宗教，比牛頓物理古老數千年，長久以來融入了實體與永生的神話。

例如，在佛教裡，眾生受苦的原因是愛、貪愛或渴愛，不承認人生過渡性的本質，因此，對於固定不變的錯覺，只會導致煩惱。這種無常的教義也存在於中國的宗教裡，中國的宗教倡議大自然恆動與變異的本質。中國思想的主要書籍之一《易經》，它指引讀者採取與時俱變的行動。

在量子物理學中，粒子的產生或破壞通常是無來由的。它們從某個場域出現，然後回到那個場域，但它們的表現似乎超越因果論。卡普拉指出，虛無不是空無一物，這一弔詭在東方宗教中充分得到闡釋。例如，印度教有一個關於這個空白的詞——「婆羅門」，這是充滿潛力的場域，一切都由此誕生，濕婆之舞呈現出物質創造與毀滅的無止盡過程。在佛教中，「空」是一個有生命力的空，由此生出一切的物相。道教的中心特質是「道」，即宇宙空洞且無形的本質，然而它卻是創造的基本成分。

因此，卡普拉宣稱，令量子科學家困惑的種種悖論，實體與短暫，虛無與存在，幾個世紀以來一直是東方宗教的一部分。雖然之前這種教義被認為是神祕主義的笨蛋，至少在西方理性的眼光裡這麼認為。但實際上恰恰相反，如今這些被證明是正確的：東方神祕主義者一直準確地描述了（盡可能用語言表達）創造的結構，不是用數學的術語，而是用神話、藝術，和詩歌的術語。

從多到一

中國宗教裡的陰與陽代表了明顯對立的力量（陰性—陽性，直覺—理性，光明—黑暗等等），但是它們實際上是互補的，每一個力量都需要另一個力量才能存在。卡普拉寫道，東方神祕主義的目的，不論是印度教、佛教或道教，最終都是承認宇宙為一不可分割的整體，儘管看起來是多個分離的個體。

十七世紀的法國哲學家笛卡兒將人類描繪為思考的存在，能夠客觀地描述宇宙，而西方文明也在心靈與物質的區分上發展起來。量子科學家已經粉碎了這個純客觀的概念，因為實驗顯示，粒子會依據我們決定如何看它們而有不同的形式。用海森堡的話來說，「我們所觀察的不是自然本身，而是自然對我們提問的方法之展現」。換言之，我們用自以為的客觀所觀察到的自然模式，也許不是某種最終的真理，但它會反應出我們的心靈是如何發展的。我們不再當一個原子世界的觀察者，而是實際上成為當中的一個參與者。

量子物理以及印度教和佛教的哲學教導我們的是，行為者、行為與行動目標之間的區分是人為的。他們是一體的。

這對我們個人有什麼意義？笛卡兒對精神與物質的區分，導致我們認為自己是個別軀體中分離的自我。但是卡普拉說，這種將自己與世界有意識的區隔，造成一種斷裂感，我們有了多重的信仰、天分、感受和活動。佛教對於這種使我們自己成為孤獨自我的生命看法有一個詞語：「無明」。印度教作品《薄伽梵歌》說：「所有的行動在大自然力量交織下，該發生時就會發生，但迷失在自私幻相中的人以為自己是演員。」一併想想印度教另一本哲學書《奧義書》裡的這行字：「當心靈受到驚動，紛紛擾擾升起；當心靈平靜下來，紛紛擾擾消逸無蹤。」

換言之，當我們用不同的方式看待世界，世界基本上就會改變。將世界看作是數百萬不同事件的組成，這是非常牛頓式的看法，然而，如果我們將它用在自我感覺上，也可能是非常斷裂的。當我們將世界視為一體，我們才能醫治我們自己，整合起來；我們不會想傷害其他人或破壞我們的環境，因為這樣只會傷害到我們自己。

總評

如果你只想從《物理學之道》這本書得到一個心得，那麼，就記住現代科學愈來愈認可宇宙的心靈或神祕概念。

卡普拉指出，神祕主義者與科學家兩者皆是大自然的觀察家，而且兩者皆用他們所知道的語言報告他們的發現。由於這兩種語言天差地遠，他們的描述裡驚人的相似度意謂我們愈來愈靠近知道宇宙運作的真相。《物理學之道》傳達出宇宙比我們所能想像的更古怪，至少比傳統物理學所想像的更古怪，然而，同時又展現人類長久以來已將其模式的正確知識編織到神話、宗教與藝術裡。牛頓物理夢想為每件事找到簡潔的解釋，但宗教早就知道神祇是以神祕而且近乎奇蹟似的方式運作。換句話說，對科學而言是神奇的，從心靈的角度觀之，不過是事物的常理。

《物理學之道》出版已將近三十年了，在這段期間，科學界也已精進不少。然而，這本書中的基本概念仍然是正確的，而一九七〇年的舊版本也許一樣會令你大感吃驚，就像更新的版本一樣。這是一本介紹東方宗教的絕佳好書，如果你對這個領域所知甚少，光是這點就能作為閱讀這本書的理由。

弗里喬夫・卡普拉

卡普拉於一九六六年在維也納大學獲得理論物理學博士學位。他曾經在巴黎大學、加州大學聖塔克魯茲分校、史丹佛直線加速中心、倫敦帝國學院，以及加州大學勞倫斯・柏克萊實驗室擔任過粒子物理的研究員。他也曾任教於加州大學與舊金山州立大學。

卡普拉其他的著作包括《轉折點》（*The Turning Point*）、《不尋常的智慧》（*Uncommon Wisdom*）、《生命之網》（*The Web of Life*），以及《隱藏的連結》（*The Hidden Connections*）等。他目前定居在加州。

1972

巫士唐望的世界

Journey to Ixtlan

「我們講的不是同一件事，」他說：「對你而言，這個世界是怪異的，因為你若不是覺得它無聊，就是覺得與它格格不入。對我而言，這個世界是怪異的，因為它是了不起的、令人驚嘆的、神祕的、深不可測的。我感興趣的，是說服你必須承擔活下去的責任，在這個驚奇的世界、在這個驚奇的沙漠、在這個驚奇的時代。我想要說服你，你必須學習讓每一個動作有意義，因為你只會在這裡停留短暫的時間，事實上，時間短到你無法目睹當中所有的驚奇。」

總結一句

透過為你自己的生命負責來敬重這個世界。

同場加映

黑麋鹿《巫士詩人神話》（4章）
卡爾・古斯塔夫・榮格《榮格自傳：回憶・夢・省思》（22章）
丹・米爾曼《深夜加油站遇見蘇格拉底》（29章）
唐・梅桂爾・魯伊茲《讓心自由：最平靜喜悅的靈性生活實用指南》（35章）

07

卡羅斯・卡斯塔尼達

Carlos Castaneda

一九六〇年，卡羅斯・卡斯塔尼達還是加州大學洛杉磯分校的人類學系學生。他選擇的領域是美國西南部與墨西哥境內印第安人使用的草藥。在一次野外調查時，他搭乘的巴士停在美墨邊境上，一位同事向他介紹一位草藥知識豐富的亞基（Yagui）印第安長者。這位長者名叫唐望・馬特斯（don Juan Matus），他同意把自己所知道的，都告訴卡斯塔尼達。

卡斯塔尼達從此展開了十年的實習，進入學習「布魯喬」（brujo，醫士或巫士）之道，促使他想到自己可以從科學家的角度報導一些專題論文的內容。他後來承認，在唐望的指引下，他自己變成了主角，所以原本一開始是客觀的研究，後來演變成比較像是自傳。

卡斯塔尼達對這些經驗的第一次紀錄，寫成《巫士唐望的教誨》（*The Teachings of Don Juan*），於一九六八年上市時，震撼了廣大的讀者，因為這本書為現代文化提供了另一種真理。呼應當年的時代氛圍，作者的第一本書也描述了受到精神藥物（曼陀羅、仙人掌、魔菇）的加持，這些經驗也寫在第二本書《分離的真相》（*A*

Separate Reality）裡。

然而，這個系列的第三本書《巫士唐望的世界》出版前，卡斯塔尼達已經明白，自然的化學藥劑只是個人成長的刺激，更重要的是唐望所透露的，成為「有力量的人」的原則，而《巫士唐望的世界》堪稱其智慧的最具體呈現。而作者經歷看似無止境的考驗與奇異的經驗，也令人對這本書愛不釋手。

使自己不易接近

在《巫士唐望的世界》前幾頁，唐望解釋說，我們以為真實的世界，其實只是它的描述，一個共同創造的真實，從我們出生時就被計劃好的。他的訓練之最終目的是要「停下世界」，要終止習以為常的觀點，讓真理能被看見。起初，卡斯塔尼達不懂這些奇怪的想法，但他會遷就這位長者。然而經過一段時間後，反而變成是唐望嘲笑卡斯塔尼達對世界僵化、狹隘的理解。

唐望告訴卡斯塔尼達，「個人的歷史是廢物。」最好將個人的過去拋到腦後，每天專注當一個全新的人，擁有不可預測的自由。唐望承認他故意在自己的生活周遭製造一層霧，因為成為一個無名氏後，會有很大的自由。相較之下，他自己早期的歷史眾所周知，還被視為理所當然。其他人的想法繼續塑造他的身分形象，使得他所做的每件事必須向他人解釋。

唐望試著解釋使自己不易接近的概念，或者說是把自己「從被劫持的路中間」移走。雖然作者卡斯塔尼達並未向他吐露太多往事，但唐望似乎對他所知甚多，例如他仍然對失去女朋友耿耿於懷。唐望告訴他，她之所以離開他，是因為他對她總是形影不離，這會造成一種習以為常與無聊的感覺。他需要採取獵人的心態，永遠不要成為習慣的奴隸。為了避免自己成為獵物，我們必須打破我們的慣習，變得不容易安於現狀。唐望告訴卡斯塔尼達，如果不這麼做，「我們最後會因為對自己感到無趣，以及對世界感到無趣而死。」在他的眼裡，這位年輕人犯了兩項相關的罪：他缺乏對於神祕宇宙的欣賞，因而他太容易被看透。

看見自我之外

唐望最核心的智慧是，人們太看重自己了。他注意到卡斯塔尼達會因為最輕微的挑釁而大發雷霆，並「像老太婆一樣生氣」。為了幫助卡斯塔尼達甩掉妄自尊大的習氣，唐望請他跟植物說話——畢竟它們和他是平等的。他想要打破卡斯塔尼達的想法，以為自己是掌握清楚目標的人。

唐望形容卡斯塔尼達是「妓院老闆」，未好好參與生命、行動不確實，這令卡斯塔尼達嚇了一大跳。他的妄自尊大阻礙他真正看清這個世界：「你就像戴著眼罩的馬，」唐望告訴他：「你只看見你自己，其他什麼都沒看見。」

戰士的心態

這位長者繼續闡釋，妄自尊大的另一面是不安全感。卡斯塔尼達承認，他感覺自己像是「任風吹舞的一片葉子」，充滿悲傷與渴望，容易沮喪。他總是在人生中與其他人身上發現缺點，一點都不真的喜歡自己。但唐望告訴他，即便理由充分，為自己感到悲哀不是一個有知識——一位戰士——的人生。一位戰士的力量，正是來自於選擇他們自己的心態，戰士的「心態」意謂面對任何情勢，永遠不屈不撓。

「抱怨是沒有意義的，」唐望說：「從此時此刻開始，重要的是你人生的策略。」有了策略，我們就不會因「消磨時間」而被消弱，因為每一分鐘都有意義。卡斯塔尼達覺得他是情非得已地被拖到生命中的某種情境，但唐望正確地分析出他是一個不願意為任何事承擔責任的人。因為他相信自己會永遠活著，他也相信他有時間改變跑道與質疑。然而，人生需要我們做決定。

當這位長者告訴他要隨時留意死亡跟在他身後，他相當震驚。如果他有這種覺知，他會用不同的方式生活。這會矯治他的妄自尊大，並且正確看待顯然困難的情境。唐望發現，覺得自己永遠不會死的人，過著苟且的生活，他們讓自己帶著「沒有價值的想法與心態」。

在沙漠裡，由他的心靈導師投以各式各樣的考驗，卡斯塔尼達幾乎被逼瘋了。但是他想通了死亡可能是他最好的顧問，便承認：「在死亡的提醒下，他的憤怒變成了天下最無聊的瑣事。」唐望教他要像是活在世上的最後一天，或是最後一小時那樣活著，這樣會讓他熱愛生命。認為自己還有很長的時間能活著，會讓他變成一個膽小而且不獨立的人。

總評

《巫士唐望的世界》在心靈書籍中提出令人訝異的啟示：對自己狠心、明快做決定、對你的行為要完全的負責。你可能已具有成人的體魄，但你的心靈還不是真正的男人或女人。唐望教導我們，認為生命本身不夠美好是一種罪惡。不論在失敗或成功之中，我們決不能忘記這是充滿驚奇的世界，而且我們必須勇於接受它的挑戰。

大部分的人期待這個世界為他們做一些事。他們活在科技與享樂之中，對於能量完全陌生，對神祕事物無感。貫穿卡斯塔尼達全書的理念是，人類就像是通往一個比我們自己更巨大的實體或力量的路標，我們應該明白，只有透過認識這個偉大的力量，我們才能得到自我認識。

對於唐望是否為一個真實人物，以及這幾本書是否根據真實事件，長久以來一直有爭議。卡斯塔尼達堅持這幾本書不是小說，然而，因為它們的內容如此不真實，很容易被如是觀。抗拒革命性理念的合理性，似乎也是一種人性。

卡羅斯・卡斯塔尼達

卡斯塔尼達於一九二五年出生在祕魯的卡哈馬卡（Cajamarca），原名為卡羅斯・阿拉那（Carlos Arana），一九五九年成為美國公民後才改了姓氏。他就讀加州大學洛杉磯分校人類學系，於一九六二年獲得文學學士，而一九七〇年他因為《巫士唐望的世界》這本書獲頒博士學位。

卡斯塔尼達其他的著作包括《力量的故事》（*Tales of Power*）、《力量的第二環》（*The Second Ring of Power*）、《老鷹的禮物》（*The Eagle's Gift*）、《神奇的困境》（*Magical Passes*），以及《無限的正面意義》（*The Active Side of Infinity*），最後這一本書是在一九九八年他在加州過世後出版。

1922

阿西西的聖方濟各

St Francis of Assisi

「主啊，讓我成為你和平的工具。
有忿恨的地方，讓我播下愛；
有傷痛的地方，讓我播下原諒；
有懷疑的地方，讓我播下信念；
有黑暗的地方，讓我播下光明；
有悲傷的地方，讓我播下喜樂。」

——阿西西的聖方濟各

「賦予他超凡的個人力量的是這個：從教宗到乞丐，從敘利亞樓台上的蘇丹到從樹林爬出、一身襤褸的強盜，沒有任何看見那對燃燒的棕色眼睛的人，不相信方濟各．伯納戴德（Francis Bernadone）是真的關心他；關心他內在的個人生活，從搖籃到墳墓……如今，因為這個特別的德行與宗教的信念，他的表情總是禮貌親切。」

總結一句

極度的感恩讓你以全新的角度看世界。

同場加映

穆罕達斯．甘地《我對真理的實驗：甘地自傳》（13章）
大德蘭《聖女大德蘭的靈心城堡》（41章）
德蕾莎修女《一條簡單的道路》（42章）

08

G・K・切斯特頓

G. K. Chesterton

阿西西的方濟各於一一八一年出生，原名為喬凡尼・伯納戴德（Giovanni Bernadone）。當時即將進入十三世紀，基督教世界正從黑暗時期萌生，而黑暗時期是羅馬帝國瓦解後，一段自省與充滿防衛的時期，在輝煌的文藝復興時期之前。根據切斯特頓的說法，這是一段心靈洗滌的時期，反應在克己的修道院生活，而這時基督教世界仍然受到異教與蠻族攻擊的威脅。這種對純潔的追尋反應出來的結果之一是十字軍，但另一個比較正面的部分，是文化上的百花齊放。

當時最流行的新星是法國的遊唱詩人，他們是浪漫詩人，充滿熱情的歌曲特別吸引年輕人的想像。還是孩子的時候，喬凡尼因為對這些法國詩人的喜愛，被他的朋友取綽號為「法蘭西斯科」（Francesco），或者「小法國人」，而這個名字從此一直跟著他。他的父親伯鐸（Pietro）是一位白手起家、相當富裕的布匹商人，方濟各進入青少年期時，喜歡把父親的錢花在精緻、花俏的法式衣著上，在鎮上與朋友廝混，遊手好閒。

聽見召喚

年輕的方濟各懷著滿腔熱血，想要追求軍旅生活的榮耀，便加入了一個攻打鄰近城邦佩魯賈（Perugia）的征途，結果遭到俘虜，被拘禁了一年。這次的挫折並沒有阻斷他加入另一次軍事行動的決心，這一次是追隨一位阿西西的貴族去攻打拿坡里城邦。然而，路上他開始聽見內在的聲音說，他的角色是去幫助貧窮病苦的人，不是去打仗。也許是心懷謙卑，他聽進了這些話，轉頭回家了。

不久，方濟各聽見另一個聲音告訴他，去重建阿西西城外山丘上已經毀壞的聖達勉堂（St. Damiano）。令他的父親大感錯愕的是，他開始用自己的雙手做這件事，而且有一群同樣熱心、穿得衣衫襤褸的年輕人跟著他一起做。

然而，募集工程資金並不容易，方濟各突發奇想，把父親的一些布匹拿去販售兌現。東窗事發後，他的父親伯鐸．伯納戴德怒不可抑，想循司法途徑解決，結果一位主教命令方濟各把錢歸還給父親。方濟各照做了，但在一堆錢的上面，他把他穿的衣服也丟上去，露出裡面剩下的粗毛布襯衫。

為上帝當傻瓜

初創時期，方濟各的一群新手被稱為「上帝的雜耍團」（Jongleurs de Dieu）。方濟各會的成員試著讓人們以不同的方式看事情，就像是小丑或雜技員一樣，熱切地希望人們覺知到上帝的存在。中世紀的生命目標是穩定與力量，有一種存在使「真實的」世界看似死氣沈沈，但是「雜耍團員」為它提供一種愉快的取向。他們放棄了所有的家當，甚至永久的居所，他們代表了自由。

方濟各本身則經歷許多羞辱，從敗戰的士兵到被父親告發，他知道自己在每個人的眼裡都是一個傻瓜。然而，如果真是如此，他也是上帝的傻瓜。他開始接近乞丐和痲瘋病人，雖然他也贏得一位富人伯納多．昆特瓦雷（Bernard of Quitavalle）與其他追隨者的支持，但大部分人還是認為他瘋了——他拋棄了富足的生活，去過窮人的生活，而且住在痲瘋病院旁邊的小屋子裡。

傻瓜進入聖方濟各會

然而方濟各的熱情與瘋狂的方式吸引了心胸開放的人們。鎮上有一位名叫佳蘭（Clare）的女孩，她和方濟各一樣生長在富裕的家庭。聽了他傳教後，佳蘭決定離家，方濟各幫助她在本篤會修女會的女修道院找到寄宿處。

傳記作者們長久以來認為佳蘭與方濟各之間存在著性關係，但切斯特頓相信這段感情是柏拉圖式的。他說，我們應該接受這種可能性：「天堂之愛有可能和凡俗之愛一樣真實。當它被如凡俗之愛一般真實對待時，整個謎團就容易解開了。」在我們凡俗的時代，很難理解有人願意把他們自己奉獻給聖潔與貧苦的生活。然而，在他們對上帝的尊崇之下，即使他們兩人之間有愛情，也很快變得次要了。

當方濟各謁見教宗英諾森三世（Innocent III），請求批准他成立修道會，當時他衣衫襤褸的團員只有十一人，起初教宗回絕了。但後來教宗做了一個夢，夢裡有一個看起來像是農夫的人復興了教宗的拉特朗聖若望大殿（St. John Lateran），當教宗英諾森三世再次看見方濟各（當時他只穿著農人的棕色粗布長袍，腰間綁著一條繩帶），他便認出他是夢中的那個人。

教宗暫時同意了方濟各修道會的成立，條件是它要成為一個具規模的組織。切斯特頓寫到，只花了十年，方濟各標誌性的棕色粗布長袍已經成為一萬人的制服（從此以後一直是方濟各會的習慣）。方濟各幫助成為修女的女孩則成為聖佳蘭（St. Clare），她是「方濟各貧窮佳蘭隱修會」（Franciscan Poor Clares）的創會修女，她們的第一座女修道院就是在達勉堂。

上帝的義人

認識方濟各的關鍵，在於他的感恩情操。雖然許多人每天或每星期會對上帝表達感謝，方濟各則是永遠活在感恩裡。他尤其感謝上帝給予他的苦難，他的理由是，如果上帝創造了萬事萬物，那麼我們能報答的只有我們的苦難。

但切斯特頓表示，他不是一個「愁悶的苦行者」——他只是對生命採取比較激烈的方式。我們享受獲得的事物，但方濟各明白，如果你選擇孑然一身，你就會得到自由，看見什麼是真正重要的。「不懷抱期望的人是有福的，因為他會享受每件事。」他說。發願貧窮可以是一種巨大的自由，不斷提醒你對上帝的熱愛。依他的誓言，方濟各並不比一般人更克已，但確實更自由：「馴服而不倚賴。」

懷抱他那個時代精神的鼓舞，他旅行到聖地去感化惡人。他被撒拉森人（Saracens，即伊斯蘭的阿拉伯人）俘虜，帶去晉見蘇丹，蘇丹將他釋放了。切斯特頓稱他為「不會被殺死的人」，這個頭銜適合給一個願意以身殉道，但或許被認為太親切、太討人喜歡而不會被處決的人。

對切斯特頓而言，方濟各是親切有禮真義的典範；也就是說，他不只展現出對其他人的平等與尊重，也展現一種溫暖的同胞愛，讓人感覺他們是被關心的焦點。切斯特頓寫到，在階級與榮耀當道的年代，方濟各「對待一群土匪像對待一群國王」。他不用價值觀去區別他人，不論是敵人或是朋友，不論是乞丐或是神父。

對萬物之愛

切斯特頓宣稱，方濟各不真的是「大自然」的愛好者。他不是像我們說到大地之母時那種廣博、泛神論地熱愛所有生物——他喜愛他遇見的個別的人、花朵，或動物。這是為什麼我們說有一頭驢子是他的兄弟，一隻麻雀是他的姐妹。

方濟格晚年時眼睛快全盲了，他自願讓他的眼睛用一把火杵來燒烙，以防止感染，他邀請「火兄弟」來完成他的工作。這種自然的擬人化也許現在由我們看來有些幼稚，但也展現了他與自然界驚人的親密感。對方濟各而言，如果上帝認為某件事應該存在，那麼它就是美好的，值得愛與保護。據說許多奇蹟發生在他身上，例如經常聽說醫治病患的聖人故事，還包括即席編出一首小鳥交響曲、馴服野狼等。雖然這些對我們像是天方夜譚，但是對於一個對眾生懷抱同理同情的人，這些可能是自然發生的現象。

總評

切斯特頓認為方濟各的影響很像嬰兒出生在一間暗室裡，一掃原本的陰霾，送進清新的氣息。一千年來教會一直處在防衛、儲備實力與鞏固地位的狀態。方濟各認為該是朝反方向前進的時候，教會應該拋棄教會財產，發送許多的愛。

許多反傳統者改變了世界，但卻被憎惡；他們的極端主義變成反效果。方濟各對人們真誠的愛讓他免於這種命運。然而，今天大部分人感興趣的不是他為天主教信仰做了什麼，而是他的傳奇故事呈現他是一個偉大無私、熱愛生命的人，他的故事總是激起溫馨的反應，對非基督徒者亦然。方濟各本人與他傳遞的訊息很簡單，也依舊非常吸引人，如果可以一言以蔽之，那就是愛比權力更重要。

如果不是因為他的天命，阿西西的方濟各無疑只會成為他那個時代與地方的產物，追求戰爭的榮耀與女人的愛情。如切斯特頓指出的，愛情與聖人的動機基本上是一樣的：他們做他們做的事——不論是在愛人的陽台下枯站整晚，或是在雪中徒手蓋教堂——都是發自瘋狂的愛。而方濟各本質上是個擁有愛且願意愛人的人，不論是對其他人，對動物與植物，或是上帝。

雖然切斯特頓這本書很短小，但當中的理念與洞見卻很精實。他在論述中偶爾會使用華麗辭藻稍微賣弄一下，但他的研究使方濟各成為一個真正的人。這本書比較像是一幅素描，而不是鉅細靡遺的畫像，就像畢卡索的線條畫，它捕捉了這位人物的精髓。這本書寫於切斯特頓改信天主教後不久，讀來有皈依者的熱情，但作者準確的性格分析天分，平衡了這一點。

G・K・切斯特頓

吉爾伯・凱斯・切斯特頓（Gilbert Keith Chesterton）於一八七四年生於倫敦，是一位詩人、小說家、散文家與批評家。除了在《倫敦畫報》（Illustrated London News）與他自己的《GK週刊》（GK's Weekly）定期發表許多文章之外，他也出版了短篇而且頗獲好評的傳記，這些傳記的人物包括查爾斯・狄更斯、湯瑪斯・阿奎納（Thomas Aquinas）、羅伯・布朗寧（Robert Browning）與羅伯・路易・史蒂文生（Robert Louis Stevenson）。他的著作《正統信仰》（*Orthodoxy*）被認為是心靈經典，他也寫了一個偵探神父的系列《布朗神父》（Father Brown）。切斯特頓於一九三六年去世。

2001

轉逆境為喜悅

The Places That Scare You

「如果我們感覺到沮喪、尷尬，或憤怒，是因為我們認為真的搞砸了。然而，感覺情緒的高漲不是修行禁止的事，這裡是勇士學習同情的地方，這是我們學習停止自我掙扎的地方。唯有當我們能居住在這些令我們懼怕的地方，真正的平靜才會變得無可動搖。」

「我們……很像在垃圾堆裡尋找一顆珠寶的盲人。就在我們想要丟掉的，在我們覺得令人厭惡與害怕的事物中，我們發現菩提心的溫暖與清淨。」

總結一句

藉著將亮光照耀在心靈黑暗的角落，我們得以成長。

同場加映

艾克哈特・托勒《當下的力量：通往靈性開悟的指引》(43章)
邱陽・創巴仁波切《突破修道上的唯物》(44章)
蓋瑞・祖卡夫《新靈魂觀》(50章)
達賴喇嘛《快樂：達賴喇嘛的人生智慧》(《一次讀懂自我成長經典》20章)
《法句經》(《一次讀懂自我成長經典》21章)

09

佩瑪・丘卓

Pema Chödrön

「每個人都有自己喜愛的事物，即使是玉米薄片餅。」佩瑪・丘卓想起她的恩師創巴仁波切試著解釋佛教裡「菩提心」（即成佛的心）時所說的話。「菩提心」字面上的意義是敞開胸懷，所有人類，即使是明顯的惡人，都具有「柔軟地帶」。

丘卓是皈依佛教的美國人，她亟欲將這個古老的概念帶給當代讀者。她的哲學是，為了撐過日子，大部分人把他們的柔軟地帶變硬，阻絕了對其他人的同情心。大部分的時間裡，我們試著阻斷去感覺菩提心，築起虛假的屏障，例如偏見或各種觀點。但是丘卓說，柔軟地帶一直「像是牆上的裂痕」。它們指出我們真實的本性，因此在任何時刻對我們來說都存在。

在《轉逆境為喜悅》的第一章裡，丘卓提到一位女士寫信給她，說她在中東一座城鎮裡的經歷。這位女士和她的朋友因為身為美國人而受到當地人的嘲弄和咒罵，覺得自己快要遭到肢體攻擊，雖然嚇壞了，她在那一刻突然明白身為被迫害、被憎恨的少數族群是什麼感覺。她感覺到自己與歷史上每個處在同樣情境的人有了新的連結。通常這種經驗會讓我們嚴厲斥責或是退到自己的保護殼裡，但這位女士從中得到了非常珍貴的體會。依丘卓的觀點，這位女士已經踏出成為一個菩薩的第一步，一個有勇氣迎向痛苦的勇士。丘卓說，勇士不比其他人好鬥，但是具有開放的胸懷。

承認情緒

「菩提心」的教義最初是來自印度，後來在十一世紀時傳到西藏。它們被淬煉至容易記憶的口訣，例如：「於怨敵恆修。」它們為我們賦予突破自己「無明的」個人缺點，讓我們可以開悟，而在任何落入這種艱困時刻記住這種口號，就是覺悟的方法之一。

丘卓寫道，人們往往開始靜坐，是因為相信這會讓他們超越日常生活的困頓。然而，菩提心的法需要我們反其道而行：唯有當我們深度浸潤到日常的感覺裡，不論好壞，我們才會覺悟。第一次靜坐的人有時候會發現，與其變得更平靜，許多強烈的情緒會升起，不如藉由承認這些情緒的存在，我們可以開始更清楚地看見自己。如果你對某事有一股怒氣，丘卓說，認真地感覺它。透過讓它發生，你不用經歷經常伴隨的罪惡感，如此便能開始更看清自我。

我們不喜歡的，只是生活

丘卓從佛陀學到的偉大教訓是，我們整天奮戰的，只是日常的生活。她寫到：「生命確實不斷地起起落落，人們和情勢確實難以道料，而其他萬事萬物亦然。」令人驚訝的是，當不如意的事發生的時候，人們極度失望；當事情不對勁的時候，我們覺得痛苦。但是我們不必將挫折或失敗放在心上——這正是生命的特徵，我們會得到我們想要的，也會得到我們不想要的。

我們盲目地從不安與不舒服的感覺裡逃脫的事，沒有一件事會有恆久的價值。生命就是體驗迎向生命的種種，不只是好的那一部分。當你能像丘卓的師父創巴仁波切所說，對於不論好與壞的日子，都說出「我很好」，你就前進了一大步，你就無所畏懼了。

輪迴

「勇士訓練的核心問題，不是如何避免不確定與恐懼，」丘卓說：「而是我們如何理解不舒服的感覺。」我們的生命圍繞著心理逃避。我們沈緬酒色、大吃大喝或大肆採購，就為了逃離眼前某些令人坐立難安的想法或感覺。這種感覺可能只是單純的無聊或輕度焦慮，但因為我們不願意完整地體驗它，我們失去了真正認識自己的機會。我們也許永遠不會察覺到，比起立刻擺脫它，我們可以從完整體驗不舒服的感覺，得到更多的紓解。這種永遠想要「即刻甩開稜角」的想法，使我們陷在稱為輪迴的不圓滿循環中。

丘卓說到「垮掉的一代」知名詩人作家傑克·凱魯亞克進到山裡，想與上帝面對面，但結果他只是面對面見到赤裸的自己——「喔，令人厭惡的我」如他給一位朋友的信中所寫的——沒有酒精或毒品的掩護。很多人尋找上帝，但最後找到他們自己，然而此時此刻，丘卓說，就是覺悟的開始。

停留在恐懼的所在

丘卓發現，我們期待事情永遠一帆風順。我們在情感上依附永遠，所以，當事情進展不如意，我們便覺得脆弱與不安。佛教的方法是「順應改變」，讓對這件事的覺知，成為我們想法的一部分。

由於不確定性令我們恐懼，我們便渴望確定性。我們接受一種迷思，如丘卓描述的：「只要我們把每一件事都做對，我們將能找到一處安全、舒適、穩當的地方來度過餘生。」但生命總是充滿不確定，對每個人皆然。

如果我們進一步探索恐懼的感覺，而不立刻「修正」它，它會多少喪失一些威力。我們得問自己：當我們感覺無法處理某件事時，真正感覺到的是什麼？理解我們想躲避的東西是成長的關鍵。若我們「迎接反對或背叛的痛苦」——或任何其他痛苦的感覺——丘卓指出這是軟化自己的方法。如果壓抑它，只會變成一個脆弱的人。

你也許會認為，真正去感受某種情緒的重量和強度是一件很恐怖的事，但丘卓說，那其實是一種解放——對我們自己慈悲的舉動。若我們不允許自己去感覺，我們會變得更受自我牽制，以為自己無堅不摧，而實際是結構上有安全隱憂的堡壘，最輕微的挑釁都會使我們垮掉。自我把我們與其他每個人隔離，它試著保衛個人領域的幻相，但我們必須挑戰它，培養前往令我們恐懼的地方的勇氣。

開放心靈的修行

佛教的修行者尋求四種無限的特質：慈悲、同情、喜樂與平靜。在多種菩提心修行得道的方法中，其中一種是「願力」，或者說是為他人祈福。我們希望可以自苦難中解脫，找到幸福的泉源，然後，也希望我們所愛的人得到幸福。最後，可以將這種願力向外延伸到更外圈的人，包括不喜歡、以及素未謀面的人。

丘卓注意到為某個你平常憎惡的人祈願有多麼的困難，但其中的道理是這樣的：運作心的肌肉，讓它變得更大。如果你無法將善意送給你無感的人，那麼就無需勉強。這個想法不是要逼迫你自己當聖人，而是要延伸你在同情與慈悲方面力所能及的。

苦難與忽視的根源，是你無法看見所有人之間的連結，看清其他人與自己並無二致。丘卓喜歡在商店和超市練習願力，在這兩個地方心生煩躁的機會是很高的。例如，當你決定要對排在你前面的那個人施以正面的願力，你立刻就和他們有了連結，而他們所做的任何事就似乎不那麼令人反感了。利用願力，你就可以面對任何人，因為你看他們的時候，基本上是看見另一個面向的自己。

另一種讓心柔軟的修行，是為其他人的好運歡喜。丘卓說到她如何聽見某個認識的人出書，銷售量比她自己的書還好時，她有多嫉妒，直到她經由為別人的成功歡喜，她才明白自己有多麼憎惡先前那樣！

她說，我們覺得最麻煩的人，是我們生命中最好的老師。藉著他們能在檯面下激起我們的所有反應，向全世界展現，我們有多少醜陋的想法與未琢磨的情緒。正義感、驕傲、懷疑、憎惡——所有這些都可以攤在陽光下，並且在菩提心覺悟的修行下，消逸殆盡。

總評

許多佛教著作為靈性帶來非常理性的心態——它們很有用。丘卓所描述的大部分修行已有超過一千年的歷史，而且以一種近科學的方式被精煉成著作。你不需要對佛教很感興趣就能被它們改變。例如，若你是一位基督徒，只要用同情取代菩提心。

丘卓其他的著作包括《無怨悔的世界》（*Start Where You Are*）、《不逃避的智慧》（*The Wisdom of No Escape*），和《當生命陷落時》（*When Things Fall Apart*）等。每一本書都是討論不如我們意，卻如實的人生。書的內容清楚而直接，使它們成為一位傳統東方佛教明師的傑出著作，但實際上它們是來自一位與每個人一樣，曾經歷過相同掙扎，有著情緒與物質欲望的美國女性，這使得這些作品更有價值。我們很容易看著一位沈著的心靈大師，認為他們長此以往皆是如此，但丘卓說：「所有你在照片裡或本人所看見的慈眉善目的開悟之人，都必須經歷完全爆發的精神官能症之過程。」每個人都有許多恐懼的地方，但是，讓一個人與眾不同的是，他願意探進頭看見這些心靈的角落。

每一次當我們感覺到恐懼、害怕或悲傷時，不即刻反應或試圖壓抑它，我們就前進了一步。《轉逆境為喜悅》的最大真理是，擴大我們心中的柔軟地帶，也許看似危險，但實際上它帶給我們人生更多的平靜，因為同情與慈悲使我們成為真正的人。

佩瑪・丘卓

丘卓於一九三六年出生在紐約，畢業於加州大學。她三十多歲時才開始認真接觸佛法，並於一九七四年持戒。一九八一年，她成為藏傳佛教的比丘尼。她主要師事創巴仁波切（見《突破修道上的唯物》），從一九七三年開始向創巴仁波切學習佛法，直到他於一九八七年辭世為止。

丘卓目前是加拿大新斯科細亞省（Nova Scotia）的佛教甘波修道院（Gampo Abbey）院長。其他著作包括《對每個人心懷感謝》（*Be Grateful to Everyone*）和《施受法》（*Tonglen*）。

4TH CENTURY BCE

莊子

The Book of Chuang Tzu

「純粹而不雜，靜一而不變，淡而無為，動而以天行，此養神之道也。」

「不尚賢，不使能；上如標枝，民如野鹿……是故行而無跡，事而無傳。」

總結一句

最好的人生是與看不見的宇宙秩序，或是道，和諧一致的人生。

同場加映

《道德經》(《一次讀懂自我成長經典》37章）

10

莊子

Chuang Tzu

兩千三百年前的中國正是一段動亂的內戰時期。諸侯都亟欲爭取優勢，願意考慮任何能夠幫助他們打敗對手、維持秩序的新思想。在這個時期有一位傑出的哲學家——莊子。楚威王曾邀請他擔任宰相，但他婉拒了，因為他不想要因政治手腕而腐敗。

《莊子》後來成為道家的基本經典之一，另一本是比它早兩百年的《道德經》。據說莊子本人寫了前面七章，其他的章節是由弟子編撰。書中包涵中國歷史上知名人物的寓言與佚事，也包括偉大思想家之間的想像對話，例如孔子、老子和列子。

閱讀這本書，很容易理解為什麼莊子不願意為諸侯效勞，因為他的哲學否定世俗力量的效力，頌揚無名的生活，而非立大業。他暗示戰國時代的動盪之所以發生，是因為人們失去對道的覺知，而道是在此之前容許「天地融合」的。

什麼是「道」？道是宇宙的基本秩序，萬物自然運行的方式。有智慧而且成功的人物覺察到這股宇宙運行的力量，與之心神領會，從來沒有忘記那就是萬物的源頭。

對道的謙遜

在〈秋水篇〉中，莊子說了下面這則寓言。

當秋水滿溢時，河伯欣然自喜，以為天下之美盡在自己這條河水中。其順而東流，直到北海。在那裡，他遇見了北海若，看見北海的寬廣無垠，不絕自慚形穢。有了這項覺察，河伯想起坐在井底的青蛙是如何讚嘆他眼前一池塘水，永遠不會知道海洋的廣大。他也想起夏蟲，他們只活一個季節，永遠不能理解冰是什麼。他說，同樣地，受縛於其教義的學者，也無法真正理解道。對道知道一點皮毛，他就以為自己高人一等，然而，這與道的心神領會是不同的。

一般人不願意，也無法就事論事地看待他們的小小成就。他們只關心自己人生倏忽數十年，不明白在他之前的萬古，或是宇宙的無邊無際。他們小題大作，只將擔憂和困惑注入這個世界。這個故事的寓意是，我們不應該把自己想成是一條偉大的河流，要記住，我們不過是滄海一粟。

認識整體性

對一個平常人來說，貧與富、大與小、對與錯、有用和無用，它們之間的差異是很大的，但是從道的角度觀之，它們都是一樣，一體的。這是為什麼比較進化的人在人生過程中不做評論或區別，而是將他們的心靈放在整體上。

領會道的真義，能讓你明白生命的整體性，而不是你偏愛的那一部分。這是為什麼心領神會的人看起來比較超然：他們不會依附生命的某一個面向，而傷害其他面向。有這種依附將會拒絕生命的真相。只從青蛙的思想和概念認識世界的人，永遠無法理解道的無邊無量。

理解道的人不會為生死、運氣的好壞所擾。他們的生命不需要太多投資於追尋偉大功業或迴避厄運，他們的快樂來自於全然的平靜與超然。他們將萬事萬物看成是整體的一部分。他們不會被冒犯或是損傷名譽，因為他們的眼界放在高遠的目標。

超越對立的快樂

在莊子的思想中，我們不應該真的追求快樂。大部分人對快樂的想法是追求他們想要的事物，而在這麼做的同時，他們不斷處於行動的狀態。由於他們的心思放在未來以及抽象的事情上，他們忘了照顧他們的軀體。

然而，對道心神領會的人不會尋求這種「樂」。他們真正的快樂來自於擺脫人類尋常的負擔，也就是永遠在喜悅與悲傷、榮耀與失敗之間擺盪。但我們可以超越這些極端，活在一種「無為」的狀態；換言之，我們的行動遵循道，而不是追求我們自己的癖好與渴望。

大部分的人可能會說「我現在很滿足」或者「我覺得很快樂」，但是悟道的人有一種忘情的滿足，而且不知道不快樂為何物。因此，快樂便超越了達成快樂的「狀態」。快樂會在超越人類標準的思考、欲望、情緒指標之外找到，達到完美的平和。

選擇無名

偉大的人物不會在「給予」這件事上作秀，也不會汲汲營營。他們不會輕視為他們服務的人，也不會為虛偽的事裝腔作勢。他們自立更生，也不責怪貪婪或卑鄙的人；他們為人無私，雖然不是聖人那種類型，但他們的生命不起波瀾。相對的，護衛名聲，或者希望名利雙收的人，則很會興風作浪。

在與孔子的對話中，大公任評論說：「直木先伐，甘井先竭。」他向孔子建議說，他的學識使他成為傑出的人：因為他突顯了自己的知識與其他人的無知之間的對比，注意力都吸引到他身上。他的論點是，花時間維持他們「傑出的」形象的人，最後將徒勞無功，他們只是攪亂一池清水。另一方面，悟道的人則反應了道的本質——他們看起來或聽起來並不特別，但他們卻具有某種能量。大公任補充說：真正的力量是成為天地中的一部分，就像是鳥群中的一隻鳥。

莊子對於完美的人的概念是，他不試圖為世界發光：他們表現得像是那道光的清淨通道，讓它適時適所地發光。這需要完全的人道思想，「純純常常」。具有這種特質的人不想要權勢，無責於人，當然自己也不受指責。簡言之，他們不干預生命之道。人們以為他們瘋了，不為功名，但他們知道，這是真正的快樂之道。

簡單生活是最好的生活

中國古代的舜曾經嘗試退位，將權位交給一位名叫善卷的人。當時中國的統治者被稱為「天子」，而擔任統治者將備受尊崇。但善卷說：「吾何以天下為哉？」他過著簡單的務農生活，享受四季的變化。他在權力與榮耀中看不出任何意義。一旦有人掌握了權位，他們成天想著如何抓住它們不放，但這不是人生。

莊子的道理是，合乎道的人總是選擇平靜的人生，而不是權力的人生。諷刺的是，愈不看重權力的人，往往是最佳的統治者，但這種國王與宰相很少見。同樣地，合乎道的人不花時間追求利益，他們安於自己現在的狀態，不追求更多。他們忘卻做這份工作的理由，與工作合而為一，不帶自我，或者想到報酬的念頭。弔詭的是，這使得他們工作的成果愈發優質。

道的特點

以下是從莊子的故事與評論中可歸結合乎道之人的特點：

- 合乎道的人沒有宏遠的計劃，但對發生的事正面回應。
- 他們讓自我抽離事物，因為只有這樣能讓他們清楚看見他人。
- 大多數人試著追求成就，但有智慧的人追求空，成為道的通道。
- 合乎道的人在生活中懷抱赤子之心，但具有智者的智慧。
- 他們超越爭議性的道德。如果有人必須想到德性，他們便活得不自然。
- 合乎道的人客觀地看待「知識」。他們具有一種來自宇宙合一的覺察之智慧，超越學者的知識。

因為他們思考與表現的方式與常規不同，合乎道的人可能看起來有點瘋癲，但從他們的角度看來，其他人過日子的方式才是令人匪夷所思的。

總評

莊子為古代中國所開啟的這扇門精采絕倫，或許會激起你對道教思想發展的興趣。莊子很有幽默感，總是取笑中國習俗與統治階級的僵化。然而，使這本著作歷久彌新的，是莊子對於人類處境的睿智洞察。

例如，在我們這個時代，人們很關心「生命的目的」，但莊子邀請我們思考，與其真正去追求成就，更好的作法是經由沈思與冥想，培養內心的空，以此讓我們把世界看得更清楚。如此一來，我們就能自然而然找到適合我們本性的行動範疇，以及這個世界需要做什麼。當我們覺知「道」的概念，它讓我們有機會連結到比我們更偉大的智能。

《莊子》是一本適合陪伴你一輩子的書，當你需要指引或靈感的時候可以參考。就像所有的寓言都需要好的解釋，坊間也有許多優秀的解析譯本可以參考。

1971

活在當下

Be Here Now

「我在劍橋擁有一間公寓，裡面放滿了古董，然後我安排了充滿魅力的晚宴派對。我擁有一台德國賓士轎車、一輛500cc的英國凱旋機車（Triumph）、一架賽斯納172型（Cessna 172）小型飛機、一台MG賽車、一艘私人帆船和一輛自行車。我到加勒比海渡假潛水。過著美國『他做到了』的世界裡，一個成功單身教授該過的生活。我不是一個天才學者，但我通過了整個學術界的歷程，我拿到我的博士學位，我出書……但歸結到底，我只是一個真正厲害的玩家。」

總結一句

你是否真的在尋找人生中更偉大的真理，或只是參加了一場功名的遊戲？

同場加映

赫曼・赫塞《流浪者之歌》（19章）
阿道斯・赫胥黎《眾妙之門》（20章）
艾克哈特・托勒《當下的力量：通往靈性開悟的指引》（43章）
邱陽・創巴仁波切《突破修道上的唯物》（44章）
尤迦南達《一個瑜伽行者的自傳》（49章）

11

拉姆・達斯

Ram Dass

年輕有為的心理學教授理查・艾爾波特（Richard Alpert）博士一向一帆風順，隨著一九六一年的到來，他在哈佛大學教授四個系所的課程，在史丹佛與耶魯大學也有研究契約，伴隨著這些職位的地位與收入，他的人生幾乎無可抱怨。

然而，他覺得他的世界裡好像少了什麼，雖然他無法明確指出來。成就理論、動機與焦慮這些他教給學生的事，對於生命的謎題似乎只是隔靴騷癢；他與他們同時代學者研究了所有關於人類心智的學問，但對人類處境掌握甚少。他們自己的生活缺乏統整與成就，而艾爾波特本人在心理分析領域的五年中也少有成果。他說，他的演講筆記多是「他人見解的鉅細靡遺呈現」，而他自己的研究很少有真正的突破。他身邊每一個人都如此聰明，但卻少有智慧：「我可以坐在博士資格考上問出非常高深的問題，看起來一副學識淵博的樣子。但這只是一場騙局。」

新世界

當傳奇的提摩西．李瑞（Timothy Leary，當時是哈佛的心理學家，後來成為一九六〇年代反文化的預言家）成為艾爾波特在哈佛的同事與酒友，艾爾波特人生的裂痕從此時開始擴大。李瑞在墨西哥發現了一種魔菇，他告訴艾爾波特，吃了這種魔菇後教會他的事，比當一位心理學家多年學到的更多，艾爾波特聽了之後非常震驚。後來，李瑞與阿道斯．赫胥黎（當時是麻省理工學院的客座學者）拿到了一種稱為裸蓋菇素（Psylocybin）的魔菇合成藥物，邀請艾爾波特和他們一起嘗試。

這種藥物引起多個異象，艾爾波特看見自己成為一位廣受讚譽的教授，他體驗到一個「我」出現在他智識牆面的後面，一個充滿智慧與永恆覺知的我，那正是他一直追尋的。

他們一組人繼續尋找其他的變異狀態，對其他人測試這種藥物，自己也經常服用。他們發現，打開意識改變了他們看待世界的方式，但是他們對此保持客觀是沒有用的，因為在心理學界裡，沒有任何理論可以解釋他們的經驗。艾爾波持寫出這段感官經驗，說他周遭的萬事萬物都呈現一種無差別、能量的振動形式，基本上是光，而不是我們通常所見的事物。在這種狀態裡，他看見自己的教授人生有些不真實、也受到局限，而他帶著悔恨「下凡」。他服用的心理藥物愈多，就愈不能接受自己得從那個美好的超自然世界，回到單調平乏的世界。

艾爾波特、李瑞與他的追隨者在其他同事眼中，必然非常怪異，他們開始被邊緣化。當艾爾波特被解聘，離開他在學術界的職位時，他認為這事情必須做個了斷，於是開始一段放蕩時期，不再覺得與學術成就有連結，而且找不到方法來維持他曾經擁有的意識狀態。

無法回頭

當一位富裕的舊識邀請艾爾波特去印度旅行，他立刻把握住機會。這趟旅行的規劃是開著 Land Rover 尋找聖人，但也混合著吸大麻和嗑一些毒品，艾爾波特愈走愈沮喪。他一直想要尋找一個「悟道」的人——明白內在人生的祕密，不受凡夫俗子的煩惱所苦的人——但他只落得成為心靈之旅的觀光客，就像其他成千上萬人一樣。

有一句話說：「當學生準備好，老師就出現了。」就在無計可施時，艾爾波特坐在北印度一間嬉皮咖啡館裡，這時走進了一位留著長髮、戴著串珠的高大西方人。艾爾波特立刻感覺到這位名叫巴格旺·達斯（Bhagwan Dass），被當地人視為「古魯」（guru，即印度教或錫克教的宗教導師）的人，是一位「悟道」之人。他飄洋過海走過十萬八千里，只為了找到這位年輕的加州人當他的導師！

他跟著他走遍印度，學習聖歌與咒語，他們兩人都身無分文，艾爾波特逐漸了解到什麼是真正的活在當下，摒棄「我們的生命故事很重要」的那種想法。當他問巴格旺·達斯覺得他們還要旅行多久，巴格旺·達斯回答說：「不要想未來的事。只要活在當下。」

從個性到意識

當理查・艾爾波特脫胎換骨，變成拉姆・達斯（Ram Dass，這個名字的意思是「神的僕人」），他得到了什麼啟示？不意外地，他明白了身分（identity）的本質。他發現，「我們是誰」是每一分一秒都在改變。世界上有很多個「你」，而每一個「你」都標示著某個特定想法或渴望的身分。我們的想法成為我們的個性，而我們在任何一刻認同的個性，是我們當時的樣子。然而，我們愈能在意識上退一步地看見這些不同的自我，它們看起來就愈虛幻。

達斯明白了覺知我們不同自我的一種方法，是採取不帶評論的目擊角色，冷眼觀看所有自我的行動。這讓我們帶著某種疏離，完成生命中的多種角色。目擊我們的想法也讓我們看見它們的短暫，以及有一部分的我們不屬於我們的思想。他發現，靜坐沈思的目的，是從習以為常對自己的想法中，解放那些使我們持續苦難的想法。在靜坐冥想中，我們從自我與感官中抽離，如果我們在沈思中產生任何想法，最終它們會是直覺或指引，而不是雜念。

超越理性

達斯注意到理性、思考的心，傾向將世界切分成各別的事物；換言之，理解者與被理解的事物是分開的。雖然許多文明的成就是仰賴這種層次的思考，但它有其限制。例如，愛因斯坦就有一句名言說，你無法用昨天的思維，解決今天的問題。達斯說，理性的心很難處理矛盾或不合邏輯的訊息，而宇宙知識中的偉大突破事蹟裡，往往提到某項發現是某種直覺或真理圖像的靈光乍現，而不是來自心智的分析架構。愛因斯坦就承認：「我不是透過我理性的大腦來理解宇宙的基本法則。」

一輩子大多住在一個崇尚理性的文化裡，拉姆．達斯因為明白我們不只是我們思維的總和，而得到了解放。有了這種認知，他不再可能繼續以一位客觀、科學觀察者的角度來從事意識的研究，然而，他現在能夠以他正開始體驗的更宏觀意識，來看待科學與心理學的架構。

總評

《活在當下》是嬉皮心靈著作的經典，也是放置任何時代都很傑出的一部心靈蛻變作品。書中精采描述了達斯從哈佛大學的學術界變成古魯的旅程，而他如一張死皮般捨棄陳舊的、有點無意義的人生，讓我們想起《奧古斯丁懺悔錄》中的奧古斯丁。

這本書一九七〇年代較舊的版本是一部社會史之作。它是由達斯自己的哈努曼基金會（Hanuman Foundation）所印製，直到書的大約三分之二處，才開始有頁次，大部分的內文是藍色或棕色的印墨。第一部分是對艾爾波特的人生平鋪直敘的紀錄，是從一種西方、順著時間軸的方式書寫；中間部分則是一位新手的聲音，他發現了心靈的真相，想要告訴全世界。這本書的編排上放了一些插頁，背景為野性與美麗的圖畫咒語和引用句，這對某些讀者可能會太時髦，但也不要因為書中經常出現「愛」、「古魯」的字眼，以及印度神祇的圖像而裹足不前。這其實是整本書的核心，而且，如果你的心境正確，它可以帶你走上一段有能量的「旅行」。

《活在當下》的最後一部分是「聖潔生活食譜」，呈現了達斯對修行實驗的成熟階段，並且經歷每一種可能的悟道方法，從靜坐、節食到藥物[1]。在討論修行的起伏時，達斯說，在頓悟後，你可能會百般不願意回到你所感覺的過去的自我——一種往前一步，退後兩步的概念。但是當你在靈性上更輕盈時，更大的純潔將會讓你「臃腫不雅」的部分浮出表面。大部分走上心靈道路的人一開始時，會將特定的時間與精力投注在靈性事物上，但後來發現，其實整個人生都與靈性有關——沒有一件不是。達斯另一個結論是，避免把自己看得太重要：當你在覺悟的食物鏈上愈高，你的自我（ego）真正的大小就會顯現出來，而你方能笑看自己的虛偽。

1 拉姆達斯引用一位名為哈里·達斯·巴巴（Hari Dass Baba）的話，他相信半人工迷幻藥LSD是上帝讓美國人踏上心靈旅程、打開他們對非物質生活的眼界所使用的方法。拉姆·達斯自己的結論是，藥物只是進入更高層知識的一扇門，並指出：「這條路的目標是靈性的提升（Be high），而不是亢奮（Get high）。」

1st Century

手冊

Enchiridion

「不要冀求發生的事應該如你期待的發生，而要期待發生的事如它們本來的樣子發生，如此你將會有個平順流動的人生。」

「記住你是一齣戲裡的一位演員，也許是老師（作者）所挑選的角色；如果戲是短的，那就是短的；如果戲是長的，那就是長的；如果他想要你扮演窮人的角色，你就自然地扮演那個角色；或是瘸腳的人、法官、神祕的人（只要照演）。因為把賦予你的角色扮演好是你的責任，至於選擇哪個角色，是另一個人的事。」

「人們不是因為發生的事感到困擾，而是因為關於這件事的想法而困擾。」

總結一句

欣賞世界原來的樣子，而不是你想要它成為的樣子。

同場加映

馬可．奧理略《沈思錄》（《一次讀懂自我成長經典》2章）

12

愛比克泰德

Epictetus

愛比克泰德原是羅馬的奴隸，他的主人以巴弗提（Epaphroditus）是羅馬皇帝尼祿（Nero）私人侍衛的文書官。當他的主人被尼祿的繼任者多米田（Domitian）處死，愛比克泰德重新獲得了自由。愛比克泰德本來應該過著平淡無奇的一生，然而，當他還是個奴隸時，他被允許參加哲學演講，獲得自由後，他成為一位斯多噶傳統的傑出哲學家。從奴隸到哲學家是一項驚人的飛躍，而且那一段奴隸的經歷顯然也讓愛比克泰德對於人類處境有不尋常的洞見。

愛比克泰德本人沒有寫下任何一本書。他的學生阿里安（Arrian，後來是亞歷山大大帝傳記的作者）記下他的思想，寫出了八大冊的《語錄》（*Discourses*），當中只有四冊流傳下來。《語錄》的精髓集結在精簡許多的《手冊》（*Enchiridion*，希臘文裡「手冊」之意）中，而今天的讀者可以讀到好的英文譯本（本書原文參考喬治・隆〔George Long〕的版本）。

什麼是斯多噶主義？它是一種思想體系，源自於西元前三世紀的希臘，後來成為影響古羅馬的主流思想。它在智識與精神上的特徵，包括了臣服於天命或宇宙法則、獨立的心智、生活與情緒的克己、無懼失去與死亡。這一段評論探討的是愛比克泰德對斯多噶派的想法。

接受

「引導我，喔，宙斯，而你是命運，
我被你規定要走的路：
我已準備好跟隨。若我選擇不從，
就是我把自己變成可憐人，但仍然得遵從。」

這一段韻文出現在《手冊》的最後，也總結了斯多噶派的接受哲學。藉由臣服於宙斯（希臘神話中的造物者），人們會得到罕見的沈著冷靜，知道他們的行為合乎宇宙之道。由於每個人在人生中都有某個角色需要去扮演，選擇頑抗宿命，結果可能只會帶來悲慘。另一位偉大的斯多噶派哲學家馬可·奧理略這麼說：「什麼都不要愛，除了任何編織成你的命運圖案的事物。因為，還有什麼更恰如其分地符合你的需要？」愛比克泰德教我們，當我們拒絕接受某個事件的發生時，痛苦是最劇烈的。

「人如何在各種情況下維持恰當的人格」的這個標題下，愛比克泰德指出，任何看似「無法忍受」

的事件，如果被視為是合理的，就可以被忍受。事件本身不一定是痛苦的，真正引起悲傷的，是對於我們將要經歷的事背後找不到理由的感受。然而，如果我們可以接受上帝的運作是合理的，我們就能因為明白所有事件的發生都有一個道理，因而感到安心——即使以我們有限的眼界無法看出其中的道理。

愛比克泰德提到蘇格拉底願意服監與赴死這件事。他為什麼不掙扎抵抗？因為他對於自己平靜地接受命運，在心理上維持了自由。愛比克泰德也說了亞基皮奴（Agrippinus）的故事，當他被告知羅馬議會將展開對他的審判（結果可能是死刑或是驅逐出境），他如常繼續每天例行的運動與沐浴習慣。隨後，當使者前來通知他判決的結果，他並未發出怒氣，而是靜靜地詢問是死刑，還是被放逐。使者告知是被判放逐，他也立刻開始收拾，準備離開。

據說亞基皮奴說了一句話：「我不是自己的阻礙。」他的意思是，沒有任何狂暴的情緒可以勝過他內在的平靜或決心，對於命運的全然接受提供了沈著冷靜，這是他最重視的，甚於所有的榮譽或財富。

更大的天賦

愛比克泰德發現，雖然我們在吃、喝、性交與睡覺這些方面與動物無異，但人類的任務是認清這個世界，了解我們在當中的位置。在這種思考下，我們被導引來欣賞對於宇宙運作背後的這股智能，並且享受與事件的疏離。我們的天賦不只是生理上的，也包括忍受任何事情，並且培養靈魂偉大的能力。愛比克泰德相信，這些天賦和聽覺與視覺一樣，也是我們的一部分。

愛比克泰德認為，這些困難就像是被送到競技場中打鬥的「粗野的年輕人」一樣，上帝的旨意並不是要我們被打敗，而是要藉由這些打鬥，使我們成為一個超凡的人。如果我們受到色欲的誘惑，讓它成為培養自制的機會；如果我們生理上痛苦，它是學習忍耐的黃金機會；如果某人開始向你吼叫，不正是練習耐心的絕佳情境嗎？由於曾經當過奴隸，愛比克泰德喜歡利用家庭的例子，他結論是，一家之主必須原諒有一點油灑出來，或者被偷了一些酒，因為「這是免於憂煩的代價」。當我們因為某人而心煩氣躁，我們應該要記住，對方像我們一樣，是「宙斯的子民」；攻擊他們，就是削弱我們自己，忘記我們共同的人性。

愛比克泰德很實用地指出，實際發生的事件並不可怕，可怕的是我們給予它們的解釋。他說：「瘸腳妨礙到的是腳，不是意志。」瘸腳也許會阻礙我們走路，但一隻有缺陷的腳真的是造成我們不幸的原因嗎？在愛比克泰德的思想中，沒有一個事件需要一個特定的反應。

此外，所有人生的不適與痛苦，必須與見證世界上真正的奇觀一起衡量。在騷亂的世界裡維持這樣的觀點，比任何事都有價值。

宏觀的生與死

愛比克泰德說，有些事情在我們的能力範圍內，有些則否。我們對於生命的骰子會如何丟擲，完全無法掌控，我們確實能掌握的，是骰子丟出後，我們能操控的手。如果不能覺察到這個分別，將導致無限的焦慮。

如果我們嘗試逃避疾病、死亡與貧窮，我們會活在悲苦之中，因為它們之中沒有一個——尤其是死亡——是在我們掌控之下的。幸福只有在我們能掌控與關注的事情中發生：我們的思想、行動與反應。平靜的生活來自於簡單的生活，能夠訓練我們的思想，將我們的欲望與憎惡修剪至最低。

《手冊》裡的第二十一點說：

「讓死亡、驅逐與其他每一種看似恐怖的事成為你眼前的日常——尤其是死亡——然後，你就不再認為任何事是凶惡的，你也不再會奢望任何浮誇的事物。」

「這種事總會發生」這句話經常用來客觀看待不幸，尤其是當不幸發生在別人身上時。然而，當某位與我們親近的人死了，愛比克泰德發現，我們會哭喊「我太悲慘了」，質問「怎麼會發生這種事？」突然間，對鄰居是一套標準，對自己又是另一套標準。然而，比較昇華的人能夠把「這種事總會發生」運用在他們自己的人生事件上，明白事件與自然完全一致，雖然是不幸的事件。

有鑑於大部分人最深的恐懼是配偶或小孩的驟逝，許多人也許不太可能如此克制情感，但愛比克泰德建議一種想法，也許可以有助採取宏觀的觀點：我們應該試著了解事件與人的本質或本性，而不是濫用我們附加其上的所有情緒。他說：

「如果你在親吻你的孩子或妻子的時候，要說你親吻的是一個人，因為當你的妻子或孩子死去時，你將不會如此慟心。」

這個宇宙生命力的特別呈現——這個人——也許會離開你，但如果你能認同生命本身，這樣的失去似乎就不再那麼可怕與不合理。記住，人們無法接受的是不合理。

總評

斯多噶派的觀點似乎與「我可以做任何事」的心態相反，而這種心態是我們在現代個人成長書籍中常見的。對於接受現實的強調，斯多噶的哲學可能看起來是命定論。在當代世界，我們避免任何形式的「不可抱怨」信條，而擁抱改變世界的想法。

然而，一般閱讀愛比克泰德或其他斯多噶派哲學家的反應是，他們並不悲觀。事實上，他們對於幸福（希臘文eudaimonia）的目標，是來自與神聖智能和諧的幸福，不是與世界對抗或評論，是盡可能在我們所居住這世界的一隅，增進合理性與智慧。

斯多噶派的哲學是精神性的，但也是非常實用的，承認依照上帝旨意或天命的生命，是完美的生命。雖然與嚴酷連結，事實上，斯多噶作品讚揚世界的神祕與奧妙，以及每一個人在生命開展時所扮演的獨特角色。斯多噶派心靈的沈穩平靜，來自於相信沒有一件發生在我們身上的事，不是我們的命運，因此，我們應該心甘情願地擁抱每件事。這種勇氣在《手冊》中強烈地表現出來，提升了靈性的層次，也證明了存在的榮幸。

愛比克泰德

愛比克泰德於西元五十五年出生在佛里幾亞（Phrygia）的希拉波利斯（Hierapolis，今日土耳其西南部的棉堡〔Pamukkale〕）。童年時，他來到羅馬作為以巴弗提的奴隸，以巴弗提是一位富裕而有權勢的自由人，當過羅馬皇帝尼祿的奴隸。愛比克泰德還是奴隸身分時，曾經追隨斯多噶派的老師穆索尼烏斯・魯富斯（Musonius Rufus）。

大約西元八十九年時，愛比克泰德與其他幾位在羅馬的哲學家，一起被羅馬皇帝多米田驅逐出境。他來到伊庇魯斯（Epirus，今日希臘的西北部）的尼可波利斯（Nicopolis），在那裡建立了自己的學校。他是一位受歡迎的老師，他的學校吸引了許多上層社會的羅馬人，其中一位學生是弗拉維亞斯・阿里安（Flavius Arrian），他後來編寫了《語錄》與《手冊》，之後在羅馬皇帝哈德良（Hadrian）下擔任公職，成為一位歷史學家。愛比克泰德終身未婚，膝下無子。他比當時的人長壽許多，於西元一三五年辭世。

1927

我對真理的實驗：甘地自傳

An Autobiography

「我想做到的——或者說過去三十年來我孜矻以求的——是自我實現，親身與神會面，達到救贖（moksha）。我的一切作為均是為了追尋此一目標，不論是演說、寫作、在政治界的努力，都指向同一目標。但正如我向來相信的：一個人做得到的事，其他人也能做到。我的人生實驗並非閉門造車，而是公開透明。」

「追求真理的人應該將自己看得比塵埃更不如；世界將塵埃踩在腳下，而追尋真理的人，應當謙卑到為塵土所踐踏。唯有如此，也只有做到這一點後，人才得以瞥見真理。」

總結一句

人生不是一連串的事件，而是一連串真理的顯露。

同場加映

納爾遜．曼德拉《漫漫自由路》（《一次讀懂成功學經典》35章）

13

穆罕達斯・甘地

Mohandas Gandhi

這本書首先引起你注意的，是書名——《我對真理的實驗：甘地自傳》（*An Autobiography: The Story of My Experiments with Truth*）——奇怪的用字。如果這本書只是政治生涯的故事，書名應該讀起來像這樣：「我如何從英國統治中解放印度」。但從一開始，甘地就費力指出，這本書不只是事件的描述（雖然當中確實提供這些），而是紀錄了他在尋常生活的混亂中，將「真理」獨立出來的努力。

使這本書加倍有趣的是，它寫於甘地成為世界名人之前。畢竟，直到一九一五年他才返回印度，當時他已經四十多歲了，那時他還不是我們今日印象中穿著白袍的人物，而是穿著西裝的律師，而且有個家庭。當時還沒有「聖雄」（Mahatma，原意為「偉大的靈魂」）這個尊稱，他還能在印度四處旅行而不被簇擁包圍。雖然自傳辭典將大部分甘地在印度的政治活動列為條目，《我對真理的實驗：甘地自傳》四分之三寫的是他的青少年時期，與他在南非二十一年期間為印度移民權益奮鬥的成年時期。

然而，不論他在哪裡，甘地人生中不斷進行的是他的各種實驗：素食主義、禁欲、非暴力與簡單生活。每一項都是他從印度教裡吸取的哲學／心靈概念之表現：禁欲（brahmacharya）、非暴力（ahimsa）與不貪婪（aparigraha）。若要了解甘地，就不能不對這幾個術語有些認知，知道它們對他的意義。

這本書本來是以他的母語古吉拉特語（Gurjarati）寫成的，直到一九五七年才有英文版本。雖然很長，但分成許多短小、有清楚標題的章節，標出甘地人生中重要的事件，也是最令人愛不釋手的生命故事之一。

素食主義

穆罕達斯・甘地於一八六九年生於印度東北海岸的博爾本德爾（Porbandar）。他的父親卡巴（Kaba）是地方上的政治人物，曾有過四段婚姻，每一任妻子都過世了。穆罕達斯是他第四任妻子最小的孩子，他們家族屬於素食者巴尼亞（Bania）的種姓[1]。甘地童年時有一件關鍵性的事件，是被一位葷食的朋友迷惑。這個男孩說服他說，印度人受英國人控制，是因為他們不吃肉，所以比較弱小；相反地，英國人很強大，因為他們吃肉。甘地覺得這個論述很有道理，便偷偷地享用煮食過的肉，但罪惡感很快

1　此為印度貿易商、銀行家、貸款人的種姓。

讓他放棄了這個實驗。

甘地是個聰明的學生，他十多歲時便萌生赴英國學習法律的念頭。他們種姓的長者禁止他去，認為他會被西方生活污染敗壞（他其實已經被叫作「種姓外的人」）了，但他的母親支持他前往英國，條件是他發誓不碰肉類、女人和酒精。

甘地自嘲地回想起，他剛到倫敦時很努力成為一位「英國紳士」，即便他很想念家鄉，想念妻子和小孩，從正面來看，他鞏固他的愛情以及對英國法律原則的尊重。他遭遇最大的困難在於找到素食餐點，有時為了堅持他的誓言，只得餓肚子。很幸運地，他找到幾間素食餐廳，進入「素食者協會」（Vegetarian Society），這個組織還為這位極度害羞的年輕人提供了重要的第一次公開演說機會。

甘地的素食主義從對家人的承諾，變成一個道德上的任務。他堅定了他的信念，認為性欲與飲食上的節制，對於人類擺脫動物驅力與基本需求非常重要。就他個人而言，他的禁欲與素食主義，和他的宗教意識是平行的。

後來，甘地的信念在不同的急症中得到試煉。有一次他的兒子曼尼拉爾（Manilal）發燒，幾乎到了鬼門關，他的家庭醫師建議必須給他喝牛奶，讓他的身體強壯一些。在此之前，他們家有一向謹守不碰動物性食品的原則，所以他們拒絕了。甘地說，後來這個男孩不僅活下來，還成為「我的男孩中最健康的」。另一次他的妻子卡絲特貝（Kasturbai）罹患重病時，一位醫生堅稱如果不給她喝一些牛肉湯，她將難逃一死。甘地一家再次拒絕了這個療方，後來她也恢復了健康。

甘地將這些意外視為是堅持原則的有益教訓，而且必然在他的心裡更確信，「不需要」的概念提供了某種道德力量，讓宇宙總是站在他這一邊。雖然有些不便，但實行禁欲也幫助他從生活裡去除了無意義的娛樂，堅定他的使命。

禁欲

禁欲（Brahmacharya）這個字的意思是「控制思想、語言和行為的感官」，尤其是性方面的。潔身的行為引領一個人接近神明。

甘地有一項較不為人知的事，是他在十三歲時就結婚了。他的妻子不識字，沒有接受過教育。在那個年代的印度，這種被安排的聯姻稀鬆平常，他們兩人一直在一起，育有幾個孩子。

回顧這段往事，甘地對於如此早婚感到相當羞愧，因為他承認當時對妻子的性欲益發嚴重。他後來相信，性的交合不是為了滿足性欲，而是為了生養孩子。三十五歲前後，在妻子的同意下，甘地發下禁欲的誓言，中止了他的性生活。他相信禁欲之誓是他綻放成為一個人的開端。

雖然一開始時很困難，但他說：「每一天我都看見不同於昨日的美。」有一個時間點，性欲不再能控制他的思想，而且，與其像是悔罪，他開始能夠欣賞這項誓言的目的，是保守一個人的身體、心智與靈魂。

「非暴力」與「非暴力抵抗」

另一個指引甘地人生的概念是非暴力（ahimsa）。在印度文裡，「himsa」的意思是一般存在之永遠的毀滅與痛苦：即世間之道。然而，我們可以採取慈悲的觀點——非暴力（ashimsa）——這需要我們全力以赴，避免重蹈苦難與逆境。

甘地相信，非暴力是追求真理的核心，因為任何想要達成某個目標的努力，如果造成對同胞心理或生理上的傷害，最終都會弄巧成拙，自我挫敗。例如，攻擊另一個人就像攻擊我們的自我，因為我們全都是造物主的呈現。然而，這個概念到底是如何轉譯成甘地著名的政治行動？

他發現了「非暴力抵抗」(satyagraha）的原則——不合作或非暴力抗爭——這代表了利用對「非暴力」的理解，在這個世界上成就事情的方法。不像一般的衝突，我們往往因情緒而火上加油，「非暴力抵抗」的行動是奠基在一種超然的固執，從其原則中的質素獲得力量。甘地是在南非進行非暴力行動，以爭取當地印度人的各種權益，行動的成功啟發了年輕的非洲自由鬥士納爾遜．曼德拉。後來，這個原則被應用在公民不服從與不合作運動，對抗印度的英國政權，讓軍事行動在不停歇的道德力量下讓步。

不貪婪

甘地對於簡單生活的美德相當熱衷，雖然大律師的工作讓他的生活相當優渥，但他仍堅持自己理髮、自己洗衣。他無法理解聘請傭人這種想法，而在艾哈邁達巴德（Ahmedabad）[2]附近建立靜修處時，他讓每個人參與清洗茅廁的工作，引起很大的爭議，因為當時只有「賤民」才做這項工作。

當他們全家離開南非，返回印度時，他們收到如雪片般飛來的珠寶贈禮，感謝甘地為印度社群在法律上與政治上付出的努力。雖然他的妻子很自然地想穿戴這些珠寶，但這樣的奢侈炫富違背了甘地的原則，他便將這些珠寶交授信託。幾年後，這些存放的財富產生的利息被用來協助不同社群的需要，而他的妻子後來也看出這項舉措的價值。

簡單生活的哲學是受到「不貪婪」（Aparigraha），或者說不占有的啟發。它融合了信託的概念，或者說是有智慧地善用貨品造福大眾。雖然他得為家人蓋兩到三間房子，但甘地相信，財產只會營造安全與確定的假象，而安全與確定實際上無法由任何事物或任何人來提供，除了神明。他提到有一段時間他受到保險業務員的誘惑，購買了一份保險來保護他的家人，以防他突然喪生。他後來取消了這份保單，認為這是一項道德上的錯誤。他的論述說明了他更廣泛的個人宗教：

2 印度西北古吉拉特邦（Gujarat）第一大城，全國第七大城，鄭和下西洋時稱此地為「阿撥巴丹」。

「我認為，在世界上期待確定的事，是不對的行為，萬事萬物，只有神明是真，其他都是不確定的。所有發生在我們四周圍的事，都是不確定的，轉瞬即逝的。但其中隱藏了一種最高存在的確定性，而能瞥見那個確定性，並且追隨他的人是有福的。追求真理是人生的至善。」

精神影響

前面許多章節是關於甘地對宗教真理的追尋。在倫敦與南非時期，他一度相信基督教，但無法讓自己相信耶穌是上帝的兒子。然而，他受到《新約聖經》很大的啟發，不意外地，尤其是那些關於耶穌不反抗，反而「把另一邊的臉頰轉過去」的部分。

甘地也參與過「神智學協會」(Theosophical Society)，其成員對他個人的印度教信仰極感興趣。他發現他對自己本土的宗教一無所知，便開始閱讀瑜伽大師波顛闍利（Patanjali）和辨喜（Vivekananda），也開始愛上閱讀《薄伽梵歌》，甘地稱之為「行為的字典」，他大部分的原則由此而來。他也認真閱讀《可蘭經》，而在世俗作者中，他也在列夫．托爾斯泰的《神的王國在你心中》(*The Kingdom of God Is Within You*)，與約翰．拉斯金（John Ruskin）的《給後來者言》(*Unto This Last*)中，找到改變人生的思想。

甘地的靈性生活是一種自創多樣的經典，每一種想法與信念都在追求真理的過程中仔細思量。顯然，他相信所有宗教傳統都是一位真神的呈現，而他在印度的最後一項努力，是圍繞著團結穆斯林與印度教徒的觀點，他也為這項努力付出了他的性命。

總評

甘地不喜歡「聖雄」這個稱號，他也不認為自己是偉大的人物。從鼓吹活動開始，他的自傳目的是客觀地詳細描述關於正確原則與精神真理上的發現與失敗，而且他從來沒有宣稱自己是完美的。

他的道德情操如此精粹，隨時準備好為之犧牲，但如此高尚的原則並不總是符合現實。他經常因為不合作運動引起的紛歧，有時甚至暴力的結果而受到批評。但最終，甘地的「非暴力抵抗」策略大獲全勝，原本的個人實驗為整個和平運動造就了不朽的成果。

我們今天能做的，是尊崇他為一個獨立的個人，我們可能無法再看到第二個甘地，或者踏上他開拓的路徑。不論是哪一種，甘地在他的實驗裡所獲得的，如今是屬於我們所有人的心靈資產。

1097

幸福的煉金術

The Alchemy of Happiness

「任何願意探究這件事情的人將會發現，幸福必然是與上帝的知識相關。我們的感官因在它被創造的目的中得到愉悅：欲念因為滿足而喜悅，憤怒在報復中得到喜悅，眼睛愛看美麗的事物，耳朵享受和諧的聲音。人類靈魂的最高功能，是看見真理；它在這裡面發現到特別的喜悅。」

「人類不是在嬉鬧或無意間創造的，而是精心製作，是為了某種偉大的目的。雖然他沒有不朽的形體，然而他的生命是永恆的；雖然他的身體卑微而且屬於塵世，但他的靈性是高尚而神聖的。」

總結一句

我們的存在是為了學習與上帝關係的高層真理。

同場加映

穆罕默德．阿薩德《麥加之路》（1章）
卡里．紀伯倫《先知》（15章）
麥可．紐頓《靈魂的旅程》（30章）
伊德里斯．夏《蘇菲之路》（37章）
伊曼紐．史威登堡《天堂與地獄》（40章）
華理克《標竿人生》（46章）

14

安薩里

Ghazzali

阿布．哈米德．穆罕默德．伊本．穆罕默德．阿爾安薩里（Abu Hamid Muhammad ibn Muhammadal-Ghazzali，也簡稱為安薩里〔Ghazali〕）生於一〇五八年的圖斯（Tus），位於現今伊朗的北部。安薩里被視為那個時代的精神領袖，還不到三十歲已被指派為巴格達的尼札米亞學院（Nizamiyyah College）伊斯蘭法學教授的榮譽職位。

他一生的目標是了解「事物的深層真相」，而他的心靈力量也讓他得到赫赫聲名。但就在他的生涯如日中天時，他開始懷疑思考批判的力量是否真的導引他到真理。如安薩里在他的自傳《來自錯誤的訊息》（*The Deliverance from Error*）裡說的，他經歷了一種心靈危機，不再確信他所知道的是否為真。

黑夜與頓悟

在這段懷疑期間，安薩里發現，我們感官的根據可能往往是錯誤的，不及某種更高層次的真理。例如，雖然天上一顆星星看起來很微小，數學家證實，它實際上比地球還大許多倍。同樣地，在某個夢境裡，我們可以看見與感覺到奇幻的事物，但醒來的時候，我們明白它們在現實中毫無基礎。他懷疑我們所用來建構與解釋我們每天現實的推理力，也許也是來自某種更高層次的覺醒狀態的幻覺。安薩里記得蘇菲派的神祕家宣稱，他們更高層次的覺知狀態使推理沒有價值，他也想起穆罕默德的話：「人類沈睡著；死亡中他們甦醒。」換言之，只有在死亡時，將推理的心拋諸腦後，幻相的面紗才會被掀起，而我們將第一次看見真理。

在這些思考當中，安薩里有了頓悟。一道光似乎穿透了他的心，而在一瞬間，在此之前「有層次論證」一直是他的思考基礎，但在他與神明的真理直接接觸後，這都變得無關緊要了。

尋找上帝的證據

然而，單就這個經驗本身並不足支撐他的想法，他展開了不眠不休的個人閱讀與研讀計劃，去發掘最能呼應他所見證真理的哲學、宗教或神祕主義學派。這份研究後來成為他劃時代的著作《宗教科學的覺醒》（*The Revival of the Religious Sciences*），在這本書中，安薩里逐步駁斥每個哲學學派，除了蘇菲主義（Sufism），在他的眼中，只有蘇菲主義提供了直接面對上帝的道路，而這是伊斯蘭已經看不見的。

這部著作的強度導致安薩里精神崩潰，造成口說問題的後遺症，使他無法繼續演講。他離開了他的家人與同事，辭去他的職位，前往敘利亞，當了十年流浪的神祕主義者，多年後才返回教職。

《幸福的煉金術》

安薩里復興宗教的努力是完全受到認同的，他被賦予一個特別的稱號「胡賈特—艾爾—伊斯蘭」（Hujjat-el-Islam），也就是「伊斯蘭的明證」。有鑑於他是一位蘇菲神祕主義者，屬於伊斯蘭的主流之外，所以這個稱號堪稱是一項榮譽。阿奎那（Aquinas）[1]之於中世紀的基督教世界，猶如安薩里之於中世紀早期的伊斯蘭世界，不同的是，安薩里的思想在歐洲也很有影響力，當時他是以阿爾加札爾（Algazel）的名字為歐洲人所熟知。

雖然他是一位重量級的神學家，但他最明智的舉動之一，是做了一項銜接工作，讓他的《宗教科學的覺醒》接觸到更廣泛的讀者，其成果即是《幸福的煉金術》。前四章是追隨聖訓（hadiths），也就是穆罕默德的言行錄，強調若缺乏與神的親密關係，真正的幸福便絕無可能。雖然這本書目前在西方世界相對隱晦，但它曾經在長達九個世紀中，一直是伊斯蘭最偉大的啟發式宗教短文。

安薩里開宗明義便指出將一般人「從動物變成天使」的徹底蛻變，當中所需要的四種元素。

●認識自我

●認識神
●認識這個世界
●認識下一個世界

認識自我

安薩里讓我們注意到一件簡單的事實：直到我們對自己有一些認識，我們才能完成我們身而為人的潛能。認識自我的關鍵是心——不是生理上的心臟，而是神所給予我們的心，「它來到這個世界有如拜訪異國的旅行者……不久也將返回它的故土」。

失去對事物的心以及對這個世界的關注，即是遺忘了我們真正的源頭，而對於神所賜予的心的認識，能為我們是誰、為何在這裡，提供真正的覺知。當人們允許他們的熱情接手，安薩里說，這就有如「一個人將一個天使交付給神的力量」。換言之，他建議，就像擦亮鐵器能將之變成一面鏡子，一顆受到節制的心能去除其靈性與精神上的鏽蝕，發出光亮，真正映照出神明的光。

安薩里指出，人類會運用在被賜予的感官中得到快樂：憤怒在報復中得到快樂，眼睛在看見美的事物得到快樂，耳朵在聆聽到音樂時得到昇華。如果人類最高的感官是真理的位置，那麼，我們必然

1　中世紀經院派哲學家與神學家，曾撰寫《神學大全》（*Summa Theologica*），被天主教會認為是最偉大的神學家。

會因為發現它而喜悅。貪圖色欲與口欲之人認為，他們從滿足他們的味口中得到最多人生的享受，但他們不知道，更大的快樂是來自於對自我與對上帝的認識。聖人與神祕家的狂喜其來有自。

雖然我們所有生理上的胃口在我們死後都會被遺忘，但我們在世時所得到對神的認識不會消亡，它變成我們靈性的一部分，並且會永遠跟著我們。一個不關心自己靈性的人，不論在這個世界或是下一個世界，都是一個失敗的人。相反地，一個能夠提升自己，從動物的層次到更高層覺知的人，能夠參與個人煉金的過程，會為他們帶來幸福。安薩里承認，這很困難，因為我們往往受到對我們沒有益處的事物所吸引，而那些對我們最有益的事物「沒有勞苦，就沒辦法得到」。

認識神

安薩里提到《可蘭經》裡的一行字：「人難道沒有想過他曾經是虛無？」許多人拒絕去探求將他們創造出來的真正原因。他認為醫生就像一隻爬過一張紙的螞蟻，螞蟻看見紙上寫了一些字母，以為這些字是單靠一支筆寫出來的。一個受憂鬱症所苦的人，會因為他們諮詢的是醫生或是占星師，而得到不同的病因說明。他們沒有想過，神也許給了他們某種疾病，為的是營造他們對生命日常快樂的不滿，希望藉此讓他們接近神。在表面之下，總有一個真正的原因，而真正的原因是神的旨意。

許多人不在意當他們死去的時候都會受到審判這件事，但安薩里說，這些人就像是認為醫生不會在意他們服藥或不服藥，便任性不服藥的人。這個問題不是醫生的問題，而是這個人的不服從，而招致自我毀滅。同樣地，神讚許我們的崇拜，但如果我們不崇拜，通常這不表示神會遠離，而是我們會忘記自己是誰，也就是，被要求過人類生活的靈性。

認識這個世界

安薩里認為，人身就像是一匹馬或一隻駱駝，是靈性用來走過人生旅程的載具。靈性必須照顧他的人身，就像是前往麥加朝聖的朝聖者必須照顧他們騎乘的駱駝。然而，如果朝聖者花太多時間照顧動物本身，餵飽他、裝飾他，那麼，他們和他們的駱駝都會死在沙漠裡，而不是到達他們的目的地。

安薩里發現，大部分人沒有做下重大決定，而將自己從前往神的道路上離開。剛開始時只是微不足道的事，但這些小事日積月累，最後吞噬了整個人：

「那些毫無節制享受世俗歡樂的人，在他們死去的那一刻將會像是狼吞虎嚥，大啖肉食，填滿肚子，然後將它們全嘔吐出來的人。美味的感覺已消失殆盡，只留下羞愧。」

相對地，將雙眼停駐在永恆的人，就像一個「進食有節制，嗅聞香氣，感謝主人，然後離開」的賓客。

認識下一個世界

依據《可蘭經》，靈性違背他們的意願，被送到世間的原因，是為了獲得更多的知識與經驗。他們被告知不需要害怕或恐慌，而要等待上帝的指示，告訴他們如何生活。沒有接受建議的人，將會發現世間的生活類似地獄，因此《可蘭經》裡有一句話說：「地獄圍繞不信者。」

安薩里寫道，世間的動物與天堂的天使都無法改變他們被指定的位階——但人類可以選擇透過他們的行為降級至動物的水平，或者同理上升到天使的高度。這種極端自由意志是人類的負擔，意味我們得思考如何生活，而不是行屍走肉地活著。

總評

雖然安薩里是一位親身體驗過靈性神祕的神祕家之中的中堅份子，安薩里的影響力來自於他單以目的，為神的存在提供充分的理由。他被稱為「伊斯蘭的明證」，但實際上他的著作為任何宗教的真理建立了一個無懈可擊的先例，做為一個贏回懷疑者或背棄信仰者信心的工具，《幸福的煉金術》很難被擊倒。

還有其他原因使得這本擁有九百年歷史的書依然具有影響力：一個帶有偉大願景的書名。

這本書根基於穆罕默德在《可蘭經》中聖訓的權威，相較於它所精簡刪節的大部頭書，這本書顯得相當輕巧。如克勞德·菲爾德（Claud Field）在一九〇九年的經典譯本[2]中寫到的，安薩里著作的力量，在於他成功地在人們的心裡建立了一幅幅圖像，描繪出細微的靈性或哲學觀點。這一點受到偉大的蘇菲派詩人魯米（Rumi）的認同，他在著名的《瑪斯納維》（*Masnavi*）敘事詩集中，借用了許多《宗教科學的覺醒》裡的寓言。

安薩里為人類留下的資產是什麼？他感覺伊斯蘭文化失去了它的方向，人們只是行禮如儀地膜拜，不是真正追求自我的轉變。他重建信心的努力影響深遠，導致伊斯蘭世界對世俗哲學的幻想破滅。當歐洲逐漸朝向政教分離發展，伊斯蘭精神的復興造成伊斯蘭信仰與社會組織更難分離。

但是《幸福的煉金術》要傳達的更大訊息是，不論你是否為穆斯林，真正的幸福來自於認識我們是神所創造，因而是有目的地被創造。平靜來自於明白我們只是「在異地的旅行者」，不久將回到永恆且非有形的國度，那裡是萬物起源的地方。

2 本書原文此篇，參考的是克勞德·菲爾德的譯本。

1923

先知

The Prophet

「你們並不是被封銷在你們的軀體裡，也不能被拘限在屋子裡或田野間。
真正的你，高居在山頂上，隨風飄泊。
真正的你並不是爬到太陽裡求溫暖，也不是鑽到黑暗的洞穴裡求安全的東西。
而是一種自由的，一種涵蓋著大地，在蒼穹中移動的靈性。」

總結一句

宏觀地觀看你的生命，並認清你是一個擁有人生經歷的靈性。

同場加映

李察．巴哈《天地一沙鷗》(3章)
安薩里《幸福的煉金術》(14章)
麥可．紐頓《靈魂的旅程》(30章)

15

卡里・紀伯倫

Kahlil Gibran

《先知》是一本散文詩，這本書的黎巴嫩裔美國作者因此而家喻戶曉。這本書在禮品店裡很常見，書中的文句經常在婚禮或任何需要振奮「心靈」的場合被引用，這本作品從來不是知識份子的最愛，對某些讀者而言，他也許看似有些矯揉做作，然而，作者是一位天才藝術家與學者，他的智慧得之不易。

這本書一開始是一位名叫阿穆斯泰法（Almustafa）的人，住在一個名為奧非里（Orphalese）的島上。當地人認為他是有智慧的人，但是他來自其他地方，他已經等了十二年，等待一艘船來接他回家。有天，從一座俯瞰小城鎮的山上，他看見他的船正入港，同時也感受到因為自己即將離開，小城居民散發出來的憂傷。城裡的長者請他不要離開，一位女祭司走上前，請阿穆斯泰法離去前分享他的人生哲學，向聚集的群眾演說他的真理，他所說的話便是這本書的基礎。

《先知》這本書對廣泛的主題提供了歷久彌新的心靈智慧，包括給予、飲食、衣服、買賣、罪與罰、法律、教育、時間、快樂、宗教、死亡、美，以及友誼等。每一章節則有紀伯倫自己繪製的插畫做為呼應。

以下我們來看幾個主題，但這本書是需要全部讀完的。

愛與婚姻

先知說，「只求愛的安寧和歡樂」的人是傻的，因為這種願望會使你成為一個遭遇比較少痛苦，但也比較少快樂的人。先知說：

「愛向你招手時，跟隨他
雖然他的道路崎嶇又險阻。」

我們無法希望愛只到某一種程度，或者以為我們可以導引它的路線，「因為愛覺得你相宜，就會指引你的路線」。愛允許我們成長，它也為我們修枝，幫助我們長得又直又高。

當被問到婚姻，先知不說傳統的說法：要兩個人成為一體。他說，真正的婚姻會給予兩人空間，培養他們的自我，就像「橡樹和柏樹也不在彼此的蔭影下生長」。他對良好婚姻關係的建議是：「斟滿彼此的酒杯，但不要同飲一杯。」

工作

為什麼失業令人覺得糟糕？只因為少了錢嗎？這個答案可以在先知解釋工作的真諦中找到：

「你工作就能和大地及大地的靈魂一同前進。懶惰的話就會和四季疏離，偏離了生命的行程。」

失業不僅是失去薪資或地位令人心碎，而是你有偏離正常生活的感覺。只為金錢工作也是不夠的。先知說，人們以為工作是一種詛咒，但是在工作中，「你實現了部分大地最遙遠的夢，那夢剛誕生時就已經分配給你了。」透過工作，你對將因之受益的人展現你的愛，也滿足你自己創造的需求。那些樂在工作的人知道，這是成就的祕密，藉著我們的工作，我們可以得到救贖。

悲傷與痛苦

先知說，悲傷雕刻出我們的存在，但它雕出的空間，在生命的另一個季節中將提供更多的快樂。在他的一句名言中，他說：「你的痛苦即是你破殼而出的理解。」試著讚嘆你的痛苦，將它當作是寶貴人生的另一次經驗。如果你能做到這一點，你的情緒就能更平靜，如同季節的遞嬗。

先知說，很少人明白，苦難是治療我們的良方，「是一劑苦藥，是你內在的醫生治療你生病的自我（self）」。下一次當你感覺到悲傷，想想這也許是在你某種存在水平的自我選擇，為的是帶來自我的擴展。若沒有痛苦掙扎，我們就學不到人生。

房屋

先知警告說，防範你對房屋與房屋裡的東西的愛，因為這些舒適的物品會侵蝕靈魂的力量。莫讓自己太仰賴人生中家居的豪華，「你們的房屋不要成為錨，而要成為檣桅」。否則沈船時，你將會被綁住，和它一起沈沒。

自由

對自由本身的渴望即是某種的奴役。當人們談論想要自由時，往往是他們想要逃離他們自己的某些部分。

善惡

世界上沒有所謂的惡。惡只是善因為飢渴，便在黑暗角落尋找需要，得到滿足。世界上有光，也有光缺席的時候，那就是惡。將一道光照在惡上，它就會消失了。

祈禱

你無法在祈禱中祈求任何事，因為上帝已經知道你最深的需要。由於上帝是我們最大的需要，所以我們不應該祈求其他任何事，而是應該祈求上帝給我們更多。

分裂的自我

先知把靈魂看作一個戰場，我們的理智與熱情似乎永遠是敵對的。然而，抗爭也是無濟於事的：你必須當個和平使者，在你可以療癒自己之前，愛你所有交戰的元素。

無止境的自我

先知試著說服那些聚在那裡的人：我們在地球上的人生，只代表了更大自我的一部分。在我們的內心都有「巨我」(giant self)，但首先我們必須認可他們也許是存在的。先知說：「在渴望你的巨我時，便存在著你的善。」因此，在追求自知時，我們便是在尋找最好的自己。

總評

整體看來，紀伯倫的書是對於人生奧祕的隱喻：我們來到世界，也將回到我們來自的地方。當先知準備好搭上他的歸船時，很明顯地，他在言語中透露這趟旅行不是指飄洋過海的旅程，而是回到他出生之前的世界。他的人生如今在他看來，恍若一場短暫的夢。

這本書建議，我們應該對人生中的任何經歷都感到高興，即使它看似充滿悲苦。因為在死後，我們會看見人生有其模式與目的，如今在我們看起來是「好」與「壞」的事，對我們的靈魂都將會是一視同仁的好。這位先知告訴等待他離開的群眾──也許他們聽起來覺得困惑──說很快地「另一個女人會懷他。」他承諾會回來，毫無疑問地，某些較進化的靈魂能夠提升那些已經遺忘他們是從天上來，而在人生中蹣跚顛簸的人。

然而，讀者了解，先知所說的「我」是一個幻相，我們在地球上感覺到與其他人，以及所有生命形式的隔閡，不是真實的。我們不過是一個被遺忘的更大集合的各種表現。當他期盼著他的旅程，阿穆斯泰法把他自己想成是「無邊大海中無邊的水滴」，感覺自己是無限源頭的短暫示現，這是一種很大的安慰，也許這是為什麼許多人閱讀《先知》時，能體驗到平靜與解放的感覺。

卡里・紀伯倫

紀伯倫出生於一八八三年奧圖曼帝國的黎巴嫩北部，他沒有上學，但有一位神父教他非正式的宗教和語言課程。他的父親沈迷賭博，導致家中經濟崩壞，促使他的母親帶著孩子（不包括紀伯倫的父親）移民到美國。從波士頓入境時的登記失誤，因而發明了「卡里」（Kahlil）這個名字，而不是正確的「喀里」（Khalil）。

在校期間，卡里展現了在繪畫上的天才，並且找到了藝術家兼攝影師的佛瑞德・霍蘭德・戴（Fred Holland Day）為良師益友。十九歲時，他回到波士頓，但他的母親、哥哥與一個妹妹不幸死於肺結核。

後來他遇見了瑪麗・哈斯克爾（Mary Haskell）這位良師益友，她是一位關心孤兒的校長，很支持紀伯倫的繪畫生涯，因此他開始用阿拉伯文出版自己的詩集、短篇故事和散文。

一九〇八年，紀伯倫在巴黎停留了兩年學習藝術，一九一二年他搬到紐約，並長住在那裡，一方面展出他的畫作，同時也出版更多作品，包括《遇見愛情的翅膀》（*The Broken Wings*）與《瘋人》（*The Madman*）。一九二〇年，他成立了一個阿拉伯作家的協會，繼續從事阿拉伯文的寫作，以支持黎巴嫩與敘利亞從奧圖曼帝國解放。

《先知》這本書出版於一九二三年，當時大部分的評論貶多於褒，但口碑使它成為一本暢銷書。一九三一年紀伯倫去世後，他的友人完成並出版兩本他已經動筆的續集：《先知的花園》（*The Garden of the Prophet*）與《先知之死》（*Death of the Prophet*）。

1960

與奇人相遇

Meetings with Remarkable Men

「在我看來，能被稱為奇人者，都具有機智橫溢的的心智，知道如何克制出自本性的表現，同時也能對別人的弱點採取正當而寬容的態度，且由此脫穎而出，出類拔萃。」

總結一句

絕大部分的人如夢遊般過了一生。拒絕常規，成為「你自己」這個人。

同場加映

卡羅斯・卡斯塔尼達《巫士唐望的世界》(7章)
阿道斯・赫胥黎《眾妙之門》(20章)
詹姆士・雷德非《聖境預言書：邁向生命新境界的起點》(34章)
伊德里斯・夏《蘇菲之路》(37章)

16

G・I・葛吉夫

G. I. Gurdjieff

在任何時代，你都可以發現一些人循著他們的志趣，依自己的方式生活。喬治・伊凡諾維奇・葛吉夫（Georgi Ivanovitch Gurdjieff）堪稱為新時代運動（New Age）的始祖，他過著一種反傳統的生活。他是一個不斷旅行、不停歇的心靈追求者，也是最務實的人，是我們面對追求心靈生活，同時得兼顧現實生活挑戰的好典範。

擦鞋、生產石膏裝飾品、導遊、主持降神會、修理家中物品等，這些是他歡喜從事並賴以維生的工作，符合他的信念，認為我們應該多多涉獵這個世界，而不是陷入麻痺心智的例行公事而不能自拔。雖然他後來生活比較穩定，在歐洲與美國幾個城市有追隨的團體，葛吉夫仍然相信外在環境的改變，對於培養內在目的感的建立有幫助。他認為，大部分的人「夢遊」過了一生，而我們真正的個體性唯有在我們挑戰習慣的思考方式時，才會實現。

《萬有一切》（*All and Everything*）或名《魔鬼說給孫子的故事》（*Beelzebub's Tales to His Grandson*）是葛吉夫一千三百頁的巨著，但《與奇人相遇》涵蓋了他的哲學元素，相當引人入勝。這本書的內容主要是對幾位人物的描寫，書名有些誤導，因為這些「奇人」其實是他在孩提時期遇到的良師益友、親密的朋友，以及塑造他的世界觀的人。這些描述不只是讚揚，也展現每一個人如何帶出葛吉夫自我（self）中的不同面向。讓我們簡短地看看當中幾位人物，以及他們為什麼對葛吉夫的思想產生影響。

葛吉夫的父親

葛吉夫的夫親是希臘人，但落腳在亞美尼亞，先是在亞歷山卓普（Alexandropol），後來到了卡爾斯（Kars）。他是一位吟遊詩人，亦即詩人兼說故事人，他讓兒子與三個女兒成長過程皆沉浸在民謠、諺語和音樂之中。

他們家原本相當富裕，擁有大批的牛群，也為其他人管理牲口。然而，一次牛隻的瘟疫幾乎殺死了所有的動物，使他們傾家蕩產，雖然他們後來嘗試從事不同的生意，仍無法重新賺回過去的財產。回顧這段往事，葛吉夫臆測，他的父親生意不順遂的原因，是因為他不願意靠利用他人的無知或是壞運氣來賺錢。葛吉夫自己賺錢的本領，也許是他父親特質的一種補償。

然而葛吉夫的父親之所以為奇人，是因為他在遭遇命運的大起大落時，依舊保持平靜與超然的能力。父親最大的享受是在夜裡仰望星空，一種保證能讓心胸開朗的娛樂。他告訴他的兒子應該培養一份內在的自由，培養對每件事超然、無動於衷的態度，尤其是那些通常會激怒或使人反感的事。例如，他的父親會故意在他的床上放一隻老鼠或是無毒的蛇，他得沈穩地做出反應。這種教他不帶評論的觀察，不當反射動作奴隸的教誨，在他往後不斷旅行與改變的人生中極為受用。

早期的老師們

雖然經濟拮据，但葛吉夫的父親很喜歡與文化界的友人聚在一起。其中一位是波爾許（Borsh），他是卡爾斯軍部大教堂（Kars Military Cathedral）的司祭長。他與父親認為，葛吉夫在家自學會比較好，後來波爾許便在這樣守舊的城鎮為他安排了頂尖的教育。當兩位長者聊天到深夜，討論深度與重要的議題，這個男孩也融入對話中，為他的人生埋下了質疑與高談闊論的種籽。

另一位在葛吉夫年輕時期影響他的人，是卡爾斯軍部大教堂的執事柏格切夫斯基（Bogachevsky）。這位良師益友後來成為死海旁邊埃辛（Essene）兄弟會總修院的艾弗利希神父（Father Evlissi）。葛吉夫說，這個兄弟會成立於基督出生前一千年，而耶穌就是在這裡接受啟蒙的。

柏格切夫斯基告訴葛吉夫，世界上有兩種道德：一種是客觀的道德，由人類數千年的生活所建立的，並且代表了上帝所給予的一切善的基礎；另一種是主觀的道德，由知識份子與社會慣習所建立，而且往往扭曲了真實。

這位神父對葛吉夫的影響，是他警告葛吉夫不要採納他四周的人加諸的傳統。他應該只根據自己的良知，或者客觀的道德來生活。單是這一條，他就可以帶著行遍天下。

尤里‧魯伯維斯基公爵

葛吉夫的這位友人是一位富裕的俄國公爵。由於年輕的妻子不幸往生，他在悲痛中成了離群索居的人，開始熱衷神祕學與降靈術。魯伯維斯基餘生大部分的時間，都在探索世界上的異國角落。葛吉夫第一次遇到他，是在埃及的金字塔，當時他擔任考古學家史基洛夫（Skridlov）教授的嚮導。魯伯維斯基和認識的這位教授，他們三個人後來成為一輩子的朋友。這位公爵與葛吉夫一起旅行多國，包括印度、西藏和中亞。他對他們最後一次見面著墨甚多，是在西藏一個地處偏遠的寺院。

公爵的人生帶給葛吉夫的啟示是，不專注的好奇心、蜻蜓點水式的接觸事物，有可能得到適得其反的效果。魯伯維斯基有次變得情緒低落，談及他遇到一位印度教徒向他指出，他對神祕學的熱衷超過了他應該對自己內在生命的關注。葛吉夫的朋友對他而言，代表了過於受情緒制約的危險性，然而，相反的人格則是如他的父親所示範出的：一個不論遇到什麼情境，永遠對自己保持超然、隨性的進化人類。

魯伯維斯基也呈現了葛吉夫的觀點，認為一位進化的人要能夠在內心平衡自己的思想、直覺與感受。有的人聰明過度，犧牲了他們直覺的力量，而有些人從來沒有達到來自心智培養的禮儀態度。我們各種面向的平衡與整合，即是我們生命的目標。

葛吉夫所知的世界

《與奇人相遇》是一本少見結合旅行札記、智慧的吉光片羽，以及人物描述的書籍。

葛吉夫不止一次提到西方世界對所有亞洲事物的無知，而他成長的情境讓他毫不費力地連結了東方與西方。他的家鄉亞美尼亞夾在土耳其、俄國與伊朗中間，一直是許多影響力匯集之地，而他的基督教傳統又添加了民間信仰與中東的故事。在他的旅途中，他學到了多種語言，建立對伊斯蘭、印度教與佛教的重要知識。他的世界觀受蘇菲教派影響極深，他的朋友裡有伊斯蘭教中跳迴旋舞的托缽僧，他的名聲有一部分是人們相信他發現、而且帶著古老且少數人才知道的祕密。不論是真是假，這種異國氛圍必然吸引了他早期在西方的追隨者。

葛吉夫對於已建立的知識庫的不信任，可以追溯到他的童年，當時他就發現，科學無法解釋他所目睹的明顯奇蹟。他隨後四處旅行的動機，即是要親身體驗，而葛吉夫哲學的準則之一，就是堅持經驗式的學習——如果某事對你是真的，那麼它就是真的。你是你自己人生中的權威。葛吉夫很少看報紙，他認為報紙會讓讀者激起自動反應，例如震驚或是驕傲。報導文化使人們對當天的心情反應了無生氣。當一般人為他們建構一個看似「真實的」世界，其實那是奠基在真正的真實過篩後的結果。相反地，覺醒的人，能在看待每件事物時，彷彿它們是全新的。

葛吉夫提到一句古諺：「只有一種人能值得人這個名字，而且可以指望上天為他準備的任何事物，那就是已經具備能夠交給狼與羊毫髮無傷的回應。」這裡的狼與羊代表了我們的直覺與感受，那是在我們整個人爆發前，必須控制與平衡的。他相當藐視現代歐洲文學，因為他認為歐洲的心靈已經犧牲了直覺與感受，被思考所主導。葛吉夫將他的哲學具體呈現在自我教導中心，被稱為「人類和諧發展機構」(Institute for the Harmonious Development of Man)，也就是平衡一個人心理與生理的所有元素。

總評

葛吉夫到底是二十世紀重要的哲學家，還是如《懷疑論者字典》(*The Skeptic's Dictionary*)裡寫的，是一個江湖術士？他的性格力量如此之強，吸引到許多名人追隨他，包括紐西蘭短篇故事作家凱瑟琳・曼斯菲爾德(Katherine Mansfield)、建築師法蘭克・洛伊・萊特(Frank Lloyd Wright)，以及電影《歡樂滿人間》(Mary Poppins)原著系列作者卓華斯(P. L. Travers)。但他最重要的追隨者是數學家皮歐托・鄔斯賓斯基(Pyotr Ouspenky)，他所撰寫的《尋找奇蹟》(*In Search of the Miraculous*)使得葛吉夫的理念更廣為人知。有人認為葛吉夫驕傲自大、作風強硬，但他實際上經常迴避公眾場合。他會為他的組織運作而尋求募款，但從來不像現今的個人成長大師一樣，想在身邊建立一種企業。

葛吉夫個人成長的體系，亦即「下工夫」(the Work)，尋求的是將人們帶離他們平常的睡夢狀態，透過自我提問、團體與神聖舞蹈，提升覺知。這在一九六〇年代的反文化是一股重要的影響力，例如加州伊薩蘭中心（Esalen center）首先採用了葛吉夫的方法。他親身體驗心靈真相與知識的哲學，成為新時代運動的核心。

葛吉夫承認現代人可以一天河西一天河東般地心神不寧，他的哲學目標即是我們多面自我的整合。一位奇人即是一個可以跳脫自動反應的壓力與文化制約的人，進而成為「一個整體」。少了自我與目標的整合，我們便無法真正過上真實的人生。

G・I・葛吉夫

葛吉夫於一八七七年出生於亞美尼亞的亞歷山卓普。遊歷多年後，他於一九一三年，俄國革命之前來到俄國，接下來的幾年便輾轉於莫斯科與聖彼德堡之間。

一九一七年，他回到亞歷山卓普，住在俄國南部黑海的研修社區教導弟子。一九二〇年，他在君士坦丁堡住了一年，然後前往歐洲城市四處演講。一九二二年，他在巴黎南部的楓丹白露成立了「人類和諧發展機構」。在一次幾乎致命的車禍後，他開始撰寫《萬有一切》。第二次世界大戰期間，葛吉夫住在巴黎，後來於一九四九年在法國的納伊（Neuilly）辭世。

1963

路標

Markings

「成功——是為上帝的榮耀或是為你自己的榮耀？為了人類的和平或是你自己的和平？回答這個問題的答案，要看你行動的結果。」

「當你的行為與你的名字愈來愈不相關連時，當你的雙腳踩在地上愈來愈輕盈時，要心存感謝。」

「所以，再一次，你為自己做選擇——並開啟了混亂的大門。每當上帝之手從你的頭上移開，你就一團亂。」

總結一句

不要讓你的虛榮阻礙你人生的使命。

同場加映

克里希那穆提《人生中不可不想的事》（24章）
約翰．多諾修《凱爾特智慧》（32章）
邱陽．創巴仁波切《突破修道上的唯物》（44章）

17

道格・哈馬紹

Dag Hammarskjöld

同為瑞典經濟學家與政治家的道格・哈馬紹於一九五三年至一九六一年間擔任聯合國祕書長。他的成就包括參與被北韓俘虜的美國空軍士兵釋放談判、化解一九五六年蘇伊士運河危機，以及建立聯合國緊急部隊。他持續為中東和平奔走，而一九六一年剛果危機的談判時期，他在尚比亞遭遇空難而罹難。

哈馬紹死後，一份標題為「Vägmärken」的手稿在他位於紐約的家中被人發現，另外還有一封沒有寫上日期、致一位友人，也是同為聯合國官員里夫・貝爾夫拉吉（Leif Belfrage）的信。在這封信裡，哈馬紹描述這件作品「有點是關於我與我自己——以及與上帝談判的『白皮書』。」雖然這本書基本上是個人札記的集結，原意不是給讀者看的，但他讓友人決定是否要出版。

這本書的瑞典原文版後來被里夫・修柏格（Leif Sjöberg）與詩人奧登（W. H. Auden）譯成英文。在前言中，奧登說，他們找不到與「Vägmärken」完全對等的詞，但兩位譯者決定使用「路標」（Markings）這個詞，意指在一條路上可能看到的標誌。

這本書的內文包含了類似短篇故事和詩的思考、引文與片斷，時間從一九二五年到哈馬紹去世前一個月。當中包括了一個目睹赤裸裸權力與政治角力的人，從青少年時期天真的企圖心，到已褶皺但仍充滿理想的觀察。《路標》與羅馬皇帝馬可．奧理略著名的《沈思錄》非常相似，哈馬紹優美的文句想來或許是在那些漫長、高壓的白天工作結束後寫成的。

哈馬紹受基督教神祕主義的影響很深，尤其是埃克哈特大師（Meister Eckhart，哈馬紹經常隨手捻來引用他的話），而對於他人生價值的苦思可能不受許多讀者青睞。然而，這份熱切思想被諸多關於存在奧祕的優美段落，以及受日本俳句啟發的詩句平衡了。

真正的成功

在世俗的眼光裡，哈馬紹是個非常成功的人物，是羨煞眾人的少年得志類型：他是大學裡的頂尖學生、二十幾歲就擔任助教、三十五歲擔任瑞典銀行總裁，接著是擔任外交部長與聯合國祕書長的光鮮亮麗生涯。

然而，《路標》的結論是，成功與成就如果是渴望得來的，便不具任何意義。你所做的任何事必須神聖化到更高層次的目的，開發你的使命，而不是你故意製造出來的目標。從年輕時代開始，哈馬紹就被視為是未來領導者中的領導者，但他不斷反思他是否只是經歷成功的動作，但並沒有成就任何事？到底是他關心的渴望驅使他，或者是真正的使命？在這本書中，他運用了梅爾維爾的經典小說《白鯨記》中亞哈（Ahab）船長的意象，追捕白鯨時，「在他不斷逃脫的獵物的大海中……受驅使。」成就的取向往往使我們活在未來，或者為未來而活——取決於成就的時刻——然而，依附深刻感受的目標而活，能讓我們完全活在現在。

哈馬紹從自身為重要人物學到的啟示是，不要相信自己的知名度，即使他本人助長了這個傳說的建立。成功人物的弔詭之處是，雖然他們已經藉由自我控制達到他們目前的地位，但只有在他們放開自我利益、成為上帝的工具時，真正的成功才會出現。我們只能透過抹去自我（self），來完美我們自己。然而，這麼做在實務上很困難。在一則較前面的紀錄裡，哈馬紹指出，我們的自我使我們陷入的扭曲：「讚美使你作嘔——但未認可你的價值的人要倒大楣了。」

哈馬紹寫道，我們可以走一條「狹路」或者「寬路」。在前者的路上，我們為其他人的良善而活，但我們無法歡欣鼓舞，因為我們知道這份工作不是關於我們的。第二條路是自尊的路，在這條路上我們總是想到「後果」，或者別人對我們的行動所下的評語。

在一個讚頌成功的文化裡，追求成功的削弱效果極少被談論，但《路標》提供了虛榮的完美解藥。哈馬紹寫道：「在能力強、忠誠——與企圖心的牆面背後，一個人可以多麼死氣沈沈！讚美你的不安，那是你身上仍有生命的一項表徵。」他的結論是，真正的成功是可能的，只要你能將虛榮剔除在方程式之外。

眾人之前的人

哈馬紹曾經開玩笑說，擔任聯合國祕書長就像是擔任世俗的教宗。這個職位需要公正且超越政治，但也允許運用很大的權力。

由於他總是熱切地希望把事情做到最好，這份責任的重擔必然相當艱辛。他深刻體認到，比起對個人真正做出改變，對偉大的理念宣稱承諾要簡單多了。為大眾服務意謂對個人的成長與對周遭親友的關注都會減少。哈馬紹清楚認為他可以這麼做，如果他不在意——他努力維繫世界和平的職責，用任何人的話來說，都是一個最重要的任務——然而，他明白，如果那些參與的人感覺受重視，或者被仰賴，任何協議或和解才能成功。

在《路標》一書中，他發現，自我（ego）不喜歡承諾或敞開自己而受傷，但唯有這麼做，才會有真正的進步——個人的與專業上的進步。

總評

如果《路標》這本書不是由一位因為一場空難悲劇而英年早逝的聯合國祕書長所撰寫，它會被認為是一本心靈經典嗎？也許不會，但正是因為我們認識這位公眾人物的外在生活，才使得他的內心世界是如此吸引人。不論我們出名與否，所有人都會遇到關於生命意義的問題。哈馬紹的結論是，單是存在，我們就有償還的債務，用我們在每一刻完全投入生活來償還，不用擔心過去或未來。生命的一面是關注與欣賞美；另一面是不眠不休地為他人工作，而且不用自我褒揚。

《路標》涵蓋許多太深沈的思想，無法在這裡一一贅述，但一定值得成為安靜的床邊閱讀或沈思冥想。它有時候是晦澀難懂的，正如你可以想像一本未經作者編校過的書可能出現的情況，但這些筆記可以如書名暗示的，是路徑上的標示或路標，帶領哈馬紹更靠近他為什麼存在，以及為什麼任何人存在的奧祕。

哈馬紹喜愛詩歌、繪畫與音樂，也熱愛滑雪和登山。他於死後受追贈諾貝爾和平獎。

1951

安息日的真諦

The Sabbath

「一週六天，我們與世界拚戰，壓榨大地以謀求好處。但在安息日，我們特別關注那深蘊於靈魂中的永恆種籽。我們的雙手為世界所據有，我們的靈魂卻另有所屬——歸屬於至高上主。一週有六日，我們企圖支配世界，但在第七日，我們嘗試支配自己。」

「因此，安息日不只是停戰日，不止是停歇日，它是一個人類與世界深刻的覺知和諧、萬物的交響曲，以及對於連結天地的靈性之參與。」

總結一句

在你的生活中挪出一些時間來崇敬上帝與所有被創造出來的萬物。

同場加映

丹尼爾·C·邁特《卡巴拉精髓：猶太神祕主義的核心》（27章）
華理克《標竿人生》（46章）

18

亞伯拉罕・約書亞・赫舍爾

Abraham Joshua Heschel

有史以來，人類不斷透過操縱與轉化空間中的事物來尋找力量，也就是物質的世界。我們已經征服了自然、製造先進的機器、建造城市，但身為哲學家與神學家的赫舍爾堅稱，人類為這些文明付出的代價，是我們的時間感。當生命變得只是關於工作與獲得，我們不再能掌握什麼才是真正重要的。

由於我們工作是為了得到我們以為需要的物質，而工作需要時間，赫舍爾說，對現代人而言，時間的品質通常是負面的。時間流失很容易，時間變得像是敵人，我們也很少為自己留下時間。然而，安息日的概念，是從繁忙的工作——爭取生存的工作或是贏得地位的工作——中得到喘息。許多人感覺，在工作時他們其實是在出賣靈魂，但安息日是個讓他們重新得到靈魂的機會。

乍看之下，用整本書談安息日似乎令人費解，但是僅僅一百頁的《安息日的真諦》是安息日作為猶太教核心，清楚有力的闡釋。雖然這本書寫於半個世紀之前，但赫舍爾優美的散文作品能讓你沈思你的忙碌人生中，也許缺少了什麼。

神聖的時間

在猶太教之前，人類在大自然、在神聖的處所、在如山脈、泉水、樹木與岩石中尋找上帝。宗教節慶總是根據季節與日月的移動。上帝為了顯現出來，得以一個人物、一個圖騰或一個祭壇為代表。而希伯來宇宙觀的大躍進超越了空間與物理界，將時間放在精神理解的中心，藉著留下特定的一天給主日崇拜，提醒猶太人上帝超越物質，而人類也可以跨越物質。

赫舍爾認為，以色列的神成為歷史上的神，其偉大事蹟是從埃及解放猶太人免於奴役，以及《妥拉》的開釋。在放著偶像金牛犢的地方，猶太人被賜予了黃金的一日，是他們可以更新與上帝連結的神聖時間。

赫舍爾發現，在《聖經》的希伯來文裡，沒有「東西」這個字。後來的希伯來文裡有一個字「davar」指的正是這個意思，但即使在那個時候，它指的是如一則訊息、一則消息、一個故事、一種禮節、一種期望。因此，安息日是一種提醒，提醒人們不要繼續以人類的時間與道德感活著，而要記住神的時間與道德感。

敬重一位神聖的賓客

安息日（Sabbath）這個字來自希伯來文的「Shabbat」。周五晚上的禮拜稱為「kabbalat Shabbat」，大致是指在安息日接受上帝現身的義務。周五夜晚點亮的蠟燭，模擬了上帝在創世的黎明所說的：「要有光」(Let there be light)。

赫舍爾說，傳統的猶太人對安息日並不討厭，他們喜歡安息日。這是一個喜悅的日子，一個慶祝的日子。它給人的感覺是對一種寫於中世紀騎士書中絕對的愛的懷念，唯一的不同是，安息日「是人們對他與上帝共通點的愛」。這全部的愛是古代拉比[1]對安息日建立如此多的規矩與限制的原因：為了保護它的榮光。

在《聖經》的神話中，上帝花了六天創造世界，在第七天祂休息了，對祂所創造的一切心滿意足。在這一天，祂創造了「menuba」，希伯來語中意謂平靜與和平。因此，安息日是一個靜如止水的地方，靈魂可以得到撫慰，這是一種不同的氛圍，籠罩紀念這個日子的人。

安息日夜晚有一段祈禱文：「以祢的和平之帳包圍我們。」赫舍爾說，年長的拉比將安息日看作是一位新娘或女王，因為這一天不只是被分配的時間空檔，而是一個走進他們人生的真實存在。

擺脫物質主義

由於時間看似一直在縮減中，我們在空間的國度——物質——尋找慰藉。如赫舍爾所說：「財物成為我們受壓迫的象徵。」安息日為消費主義的瘋狂提供了一帖解藥。它是設計來為我們與時間重新當朋友，欣賞「現在」這一刻，這時我們不忮求、不憂心、不悔恨，只純然地在上帝面前。

赫舍爾寫道，「不可貪戀」是十誡中唯一被說兩次的戒律。它被賦予額外的重要性，因為上帝希望我們擁有內在的自由，不要花費我們在地球上的時間追逐世界上的物質。安息日提醒我們，生命不只是賺錢與創造事物，這也是為什麼猶太人在安息日不處理與錢相關的事。

一星期的其他天裡我們花時間工作，但在第七天，我們「拾起」時間，而藉著拾起時間，我們也拾起我們自己。我們從「創造的結果變成創造的謎。」赫舍爾寫道。我們被賜予一個固定的機會來思考永恆。

活在物質的世界會製造出一種不斷改變的感覺，認為時間不斷在移動。但實際上，赫舍爾寫道，時間是不變的，是世界上的東西不斷地改變：

1 猶太人中特別的階層，主要是富有學問的學者，是老師，也是智者的象徵。拉比的社會地位崇高，連君王也經常邀請拉比進宮教導。

「事物在時間中消逝，時間本身不會改變。我們不應該說時間之流或時間片斷，而是說通過時間的空間之流或空間片斷。」

我們很難欣賞時間，因為我們活在物質的世界。然而，與時間做朋友，並且看到物質背後更偉大的真實是有可能的。

總評

從現在的眼光看來，每星期保留一天休息的想法，似乎有些過時。商店如今一星期營業七天，很晚才打烊，而且對許多人而言，周末工作也代表一種榮譽。我們為什麼要為任何事停下來？

基本上，赫舍爾這本書比它撰寫時更重要，因為加諸在我們身上、要求我們無時無刻應該工作的壓力比以前更大。空出一整天來沈思我們與上帝的關係，看似不可能的奢侈，然而把這一天找回來，將會提升一星期中其他日子的品質。

赫舍爾的書將讓任何不了解安息日對猶太教重要性的讀者茅塞頓開，然而，這也許是這本書成為經典的原因之一，它超越了單一宗教。猶太教的安息日是星期六，基督教是星期日，穆斯林是星期五，讓這一天成為特別的一天，意謂著人類在固定時間重新找到一顆平靜的心之基本需要，即使世界繼續匆匆向前行，人們仍保有一段時間靜思冥想。少了這一扇朝向永恆的窗，我們可能成為經濟的機器人，鎮日忙著在地球上先人一步，以致於忘了我們在宇宙萬物設計中的位置。

亞伯拉罕・約書亞・赫舍爾

赫舍爾於一九〇七年生於波蘭華沙，接受古典猶太教育，在柏林的成人猶太教育中心組織（Central Organization for Adult Jewish Education）拿到博士學位，後來也在那裡教書。納粹奪取政權後，他被送到波蘭，在華沙與倫敦教書，於一九四〇年移居美國。他加入辛辛那提希伯來聯合學院（Hebrew Union College）的教職工作，一九四五年擔任紐約猶太神學院（Jewish Theological Seminary）猶太倫理與哲學的教授，直到一九七二年去世為止。

赫舍爾的眾多著作還包括《人類不孤單：宗教哲學》（*Man Is Not Alone: A Philosophy of Religion*）、

《覓人的上帝：猶太教哲學》（*God in Search of Man: A Philosophy of Judaism*）、《不安的自由》（*The Insecurity of Freedom*），兩冊《古猶太教神學》（*Theology of Ancient Judaism*），關於猶太哲學家的《邁蒙尼德》（*Maimonides*），以及《以色列：永恆的回聲》（*Israel: An Echo of Eternity*）與《對真理的熱情》（*A Passion for Truth*）。

1922

流浪者之歌

Siddartha

「太多的知識阻礙了他的真智，他讀了太多的聖詩，做了太多的祭儀，做了太多的苦行，做了太多的作為和努力。他曾妄自尊大，一直認為自己聰明絕頂，是最最急切的真理追求者——總是認為比人領先一步，總是以為自己是個飽學的智者，總是以為自己是個優越的祭司或聖人，而不知這正是他的障礙。他的自我已經鑽進了此種祭司的裡面，鑽進了此種傲慢裡面，鑽進了此種知解裡面。」

「卡瑪拉，許多人都跟落葉一樣，在空中隨風飄蕩，經不住幾下翻轉就落到了地上。只有少數的人像太空裡的星星一般，循著穩妥的軌道運行，風雨影響不了他們，因為他們自有自己的指標和道路。」

總結一句

與其窮其精力以獲得偉大心靈的高度，不如從接受人生樣貌得到平靜與力量。

同場加映

拉姆·達斯《活在當下》(11章)
《薄伽梵歌》(《一次讀懂自我成長經典》3章)
《法句經》(《一次讀懂自我成長經典》21章)

19

赫曼・赫塞

Hermann Hesse

在成為偉大的作家赫曼・赫塞之前，赫塞正帶著有精神分裂症的妻子和三個兒子，掙扎著撐起一家人的生活。當妻子的疾病加劇到無法承受的地步，她被送往療養機構，兒子們送給朋友撫養。赫塞則搬到了瑞士盧加諾湖（Lake Lugano）卡薩卡木齊（Casa Camuzzi）一間迷人而且較大的房子裡，並且在這裡找到了一些平靜。他在白天時沈思，在夜間寫作，喜歡散步與繪製當地風景的水彩畫。將場景設定在佛陀在世時的印度的短篇小說《流浪者之歌》（*Siddartha*，又譯作《悉達求道記》），就是在這裡完成的。

赫塞的父親與祖父都是基督教牧師，但他的祖父也會說九種印度方言，給了赫塞對於東方心靈文學的啟發。當我們想到赫塞反叛與不苟同的本性（他十三歲便輟學，後來成為一位強硬的反戰主義者），不難理解他會寫出像《流浪者之歌》這樣的一本書，融合佛教、印度教、道教與基督教的概念，而且最後拒絕傳統的宗教，懷抱一種非常私人與個人形式的靈性。但《流浪者之歌》的故事是什麼？為什麼它在過去八十年捕獲了人們的心靈想像？

追尋

赫塞以強烈呼應他自己人生的方式，介紹了悉達塔（Siddartha，又譯「悉達多」），他是印度最高種姓婆羅門學者的兒子，早年便沈浸在印度教的討論與修行之中。

故事開始的時候，悉達塔的心躁動著。他在成長過程中獲得了如此多的知識，但少了一件事：每個人都講神，以及存在萬物的偉大融合，但他想知道誰真正體驗過？帶著年輕人對純粹特質的追求，悉達塔違逆父親的願望，決定離家，加入沙門，一群過著苦行生活、居無定所的僧人。他的朋友葛溫達（Govinda）也一起加入，從此刻開始，悉達塔一無所有，除了一塊腰間布，而且好幾個星期才吃得到一餐。在如此的苦行生活中，他的目標是空掉所有的欲望，消滅他的自我（ego），在這樣的追尋中，飢渴、疲憊與痛苦，他都甘之如飴。

遇見佛陀

三年後，這兩位朋友開始聽到一位傳說中的人物戈塔瑪（Gotama，又譯「瞿曇」），他是一位「紅光滿面」的佛陀，已經到達了涅盤的境界，不再受任何人世間的痛苦。他們出發去拜訪戈塔瑪，而悉達塔聽了他完美開釋宇宙是一條連續不斷的鎖鏈之永恆因果，深深著迷。

然而，悉達塔並沒有成為戈塔瑪的追隨者，他相信，要從痛苦中解脫，不是透過上師或言教，而是要經歷走過自己的寬廣大路。他現在獨自一人，突然開了悟。雖然他之前鄙視物質世界，稱之為幻相，但他現在看見了樹木、太陽、月亮和河流，彷彿是第一次見到，而不是「想像」它們。他認為，為了尋找內在智慧的持續努力，使他之前對世間的美視而不見。

回到塵世

故事繼續說到悉達塔從森林中走出來，進入了城市。他看見一位美麗的女子由幾個僕人抬著，她的嘴「像一枚剛剛剖開的無花果」。他受到愛與吸引力的挑撥，但這位名為卡瑪拉（Kamala）的女子覺得很可笑，一位從森林裡跑出來，渾身髒兮兮的苦行者竟以為他能和她這樣一身光鮮亮麗的人作朋友。悉達塔想從她那裡學習愛之道，然而，當她反問他會做什麼的時候，他所能說的，就是他會「思索、等待、斷食和寫詩」。她喜歡他的詩，但她告訴他，事情要有進展，他得先要有像樣的衣服，看起來體面。

悉達塔開始當起一位商人的助理，很快學得作生意的方法，向他的老闆證明他是無價的。他做的很成功，因為他與他的老闆不同。悉達塔對處理的事保持超然態度，不怕得失，也不貪求，能夠在這個拼鬥與苦難的世界活下來，而不融入太多。對他而言，人們為了其實不重要的東西煩惱與爭奪：金錢、娛樂、名聲。這些只是輪迴（samsara），人生的遊戲，而不是人生本身。由於他已經有了沙門的思想，這些東西無法誘惑他。

然而，悉達塔逐漸開始失去他超然的態度，被常人生活的自私想法拉走，像是財產、金錢與名聲。他變得喜歡賭博與飲酒，發現自己正變成「童稚之人」(child People）中的一個，那是他曾經鄙視的人。事實上，在一夜的飲酒與跳舞女郎狂歡後，他明白自己才是最差勁的。

商人到船夫

在懊惱痛苦中，悉達塔逃回了森林，準備接受死亡。他在一條河邊睡著了，醒來時，他發現他的老朋友葛溫達，他當了像回音板一樣的傾聽者，幫助悉達塔回憶他的人生，發現他內心曾經存在的純潔心靈之嫩芽。悉達塔意識到，要當自己，他必須經歷世間的情欲與愛情，為的是明白它們不能滿足他。只有當他厭惡自己後來變成的樣子，他才能重生，他已不是之前流浪的苦行者，而是世間的一部分，但不受其誘惑。

他成了一位船夫的助手，學習如何用槳幫助人們渡河到彼岸，他住在茅草屋裡。這是一種簡單的生活，河流對著他說話，超過一位老師所能說的。他在這找到了平靜。

有一天，一位女子和她的小兒子正要去旅行見據說生命即將到盡頭的佛陀，他們兩人距離渡船不遠，這時，這位母親被一隻蛇咬了，他們的慘叫聲被船夫聽見了，他趕去看發生了什麼事。悉達塔很快認出了這名女子，是卡瑪拉，他之前的愛人，而那個小孩是他的兒子。

加入輪迴

接下來發生的事可以留給讀者想像，但悉達塔學到了一位父親或母親對孩子簡單而又充滿力量的愛，他不再鄙夷那些用情很深的人。他明白了帶他到達某種程度的平靜與開悟的，不是持續的心靈追求，也不是投身世俗的歡愉和地位。與老戰友葛溫達談話中，悉達塔的結論是這樣：

「在我看來，唯一重要的事是愛這個世界，而不是輕視這個世界，不是從此憎恨，而是要以愛心、欽慕，以及尊重來看這個世界和我們人類本身以及所有的一切眾生。」

是那條河幫助他開悟。他聆聽「河流千次的傳唱」，那聽起來像是生命不眠不休朝向目標、努力、苦難與歡樂的律動，但它同時也如整體般地移動。存在，雖然可能看似個別的人、地方、事件與感受，卻像是一條河一樣，其實全在一道洪流中。在其一體中，很完美。

總評

《流浪者之歌》傳達的訊息是，我們不應該試圖從生活中抽離，不該想要擁有神聖的優越感，而是要讓自己投身其中。生命中充滿了事件、想法、各種關係，往往看起來極為支離破碎，但從岸邊的角度看起來，它是一體的、平緩流動的經驗之河。如果你能欣賞這種一體，你較不會陷溺在自我中，並且能認同更大的生命流動。

這本書也暗示，無物的苦行、感官與「物質」，甚至一個有心智與知識的生活，都無法帶來我們想要的靈性成長。悉達塔發現，唯有當我們放棄尋找涅盤，某種程度的領悟才會降臨。

雖然《流浪者之歌》於一九二〇年代就在德國出版，但它的第一本英文譯本直到一九五一年才出現，而且直到一九六〇年代的美國，隨著當時對於東方哲學與宗教的興趣劇增，這本書才成為一本具影響力的暢銷書。如譯者薛拉伯．卓德辛．柯恩（Sherab Chödzin Kohn）寫道，這本書洋溢著那個年代不輕易苟同的自由精神，而其超越物質主義的人生這個主題，依然具有吸引力。這本書能夠歷久不衰，也是因為當中簡潔的散文，以及赫塞對於河流療癒力量的描述極為優美。

《流浪者之歌》是赫塞自身艱辛的心靈之旅的果實（在梵文裡，「悉達塔」這個名字意為「找到目標的人」），但很慶幸你不必成為這樣煎熬的靈魂，就能汲取這本書中揭露的洞見。

赫曼．赫塞

赫塞於一八七七年出生於德國的克爾夫（Calw），十八歲時前往瑞士巴塞爾（Basel）從事賣書的工作。他早期的小說作品有一九〇四年的《鄉愁》（*Peter Camenzind*）、一九〇六年的《車輪下》（*Beneath the Wheel*）、一九一〇年的《生命之歌》（*Gertrud*）。一九一一年時，他到印度旅行，一九一四年他出版了《荷塞爾》（*Rosshale*）。他在文學上第一部真正的成功之作，是一九一九年出版的《徬徨少年時》（*Demian*）。同年，他開始住在瑞士提契諾（Ticino）地區的蒙塔諾拉（Montagnola），他在那裡寫了《克萊恩與華格納》（*Klein and Wagner*）、《克林梭的最後夏日》（*Klingsor's Last Nummer*）、《流浪者之歌》、一九七二年的《荒野之狼》（*Steppenwolf*）、一九三〇年的《知識與愛情》（*Narcissus and Goldmund*）、一九三二年的《東方之旅》（*Journey to the East*），以及一九四三年的《玻璃珠遊戲》（*The Glass Bead Game*）。

赫塞輕鬆地撰寫了《流浪者之歌》的第一部，但因為憂鬱而停了一年。這本書於一九二二年五月完成，同年的十月出版，被翻譯成多種亞洲語言。

一九二三年，赫塞成為一位瑞士公民。赫塞一生反戰，戰爭期間，他是一位出於良知而拒絕服兵役者。一九四六年，赫塞獲得諾貝爾文學家。他於一九六二年辭世。

1954

眾妙之門

The Doors of Perception

「自尋常感知的常軌被震出，看見一段外在與內在世界的永恆時刻，不是像囿於生存的動物所見，或者囿於文字與概念的人類所見，而是被『遼闊無邊的心智（Mind at large）』直接與無條件地理解——這是對每個人無價的經驗。」

總結一句

跳脫一般觀點的窠臼，觀看事情要像彷彿第一次見到。

同場加映

弗里喬夫・卡普拉《物理學之道：近代物理學與東方神祕主義》（6章）
拉姆・達斯《活在當下》（11章）
G・I・葛吉夫《與奇人相遇》（16章）
威廉・詹姆斯《宗教經驗之種種》（21章）
伊曼紐・史威登堡《天堂與地獄》（40章）
艾克哈特・托勒《當下的力量：通往靈性開悟的指引》（43章）

20

阿道斯・赫胥黎

Aldous Huxley

阿道斯・赫胥黎是二次戰後英國的知識精英之一，先後就讀伊頓中學與牛津大學，當時因為眼疾，離開了科學領域，轉向文學界發展。後來因為同樣的原因，他移居到陽光且乾燥的加州。

很諷刺地，對於一個有眼疾問題的人，赫胥黎最大的興趣是人們觀看的方式會如何解放或禁錮我們。他最有名的作品應該是《美麗新世界》（*Brave New World*），一個反烏托邦社會的想像，在那個社會裡，科技超越了道德。如喬治・歐威爾的《一九八四》，它要顯現的是存在於使他人接受你的世界觀的能力當中的力量，而這種觀點的一致性將戕害人類的心靈。

赫胥黎說，關於觀點一致的道路，是透過神祕主義或宗教的心理狀態。他的著作《長青哲學》（*The Perennial Philosophy*）探討世界宗教這條常見的線索，旁徵博引各種聖人與神祕主義者的話，這些人帶領人類的認知到達另一個水平。其中一位即是能看見神靈異象的英國詩人威廉・布雷克，他曾經寫下：「如果我們將知覺的門洗滌致淨，萬物便會以其無限的原貌出現在我們眼前。」

拿下眼罩

這一段引言出現在赫胥黎的《眾妙之門》最開頭，一段描述他使用藥物麥司卡林（mescalin）後，令他眼界大開的經驗。雖然他本身不是神祕主義者，但赫胥黎想要體驗一下如布雷克、伊曼紐．史威登堡以及其他東方神祕主義者所描寫的狂喜狀態，哪怕只是驚鴻一瞥，而透過麥司卡林，他發現了可能是開啟感知之門的捷徑。

麥司卡林是墨西哥烏羽玉仙人掌根部的萃取物，長期以來被墨西哥和美國西南部的人食用與崇拜，因為它能助長靈異體驗的發生。這種非法藥物會抑制酶的產生，調節向腦細胞供應的葡萄糖，正常的情況下，大腦的運作有如過濾機制，會濾除與生存無關的訊息，但麥斯卡林有效地拿開了這層眼罩，因此服用它的人彷彿第一次看到這個世界。

因此，一九五三年春天，在他的妻子瑪莉亞（Maria）與一位扮演科學觀察者角色的朋友面前，赫胥黎在洛杉磯家中第一次嘗試麥司卡林。實驗後的第一個小時，他並沒有見到威廉．布雷克所見到的異象，只看到燈光微微的舞動，以及結構與形狀的移動，但反倒是他周遭的日常景物重新披上了新的意義。

他旁邊的桌子上立著一小瓶鮮花，包括一朵玫瑰、一朵康乃馨和一朵鳶尾花，他早餐經過時就已經欣賞過了。當該藥物開始真正起作用，這些花朵似乎發自內在的光而閃耀，如它們表面的美一般。

赫胥黎寫道：「我想，我見證了亞當被造出來那個清晨所見的一切——每時每刻都有奇蹟，以赤裸裸的方式顯現。」

看透事物

我們的正常心態時時刻刻計算著事物之間的關係，衡量又分析。然而，赫胥黎分享說，在麥司卡林的作用下，時間、地點、距離都無關緊要了。

他看著他的手錶，明白它存在於「另一個宇宙」，因為他已經發現活在一個感知的現在是什麼意思。有生以來第一次，他直接抓住了他在東方宗教裡讀到的「定」（beingness）：真正活在當下的幸福。

他看著桌子、椅子這些在同一個房間裡的東西，但不再是各自獨立的物品，它們看起來更像是對角線的抽象排列和現代藝術的形狀，就像由喬治．布拉克（Georges Braque）或胡安．格里斯（Juan Gris）創作的藝術。他現在只看到光的圖案排列，通常以「那是我坐在書桌旁工作的椅子」來理解的那一部分大腦被關起來了：「例如那幾支椅腳，它們的管狀模樣是多麼神奇，上過漆的光滑表面是多麼超自然！」他看見了相對於物品價值的「事物本質」——這是神祕主義者感知世界的方式。赫胥黎讚嘆著他褲子上的皺褶，它們突然看起來像是「無窮無盡明顯複雜的迷宮」！

若撇開這個情境，這些敘述會讓作者看上去是個普通吸毒的傻子，但正是那種觀點證明了他的論點——一個平常感知降低的人無法欣賞世界的本質，而只是把事物歸類在現有的類別或標籤裡。他堅稱，這就是為什麼藝術家勞心勞力地要在岩石上或油畫上創作出一件洋裝或一個窗帘的質地細節，不是為了要讓它看起來「正確」，而是要展現該物質的本質——創造本身的質地。

在討論荷蘭大師楊・維梅爾（Jan Vermeer）的畫作時，赫胥黎提出畫家在意的並不是表現他筆下人物的個性，因為對他來說，人們只不過是靜止的生命，能讓他表現事物的「本然」（is-ness）的是，例如女孩的皮膚、珍珠耳環、裙子的皺褶。他的作品散發著某種光芒，但不是坐在那裡的人物本身，而是存在自身後方的神祕，亦即內涵的美。

將現實用語言寫下

赫胥黎將大腦與神經系統視為一種「洩壓閥」的角度來解釋他的實驗，只為我們呈現「遼闊無邊的心智」的一小部分。他認為，語言只是我們正確使用這種被降低的感知的方法。語言的正面意義，是讓我們得以累積智慧與經驗，而它的缺點是將我們看世界的方法具體化了。例如，除非某件事被給了一個名字，否則它不是真正存在。

然而，當我們能夠短暫地關起我們用符號、語言或文字解釋現實的心智，我們的感知會重拾第一次發現的新鮮感。赫胥黎提到聖・多瑪斯・阿奎那（St. Thomas Aquinas）在臨死前經歷的某種靈異經驗，而後，阿奎那決定不要繼續他未完成的著作，因為在那次靈異經驗後，他認為所有他曾表示過關於神學與上帝言說的概念與想法，似乎像是一堆滑稽的廢話。

將我們對事情的符號視作真實的謬誤，是赫胥黎的深刻觀察之一。他認為語言與藝術雖然很優美，但不可能重現不可見的真實之更高層次的美。

超越自我

有時候這種探索超過了赫胥黎的負荷，而他也明白了為什麼宗教經驗的文學提到恐怖與害怕，和提到狂喜一樣多。在高度興奮狀態，有一種承受不住的恐懼，恐怕你小小的腦袋無法處理你所見到或體驗的內容。他形容這像是「人類的自我主義（egotism）與神聖純淨的不相容」。

赫胥黎解釋，麥司卡林限制糖分輸入大腦，會導致自我的正常活動減弱。他寫道，當時有兩個人和他在同一個房間裡，「但他們兩人在當時屬於麥司卡林把我送過來的世界——自我的世界，有著時間、道德判斷與實用考量的世界，這個自我主張、自責、過度重視文字和偶像崇拜觀念的世界（而且這些人類生活的面向，是我最想要遺忘的）。」

赫胥黎的見解與多位聖人、神祕主義者、天才和瑜伽者呼應，他們都試圖傳達人類的自我越界時會是什麼樣子。迷失在現實感的直接感知時，我們的自我（ego）消失了，我們變成了一個「非我」

（not-self），與自然或上帝一體。

許多神祕主義者在經歷他們所看見的景象後，不想被帶回這個世界處理人們帶給他們的問題。然而對於赫胥黎而言，失去自我感（sense of self）的經驗是一種釋放，由於自我（ego）暫時移開，他得以觀察存在的真實奇蹟。他看見個人感情並不那麼重要，當我們被帶到這個奇蹟之前，平常充滿我們大腦的廉價思想和自負，根本不足為道。此外，想像力和創造力並非真正源於人格（personality），赫胥黎現在明白：它們比較是揭開面紗的結果，讓他得以超越本我（self），看到更多。

總評

赫胥黎的藥物實驗向他顯示出，大多數人活在非常狹窄的感知範圍內，而且這種狹隘使得生命更狹隘。如果出現某種有助於打破這些知識鏈的東西，那便值得研究。然而赫胥黎也承認，藥物引起的心靈開放只可能是暫時的，他沒有活得夠久，看見一九六〇年代的社會和知識革命，當時人們忘記這條重要的警告。

相當具文化素養的加州搖滾傳奇「門戶樂團」（The Doors）的團名即取自赫胥黎的文章，而「人類潛能」（human potential）這個詞，來自赫胥黎在一九六二年於突破性的伊薩蘭中心所發表的一系列講座中。雖然赫胥黎最後落腳在加州不是經過精心計劃，然而他在加州停留到一九六〇年代這之間，確實播下了種籽，後來成長茁壯，促成另類觀點和存在方式的百花齊放。

赫胥黎的簡單觀察是，如果我們偉大的藝術家、天才和聖徒能夠打開通往感知的大門，那麼這肯定是全人類也可以採取的一條道路。雖然我們的語言和感知方式已經被生存的需要所塑造，因而只承認了有限的現實，但試圖超越正常的自我意識，也是人類的一部分。也許在未來，不僅只有神祕主義者能親身體驗偉大的心靈奧祕，對它們保持開放心態的任何人也都可以。

阿道斯．赫胥黎

赫胥黎於一八九四年出生在英格蘭的薩里郡（Surrey），他的祖父是著名生物學家湯姆斯．亨利．赫胥黎（Thomas Henry Huxley），母親的家族則有作家和詩人。

赫胥黎的母親在他十四歲時死於癌症。就讀伊頓中學時，一次的眼疾幾乎使他失明，但他的視力後來恢復到某個程度，得以進入牛津大學。就讀牛津大學期間，他的好同伴包括後來成為哲學家的伯特蘭・羅素（Betrand Russell）、傳記作家里頓・斯特拉奇（Lytoon Strachey）與小說家D・H・勞倫斯（D. H. Lawrence）。

赫胥黎於一九一九年結婚，妻子是比利時人瑪莉亞・尼斯（Maria Nys）。他們在一九二〇年代經常旅行，包括前往印度與美國，並經常往返英國與義大利。在這段期間，赫胥黎撰寫於一九二一年出版的《克羅姆・耶憂》（*Chrome Yellow*）、一九二三年的《滑稽的環舞》（*Antic Hay*）、一九二五年的《那些貧瘠的葉子》（*Those Barren Leaves*）與一九二八年的《針鋒相對》（*Point Counter Point*）。一九二八年的《美麗新世界》的靈感部分是來自他在法西斯主義者墨索里尼統治下的義大利經驗。

一九三七年，赫胥黎舉家搬至美國加州，他在那裡從事劇本寫作。瑪莉亞於《眾妙之門》出版後的隔年死於乳癌，赫胥黎於一九五五年與蘿拉・阿奇拉（Laura Archera）再婚。一九五六年的〈天堂與地獄〉（*Heaven and Hell*）這篇散文延伸了《眾妙之門》的想法，而一九六二年的烏托邦小說《島》（*Island*）對《美麗新世界》提供了一個心靈反證。

赫胥黎於一九六三年辭世，恰巧與《納尼亞傳奇》作者C・S・路易斯（C.S. Lweis）和甘迺迪總統同一天。

1902

宗教經驗之種種

The Varieties of Religious Experience

「如果一個人要以盡可能最廣泛、最普遍的用語來描述宗教生活，他可能會說宗教生活包含了一種對看不見的秩序的信仰，而我們最高的良善，存在於與之和諧地調適。」

「人類心靈發展的可能性深不可測。如此多看似冥頑不靈的人最後被軟化、皈依、重生，不僅旁觀者驚訝，甚至他們自己更為驚嘆。」

總結一句

若某個人的宗教能夠讓他們更圓滿，而且給予靈感與啟發，那麼，它就成功了。

21

威廉・詹姆斯

William James

《宗教經驗之種種》最初是一九〇一年時在愛丁堡大學的一系列演講。為了準備這些演說，哈佛大學心理學家威廉・詹姆斯廣泛閱讀宗教經典，包括多位聖徒與神祕家的個人記述。

他決定從心理學家角度來看心靈經驗，這在當時似乎是非常新穎的想法，甚至是褻瀆神明的行為。

涵蓋較細緻觀點的教義與神學的書籍大量被產出，但詹姆斯對個人經驗的領域更感興趣。他撰寫這本書的目的是想讓讀者相信，儘管宗教本身經常看似荒誕，但心靈衝動仍然是人類最重要的功能，它使我們之所以為人。假設宗教對我們沒有好處，我們便不會參與其中，詹姆斯想知道，為什麼人類是一種宗教動物，以及靈性為我們帶來了什麼實際的好處。

他在靈性問題上把重點放在個人，而不是體制，這種思維為整個新時代運動與個人發展倫理鋪了路，他們理所當然認為，我們的信念是建立在個人的意義與效能的基礎上。

這本書的見解是以與他的小說家弟弟亨利・詹姆斯（Henry James）一樣優雅而有力的散文筆觸寫出來的，基本上從出版那天起，就被認為是一部經典。這本書的偉大貢獻是讓宗教讀者從更理性、客觀的角度看待靈性議題，並說服科學腦的人，宗教經驗有其價值，而且是一個「事實」。

靈性的科學

詹姆斯撰寫《宗教經驗之種種》的時間，正是在科學日新月異的一個世紀結尾，當時的科學思想反對早期不經思考的信仰。在這種氛圍下，《聖經》剛被當成故事集來欣賞，而在新的心理學裡，宗教經驗可以被解釋成一種心智的創造。

然而，詹姆斯對於所有的宗教經驗能被簡化成大腦狀態，也就是他所稱對於靈性「不過如此」的觀點，抱持著懷疑。例如聖保羅在前往大馬士革的道路上所見的異象，可以被解釋為「枕骨皮質的放電病變」（癲癇發作），而依據這種「醫學唯物主義」的看法，聖女大德蘭（她會有不受控制的狂喜）只是一種「歇斯底里」。

詹姆斯說，某種生理狀態有助製造出神祕經驗，但這不能抹滅宗教經驗所揭示的價值。幾個世紀以來，僧侶與修女一直有意識地控制他們的身體（禁食、禁睡眠、以不同的方式呼吸等等），因為這些生理狀態能幫助他們進入更高層次的覺知。因此宗教經驗不是靠這種操作「製造」出來的——它一直都在，等著取用，重點是讓我們自己對於它的發生更加敏銳。

然而，最終詹姆斯認為，這種經驗到底是「在大腦中」或者是與上帝的交流，並無關緊要。對他而言最重要的是，這種經驗是否產生正面的影響。

「憑著他們的果子就可以認出他們來，不是憑著他們的根。」

詹姆斯寫到，靈性的觀念可以從三個標準來判斷：立即的領悟、哲學的合理性、道德的助益性。簡單地說，它們是否對我們有啟發？它們是否合理？它們是否是生活上的正面指引？

他引用了聖女大德蘭的自傳裡，談到她所看到的異象。當有些人懷疑她看見的是惡魔，而不是上帝，她抗議道，她所見到的不可能是想像的結果，因為那使她成為一個更好的人（根除了我的惡，為我注滿男性的勇氣）——而她的告解人也確認了這一點。聖女大德蘭也區分了想像與靈性真相，她指出，純粹的想像會讓心智與靈魂衰弱，「真正的天堂異象」會激活一個人，使他更有力量。在聖女大德蘭的案例中，她原本是加爾默羅會（Carmelite Order，俗稱「聖衣會」）的修女，她的顯靈經驗引導她改革了加爾默羅會。

這種宗教經驗的實際作用，正是詹姆斯深受著迷的。這些「顯靈」也許來自聖徒自己的心中，也或許真的來自上帝。如聖保羅、聖奧古斯丁或聖女大德蘭的例子所展現的，可以確定的是，這些宗教經驗可以轉化生命。

皈依的動機

詹姆斯發現，心理學與宗教都同意，一個人可以受明顯超過正常意識的力量而轉化。雖然心理學定義這些力量為「無意識」——也就是在自我（self）之中——在宗教裡，救贖則來自個人以外，來自上帝的禮物。

對於理性或是科學的大腦架構來說，這個「重生」或是常見皈依某宗教的人也許看似失調，甚至像個傻瓜。詹姆斯指出，皈依也許是突然間的，但不表示它是病態的。對於旁觀者來說，這可能像是在一個人現有的生命裡，貼上一層神聖的外衣，但對於體驗它的那個人，這是人生的完全轉變。像是突然間，情況變成是其他人活在黑暗裡。

詹姆斯發現，皈依有一種模式，它們通常發生在人們心情低落，想要「放棄」的時候，希望的真空就會提供了領悟的空間。宗教文學俯拾皆是這種路線的故事，自我的壓迫感與負面情緒終於得到紓解，我們開始只為其他人而活，或者為某種更高的目標而活。仰賴上帝後得到的報償是釋放了恐懼，而這也是使皈依如此令人暢快自由的經驗。這種在上帝裡無畏與絕對的安全感給予皈依者驚人的動機。因為一個信念，一個看似完美的正常人願意拋棄一切，成為叢林裡的教士，或者在沙漠裡蓋一間修道院。然而，這種看不見的事會劇烈地改變外在情勢——這使得詹姆斯得到一個不可避免的結論：對這種人而言，他們的皈依或是心靈經驗是一個事實，確實比以往任何發生在他們生命裡的事件更為真實。

為什麼宗教具有轉化的力量

詹姆斯提出一種想法，認為宗教不必然是膜拜一個神，它可以是看不見的秩序的信念，而我們的工作是和諧地跟著調整自己。詹姆斯寫道：「宗教，不論它是什麼，是人類對生命的完全反應，所以，我們為何不說任何對生命的完全反應即是宗教？」在這樣的理解下，無神論也可以是一種宗教。他說，某些無神論者攻擊基督教之熱烈，其本質上也是一種宗教。

同樣地，由「誰在乎？」這句話所概括的人生觀對某些人也是一種個人的宗教。想想超驗主義者的心靈哲學，其展現出一種規範宇宙的看不見且永不犯錯的法則。詹姆斯認為，人們因為個人因素選擇宗教，因此宗教必然以某種方式對他們有益。他引用了早期宗教心理學家魯巴（J. H. Leuba）的話：「上帝不為人所知，他不被理解，他是被利用。」

然而，宗教心態通常會與某種更大的目的、把自我拋在腦後的意志連結，例如為了上帝或為了國家。克己的態度是宗教衝動與所有其他形式的幸福不同之處，而且格外昇華。宗教情操與其他的情操不同，因為它使感覺到它的人變得尊貴，讓他們認為是遵循著更崇高的力量、法則，或設計而活著。

詹姆斯認為，宗教的存在為人們長期存在的不安，或者感覺某件事不對勁的心情，提供了解決之道。它讓人們看見真正自我更崇高的部分，並且拋棄較低下的自我。

我們都想要與某種「更多」的事物連結，不論是我們內在更偉大的東西，或者是外在更高尚的權力，而宗教為我們提供了一個框架，藉由信仰的生活體驗更美好的事物，而不是依靠比較自然的恐懼心態。詹姆斯說：「分析到底，宗教的目的不是上帝，而是生命，更多的生命，一種更巨大、更豐富、更圓滿的人生。」

總評

《宗教經驗之種種》裡提到一個人，他藉著將他的心定錨於《聖經》中充滿力量的語句，得以把自己從瘋狂中拯救出來，而這個被指為「法國讀者」的人，恰好就是詹姆斯本人。

他的結論是，信仰的狀態能夠完全地轉化一個人的人生，即便被相信的是肉眼看不見的，而且嚴格來說也許是不存在的。宗教能夠真正療癒一個人，整合之前支離破碎的生命。對曾經數次罹患憂鬱症，多年忍受疏離感的詹姆斯來說，單是這一點就能證明宗教活動的正當性。雖然他承認自己不是靈性先進者，但對他而言很清楚的是，對看不見事物的信仰釋放了許多個人與使命的龐大能量。

詹姆斯承認科學永遠都會嘗試吹散宗教隱晦的迷霧，但這麼做的時候，就完全弄錯了重點。科學只能談到抽象，但個人的心靈經驗更精確有力，因為那是主觀的。靈性是關於情緒、想像與靈魂——對人類而言，這些就是一切。

威廉・詹姆斯

詹姆斯於一八四二年出生在紐約的阿斯圖飯店（Astor Hotel）。他的祖父是一位嚴格的長老會教徒，他在一七八九年抵達美國後的幾年裡賺得了一筆財富。威廉的父親老亨利・詹姆斯接受了神祕家伊曼紐・史威登堡的哲學，並鼓勵他的孩子在宗教方面獨立思考。他們的家庭氛圍是知性與都會型的。

詹姆斯快二十幾歲的時候，想成為一名畫家，但在父親的鼓勵下，他進入哈佛大學，學習化學、解剖學和後來的醫學。雖然專業起步較晚，但在一八七二年，他獲得解剖學的教職。十年後，在改行到心理學之前，他成為哲學教授。

詹姆斯的里程碑著作《心理學原則》（*Principles of Psychology*）出版於一八九〇年，厚達一千四百頁，耗時十二年。其他重要書籍包括一八九七年的《相信的意志》（*The Will to Believe*）和一九〇七年的《實用主義》（*Pragmatism*）。

詹姆斯受身體健康狀況不佳和抑鬱症之苦。他於一八九八年前往阿第倫達克山脈（Adirondack）旅行時染了病，《宗教經驗之種種》是他在恢復健康其間撰寫的。

詹姆斯於一八七八年與愛麗絲・豪維・吉本斯（Alice Howe Gibbens）結婚，他們育有四個兒子和一個女兒。

1955

榮格自傳：回憶・夢・省思

Memories, Dreams, Reflections

「我們距離完全結束中世紀、古典時代、原始時代還很遠，正如我們的現代心靈所偽裝的……然而，正是與過去連結的失落、連根拔起，人們才會興起對文明的『不滿』。」

「不幸的是，如今人類在神話這方面遭到忽視。他不再能創造寓言。結果，他錯過了很多，因為，談論不可理解的事是很重要而且有益的。」

「批判愈盛行，生命愈赤貧。然而，若我們能把愈多無意識與神話變成意識，我們便能整合起愈多的人生。」

總結一句

現代生活必然因為對夢的覺知、對神話的欣賞以及對神祕的感知而更加豐富了。

同場加映

威廉・詹姆斯《宗教經驗之種種》（21章）
詹姆士・雷德非《聖境預言書：邁向生命新境界的起點》（34章）
蓋瑞・祖卡夫《新靈魂觀》（50章）
喬瑟夫・坎伯（比爾・莫耶斯合著）《神話的力量》（《一次讀懂自我成長經典》12章）
詹姆斯・希爾曼《靈魂密碼》（《一次讀懂自我成長經典》32章）
湯瑪斯・摩爾《傾聽靈魂的聲音》（《一次讀懂自我成長經典》40章）

22

卡爾・古斯塔夫・榮格

Carl Gustav Jung

大部分的自傳寫的是作者一生重大的事件，讀者對於作者的內心世界只有浮光掠影，而《榮格自傳：回憶・夢・省思》相反地，則將重點放在這位偉大心理學家心靈與心智上的覺醒。整本書都是他對自己所看到的異象、夢境、幻想的描述，而且被認為是他「偉大的財富」。他這麼做不是因為迷戀，而是他認為它們是讓他看見人類集體靈魂的稜鏡。

《榮格自傳：回憶・夢・省思》相當具爭議性，因為在榮格去世時，它還只是手稿，需要進一步的編輯才能成為最後的版本。但這本書仍然找到了一群榮格一直想要的一般聽眾，並且鼓舞許多人成為心理分析師。就像一個聖誕蛋糕，對某些人可能太豐盛濃郁，但對其他人來說，它可能激起他們對榮格心理學一輩子的興趣，其目標是揭開心理與性格科學背後的精神力量。

榮格與上帝

榮格其他的著作曾討論他對神話與心理學概念，例如「上帝的形象」，但根據這本原文書的編輯阿尼拉・賈費（Aniela Jaffe）的看法，《榮格自傳：回憶・夢・省思》是榮格對世界的「宗教試驗」，他只有在這裡認真談論他的個人上帝經驗。

榮格父母雙方的家庭都是牧師或神學家，他的父親是一位相當教義派的牧師。在這種環境下，榮格自然成長在這種宗教議題的氛圍中，他想像中的上帝並不是個人的，或是啟發性的，只是代表了宇宙中光明、黑暗、機緣與無限的力量。透過夢境，他感覺被帶至一種結論：上帝其實要我們想到「不好的想法」，那些與已建立的道德相左的想法，如此一來，我們可以獨立地找回通往上帝的路。他感覺，真正有靈性的人是一個自由的思想者，他追求上帝的經驗，而不只是純粹的信仰。

這種認為神明不完全是甜美與光明的想法，以及他相信基督教從來未能滿意地處理惡魔問題，使榮格與正統基督教格格不入。但他仍然認為自己是基督徒，一九五二年，他寫信給一位教士：「我發現我所有的思考圍繞著上帝旋轉，就像行星圍繞著太陽，而且無法抗拒被祂吸引。」

榮格相信，每個人心裡都有宗教的想法，感覺到更偉大的祕密之無限或暗示。他發現，拒絕宗教的人通常會發展出精神官能症，但這種人如果活在早期的年代，他們的生命能與神話、儀典與大自然緊密相連，也許就不會「自我分裂」。他寫道，現代人都太客觀了，他們的靈性水平太狹隘，許多人活在地球上的一輩子都是帶著清醒、理性的大腦。榮格相信，如果人們能拉近他們自我（ego）與潛意識心靈之間的距離，他們或許可以回復完整的心理健康。

他與精神病患的經驗使他相信，靈性天生是宗教性的，精神的維度是心理學的基本元素。雖然我們認為榮格是一位心理分析師，但在他的作品中更大的追求絕對是靈性方面的，而在一個科學物質主義的時代，這使他的理念產生深遠的影響。當他參加一個電視訪談，被問到他是否相信上帝，榮格回答說：「我不相信——我認識。」

統合自我

榮格在蘇黎世大學期間，決定不主修他原本想選讀的內科，而主修精神病學，這在當時是一個新穎而且不確定的領域。一九〇〇年，他開始在蘇黎世的布爾赫茲里（Burhölzli）心理醫院擔任助理。這時的精神病學醫師特別對病患的心理狀態感興趣，他們把重點放在症狀以及診斷。如榮格所說的：「病人的性格、他的個體性，完全不重要。」佛洛伊德與榮格的見解與科學界不同，他們對人的整體感興趣，而不只是他們的醫療狀況。榮格的第一本書，談論的是精神分裂症（雙重人格），目的是要說明幻相與幻覺不只是疾病的隨機症狀，而是與病人的性格密切相關。

榮格稱之為「個體化」（individuation）的目標，是內在異質性的統合，或者承認我們自己內在諸多的矛盾性。自我認知會讓我們生命目標與個性的融合感顯現出來。榮格記述他在孩提時，便認識到一個人的存在有兩個基本面向，他名之為一號人格（我們通常認為的自我〔self〕）以及二號人格（「另一個」〔the "other"〕）。他自己的一號人格是那個按時寫功課、會打架的男孩，而他也感覺到二號人格停留在一個「永恆的、不朽的智慧之石」上。

榮格格外努力傾聽這部分的自己，因為他感覺這是他最重要的價值，而他畢生探討自我不同面向的作品也意謂今天我們不再害怕談論這個二號人格（有時稱為「影子」、「高我」（higher self）或「真我」（true self））。我們同意，自我的統合對心理健康是必要的，少了這種統合，我們傾向將在自己身上看不到的，投射在其他人或事物上，而且通常會造成傷害性的後果。

遇見佛洛伊德與之後

一九〇七年，佛洛伊德與榮格在維也納第一次見面，一見如故，一聊便是十三小時。在《榮格自傳：回憶・夢・省思》中，榮格描述佛洛伊德的《夢的解析》是「劃時代」的，而且說：「藉由把評論夢境作為潛意識過程最重要的訊息來源，他（佛洛伊德）還給人類一個尋找失落的工具。」

佛洛伊德與榮格的決裂轟動一時，原因是榮格不能接受佛洛伊德相信，大部分人類的行為與任何在藝術或個人方面的心靈案例都是「性受到壓抑」的結果。從榮格的觀點，如此憎惡宗教衝動的佛洛伊德希望將他的科學觀點變成一種宗教。「當我與佛洛伊德分道揚鑣，」榮格寫道：「我知道我掉進了未知。畢竟，除了佛洛伊德，我一無所知，但我已經踏進了黑暗之中。」

在這片黑暗之中，榮格發展出如今許多知名的概念。他發明了心理學術語如「情結」、「內向性」

與「外向性」，他也提出未得到眾人贊同的「集體潛意識」，這是一種較廣泛的人類心靈，當中每個個人都是其中一部分，顯現在所有文化中都會出現的形象、符號、夢境與迷思。他也發展出「原型」的概念，指的是存在或行動的方式，是人們不假思索地採取，但卻也是這種廣義集體心靈的模式。

榮格另一個著名的概念是「共時性」（synchronicity），是超越正常的可能性、看似有意義的巧合，顯示一個人類在心靈與物質之間正常感知的界線，在某些情況下消失了。共時性現在是新時代運動的關鍵概念（見詹姆士·雷德非的《聖境預言書》），但也得到榮格的好朋友，諾貝爾物理獎得主沃夫岡·包立（Wolfgang Pauli）的支持。榮格同樣對數祕術很感興趣，尤其是數字四在藝術與神話中的重要性，因而他也成為一位煉金術、靈智派與《聖經》的學者。他知道煉金術的真正意義不是將一般的金屬變成黃金，而是靈性的轉化，一種覺悟。

一九一三年，榮格見到了一個強大的異象，看見北海到阿爾卑斯山之間的整片大陸都是水患。近一點察看，這些水其實是血，上面漂浮著百萬具的浮屍。起初，他以為這意指將會有一場革命，之後他才突然明白，第一次世界大戰即將要在歐洲爆發。

榮格個人預知的能力促使他潛心研究超心靈學，作為一名科學家，他對非物質因果關係的支持遭到佛洛伊德的嘲笑。只有時間才能證明，在這些非傳統的科學領域，到底是榮格或是佛洛伊德才是正確的。但我們可以合理地說，過去幾十年裡，榮格的星運不斷上升，而佛洛伊德的大部分思想都被重新評估。

總評

榮格承認，他的「神話化」（mythologizing）為生命帶來魅力，一旦體驗過後，很難摒棄它。然後，他又問：我們為什麼應該要摒棄它？對知識份子而言，與夢境和潛意識有關的事似乎是一種浪費時間，但若它們豐富了我們的情感生活，療癒分裂的心，它們當然是有價值的。我們過著純然理性、無藝術的生活，從來不過問自己的夢境或幻想，讓自己變成單向度的人。在尋找完美解釋的時候，我們從來不考慮「無法理解的事」，如榮格描述時間與空間的奧祕，然而，奧祕的事往往對生命也有意義。

如果你厭倦了物質主義與消費文化的淺薄，這本書可能正是你需要的。榮格對於他旅行非洲、美洲、印度與義大利的紀錄極為吸引人，有一個章節是敘述他在波林根（Bollingen）蘇黎世湖圈興築的與世隔絕的塔樓。在這本書中隨處可見的夢境與異象，不僅抓住每位讀者的注意力，對許多人來說，也會激起對潛意識心靈作為指引與智慧前所未有的興趣。

卡爾·古斯塔夫·榮格

榮格於一八七五年出生於瑞士的凱斯維爾（Kesswil），父親是位新教牧師。一八九五年，他進入巴塞爾大學（University of Basel）學習醫學，他的父親隔年去世後，他便得靠借貸完成學業。這時，他開始專攻精神病學，從一九〇〇年開始到蘇黎世的布爾赫茲里心理醫院，在精神病學先驅尤金·布魯勒（Eugen Bleuler）底下工作。一九〇三年，他與艾瑪·勞森巴赫（Emma Rauschenbach）結婚，艾瑪也是瑞士人，而且繼承了一份遺產。根據瑞士法律，榮格可以分享她的財產，他們在庫斯納赫特（Kusnacht）為他們的小家庭建造了一幢大房子。

一九〇五年，榮格成為蘇黎世大學精神病學講師，同年擔任精神病學的高級講師，一九〇九年因為新開一家私人診所，他便辭職了。

榮格是一位多產的作家。他的著作包括《無意識心理學》（*The Psychology of the Unconscious*）、《心理學與宗教》（*Psychology and Religion*）、《心理學與煉金術》（*Psychology and Alchemy*），以及《未發現的自我》（*The Undiscovered Self*）。許多著作都收錄在《榮格文集》（*The Collected Works of C. G. Jung*）這本合輯中。榮格於一九六一年辭世。

1436

瑪潔麗・坎普之書

The Book of Margery Kempe

「所以，從這個創造物第一次有感應與天啟已經過二十幾年了，在這之前她沒有寫過字。後來，當我們的天主覺得時機成熟了，祂命令她並敦促她想辦法將她的感應與天啟，以及將她生活的樣貌寫下，讓祂的好為全世界所知。」

總結一句

強烈的心靈經驗可以改變最頑固之人的生命。

同場加映

聖奧古斯丁《奧古斯丁懺悔錄》(2章)
麥爾坎・X《麥爾坎・X的自傳》(26章)
大德蘭《聖女大德蘭的靈心城堡》(41章)

23

瑪潔麗・坎普

Margery Kempe

直到二十世紀，全世界所知道的《瑪潔麗・坎普之書》只是原稿的短簡殘篇，原稿已經遺佚數個世紀了。然後到了一九三四年，一本完整的原稿在英國一間私人圖書館被發現，因而重見天日。[1]

這本書被認為是第一本以英文寫成的自傳。如詹柏斯（R. W. Chambers）在這本書的引言中所說的，當時幾乎每一種文獻都是以拉丁文或法文撰寫的，用拉丁文是因為它是中世紀的官方語言，用法文則是一〇六六年諾曼人征服英格蘭後，諾曼統治者的堅持。但離開倫敦，在坎普居住的地方，即使是中產階級，也有很多人沒有接受官方語言的教育，而坎普本人更沒學過讀寫。因此，她的生命故事是用她唯一知道的母語——英語方言——口述寫下來的。

這本書分成兩部，總共九十九個章節，相當長。它描繪了坎普從一個家庭主婦轉化成為一位著名神祕家的過程，並且對中世紀的英國有令人驚嘆的見解。這本書完全不是正式裝扮的「聖徒生活」，而是一份誠實的紀錄，她顯然希望把事情講清楚，說服對她感到懷疑的人。

小鎮公主

瑪潔麗出生於一三七三年，是約翰．布倫漢（John Brunham）的女兒，布倫漢是一名議會議員，也是英格蘭東部港口諾福克（Norfolk）畢夏波斯林（Bishop's Lynne，現在的金斯林〔King's Lynn〕）五任的市長。二十歲時，她嫁給了一位年輕的商人約翰．坎普（John Kempe），很快便懷孕了，這個孩子是他們家中十四個孩子中的第一個。

產後，瑪潔麗．坎普得了精神疾病（如她所寫的，「受到惡魔的阻礙」），焦躁的行為且離不開自己的家，顯然和她所食用的食物有關。但在一次疾病發作時，她見到一個異象，耶穌穿者紫色的絲袍對著她說：「女兒，為什麼你要遺棄我，而我從來不遺棄妳？」她說，這次的異象顯示即使陷在苦難的深淵，上帝與她有多麼的親近，後來，這個異象也將她帶回到神智正常的狀態。

然而這次的耶穌顯靈並不足以使她的人生整個改變。她繼續穿著光鮮亮麗，讓男士覺得她很有魅

1 這座私人圖書館是作者的祖父威廉．巴特勒—鮑登上校（Col. William Butler-Bowdon）的圖書館，這本從古英文翻譯成現代英文的《瑪潔麗．坎普之書》是在一九三六年由強納生．開普（Jonathan Cape）出版，書中包括了詹柏斯（R. W. Chambers）的引言。這篇評論中引用的文字即是來自這個版本。

力，她也喜歡吹噓她「出身不凡」的親友。用她自己的話來說：「和她的丈夫不同，她不注意任何貞潔的事，也不滿足於上帝賜福給她的事物，而是一直想要更多。」由於「純粹的貪婪」，她建造了一座啤酒廠，這算相當大膽的嘗試，但幾年後損失慘重。後來她的工廠也因為馬匹不合作而失敗了，坎普認為這是上帝對她不滿的徵兆，就此發誓追隨上帝的腳步。

貞潔的好妻子

一天晚上，當瑪潔麗與先生躺在床上，她聽見一段美妙如天堂般的旋律。這段天界般的音樂使她納悶自己為什麼有原罪，而從那一刻起，她經常宣稱：「天堂裡充滿歡樂。」這次事件的影響是，她關閉了自己的性生活，她告訴她的丈夫，從今以後，她的思緒與熱忱都只獻給上帝。她的丈夫尊重她的想法，並同意他們將放棄做愛——「但還沒結束。」瑪潔麗繼續讓他做想做的事，但她的心思已經在別處。她禁食、穿著剛毛襯衣，繼續為她的罪哭泣，往往到極為惱人的程度，人們以為她只是在「矯柔作態」想吸引別人注意。這種情況無可避免地使她失去了許多友誼，他們喜歡之前的瑪潔麗。

炎炎夏日的某一天，當瑪潔麗與丈夫約翰一起走在路上時，約翰忍到了一個臨界點。他問瑪潔麗一個假設性的問題：如果有人走過來威脅說，除非他們回到過去的正常性生活，否則要砍掉他的頭，她會做什麼選擇？她回答說，她寧願眼睜睜看他被殺，他回應說：「妳不是個好妻子。」但是，他們達成了一個協議，他同意不再靠近她，而她也會在出發朝聖前償清對他的債務。

瑪潔麗感覺她現在已經將世間虛榮的願望昇華了，而「所有肉體的欲望在她身上已經完全滿足了」。雖然她仍有進一步的誘惑，上帝讓她知道祂支持她，而她也將永遠禁欲。幾年後，她的丈夫終於收到了信息，而且也宣誓信守貞潔。

眼淚與旅行

瑪潔麗・坎普有兩件事很出名：她的哭功和她的旅行。直到她四十歲，有了十四個小孩後，她開始展開朝聖人生，拜訪知名的教會人物與神祕家。一四一四年，她旅行到了聖地，而且也在羅馬待了一段時間，參與她最愛的聖布姫（St. Bridget）的封聖典禮，並於隔年回家。一四一七年，她搭船到西班牙，到聖地牙哥・德孔波斯特拉（Santiago de Compostella）朝聖，在她後來堅信的日子，她再次遠渡重洋去亞琛（Aachen）和但澤（Danzig）朝聖。她也拜訪英格蘭境內的聖地與教堂，這些旅行通常都是在盤纏極少與不便的情況下獨自成行的。

她無法壓抑見到耶穌在十字架上的異象時淚流滿面，而人們根據以往對她的印象，很自然地以為她的陣陣哭喊若不是一種矯作，就是更糟的，惡魔的傑作。即使現在，我們還可能以為這些哭喊是一個戲劇女王的演出，但如巴瑞・溫第特（Barry Windeatt）[2]所寫的，這種召喚神明的表現方式，在她那個時代並非特例。法國神祕家瓦尼的瑪麗（Mary of Oignies）也經常流淚，法利諾的安琪拉（Blessed Angela of Foligno）與蒙多的桃樂西（Dorothea of Montau）也是。後兩者和瑪潔麗一樣，也身為人母與妻子。

見證

瑪潔麗也被指為羅拉德教派（Lollard）企圖改革教會的異端份子，這在當時可說是冒著遭火刑懲罰的風險。她說到有一次到約克（York）旅行時，因為那裡的主教擔心她污染村民，便將她拘禁起來。她被命令回答信仰文章上的問題，幸運地她對教會的教義對答如流，被允許離開那個城鎮。雖然不識字，瑪潔麗寫道，她「在機智與智慧方面」，能與當時博學多聞的牧師和神父匹敵。

在那個大部分英國女子都待在家裡織衣的時候，這樣的獨立與頑強使坎普成為體制的威脅，而一般人對她所受的苦，只給予輕蔑、嘲笑與威脅。她必須持續地證明她確實是上帝的子民，而她的書隨處可見「這個創造物」（this creature）——她對自己的稱呼——想要說服別人的努力。例如：

「後來這個創造物來到阿西西，在那裡，她遇見了一位英國方濟各會的教徒，一位虔誠的教士，一直都是。她告訴他有關她的生活方式、她的感受、她的天啟，以及上帝以神聖的靈感與高度的冥想對她的靈魂造成的改變，還有我們的天主如何用講話的方式與她消磨。」

雖然很多人對此抱持懷疑，這位方濟各會教士對於坎普對話式的祈禱方法印象深刻，而且覺得天主對她靈魂的「消磨」（當時的意思是「說話」）是真實的。

讀瑪潔麗故事的時候，很難不聯想到大德蘭，她在一世紀之後也有不可扼抑的「狂喜」（或者耶穌的異象），並且得對抗男性教會的懷疑者來捍衛自己。大德蘭運用著名的感性語言描述她對天主的愛，而在坎普的書裡，她也揭露了類似的那一種愛。她提到在一次與耶穌的對話當中，祂很清楚地告訴她：

「我鐘愛的女兒，我以主的名義發誓我永遠不會遺棄妳。而女兒，妳為我的愛所遭受的羞辱、唾棄與斥責愈多，我就愈愛妳，因為我就像一個深愛妻子的男人。男人們愈是嫉妒妳，他就愈不顧她的敵人，而必在她身邊擺好陣式。正因如此我將與妳同在。」

2 出自一九八五年由企鵝（Penguin）出版社印行的《瑪潔麗・坎普之書》（*The Book of Margery Kempe*）。當中引言為巴瑞・溫第特所寫。

來自看不見的存在的這些安慰語句，是瑪潔麗持續她新的基督徒生活唯一需要的，不論任何險阻。

天主的愛人

《瑪潔麗．坎普之書》並未涵蓋作者整體人生的反思，而是純粹在紙上寫下她所能表達的，一個虛榮驕縱的暴躁女人如何轉變成一個上帝的兒女。她對於過去自己的虛榮與輕忽道德感到不可思議。你會認為，如果她確實看見而且感覺到真正的靈性真理，這些客觀陳述才會被接受。瑪潔麗與著名的「隱居修道者」（聖潔的隱士）諾里奇的朱利安活在同一個年代，而瑪潔麗也紀錄了她們的會面。朱利安寫下的冥想經典《神聖之愛的啟示》（*Revelations of Divine Love*），在神學的學習與見解方面，顯然略勝坎普一籌，但瑪潔麗的書也包含了許多細緻的神學論點，你絕不會想到是從一位目不識丁的婦女身上聽見的。例如當中有一個優美的段落，是上帝對她說到人與上帝的永恆結合：

「女兒，妳在上帝的愛中是安定的，因為上帝是上帝。比起妳自己的身體，妳的靈魂在上帝的愛中更加確定，因為妳的靈魂將會離開妳的身體，但上帝永遠不會離開妳的靈魂，因為他們是結合在一起的，沒有終止。」

在瑪潔麗身上，上帝不只找到一個不經心的虔誠教徒，也看到一個清楚預備好思索自己信仰的人，以及信仰如何改變她。

總評

在賢淑端莊、虔誠為好女人典範的時代，瑪潔麗顯然是「少數」，而她直言不諱的個性使她的可信度少了幾分。然而，瑪潔麗故事的美妙之處在於，靈性的洞察可以發生在任何人身上，不僅僅是悄然無聲的虔誠，《瑪潔麗．坎普之書》則是一本經由宗教產生蛻變的精采紀錄。

這本書不是一部現代風格的自傳，並未按照時間順序敘寫，所以有些讀者需要適應。堅持看下去的人會發現它大致上是有趣的，並且是對於莎士比亞時代之前，英格蘭獨一無二的第一手觀點。有些版本是以更現代的風格編寫的，但這必須權衡喪失原來文字中某些中世紀的語感。

這本書的最後以瑪潔麗回到了畢夏波斯林的家中，匆促結束，她在那裡活到六十多歲。當時她的丈夫已經垂垂老矣，後來比她早一些時日去世。

1964

人生中不可不想的事

Think on These Things

「天降甘霖是一件極其美妙的事，不是嗎？它把葉子沖洗乾淨，大地一片清新。而我認為我們全都應該將我們的心靈沖洗乾淨，如同樹木被大雨沖洗，因為它們蒙上一層累積數世紀的塵土，我們稱為知識與經驗的塵土。如果你我每天清洗我們的心靈，讓它從昨天的追憶中解放，我們每個人都會擁有一顆清淨的心，能夠處理諸多存在問題的心。」

總結一句

藉由學習思考如何超越文化的桎梏，成為一個真正的革命者。

同場加映

道格・哈馬紹《路標》（17章）
羅伯特・M・波西格《禪與摩托車維修的藝術》（33章）
鈴木俊隆《禪者的初心》（39章）
艾克哈特・托勒《當下的力量：通往靈性開悟的指引》（43章）

24

克里希那穆提

J. Krishnamurti

你的人生是否只是追求成功的偉大奮鬥？你是否害怕平庸？如果這些問題剛好可以代表你，那麼，從你孜孜矻矻的生活中放個小假期來讀《人生中不可不想的事》吧。這本書堪稱是哲學家克里希那穆提最實用的一本著作，靈感來自他與印度學校學生的問答，足以觸動普世的心靈。

克里希那穆提教導這些學生，教育的真正目的不是為我們找到一份工作預做準備，而是「幫助我們了解人生的整個過程」。教育是關於如何愛、如何簡單生活、如何從偏見、迷信與恐懼中解放我們的心靈。若沒有這些知識，我們將機械式地走過人生，而不是成為真正有創意的人。「如果心靈不能穿透它自己的藩籬，」克里希那穆提說：「會是一件悲慘的事。」

透過書中確鑿的邏輯，《人生中不可不想的事》粉碎我們從名聲、金錢與成功得到救贖的信念，證明對這些虛榮的欲望，最後只會導致悲傷。如今每個人都想成為「某個人」，但克里希那穆提讓我們知道，這股衝勁如何弔詭地大量製造出凡夫俗子。

企圖心與成功

這本書長篇大論地詳細闡述世俗成功這個主題。我們的文化盛讚企圖心與成就，結果導致我們覺得自己必須永遠為某個目標努力。但克里希那穆提說到，想要成為某種人物的欲望，總是以失望和空虛告終。這不是一種明智的生活方式，因為這意味著你總是對眼前不關心，籠罩在羨慕與無止境的欲求不滿之中。克里希那穆提說：「我們都想要成為名人——而我們想成為某個人物的那一刻，我們就不再自由。」這句話與你在勵志書裡讀到的正好相反，但他的看法聽起來是真的。

知足常樂是有道理的，但有誰會想要放棄自己發揮潛能的機會？克里希那穆提指出另一個不至於導致心情低落或心神喪失的說法。他提出，教育的真正目的是幫助人們確認他們喜愛做的事。做你愛做的事有雙重的好處：你不只在日常生活中找到超乎尋常的滿足，而你對工作的熱情也將使「成功」水道渠成。

企圖心要我們不斷地活在未來，而這個未來即使真的到來，可能仍讓我們感到空虛。但志業意謂我們可以享受我們的工作，遠離達成某個結果的焦慮，畢竟，沒有任何事是恆久的，所以，不巧取豪奪的人對世界是比較好的。目前我們的文化是建立在競爭上的，然而從事對我們獨一無二的工作，將使得競爭變得毫無意義。只有當全部人的目標都鎖定在單一獎賞時，才需要競爭，而每一個人必須明白，寶藏並非「遠在天邊」，而是在我們自己的能力與興趣中找到，這樣才是智慧。

安穩的迷思

我們想要讓生命長長久久，但這麼做其實違反自然，也使我們痛苦。只有永遠活動的心、沒有停駐在某個地方或固著的想法，才能與生命和諧，因而充滿喜悅。克里希那穆提說，人類「遠離人生流動的潮流，為自己挖了一個小池子，而且在這個小池子裡，他們停滯、死亡，然而這種停滯、腐敗，我們稱之為存在。」

這些話相當尖酸刻薄，但這一小池子的家庭、工作、恐懼、宗教等等，會不會就是我們為自己製造，以免於體驗更寬廣真實的人生？我們愈相信生命之河旁邊的這個地方是安全的，我們愈無法覺知生命的本質——不斷的變動。克里希那穆提說，我們緊緊抓住知道的事，但在緊抓的同時，我們成為活在恐懼中的人。

這些並不意謂我們必須放開人生外在的情勢，而是意謂需要認同我們所創造出來適合自己的生命寫照。生命的目的是發現真理，如果不積極試著接近事物的核心，那麼我們很快就會老死。

解決問題

如果我們的心被問題占滿，便永遠無法解決問題。「只有心無旁騖的心，可以清淨的了解問題。」

克里希那穆提說。如果你可以在你的思緒中創造一個空間，將可以重新獲得清淨與創造力，這是一般被接踵而來的雜念與煩惱重壓的心所無法體驗的。

如果一個使我們捲入雜念潮流的心念被用來解決問題，它想出的解決方法將不會很理想。然而，摒除這個心念，優雅的解決方式就會出現。我們以為心智是一切，但它不是。我們可以藉由接通超越我們大腦的宇宙巨大智慧，豐富我們的生命。弔詭的是，藉著停止心中永無休止的雜念，我們也可以獲得自知。因此，若是帶著目的性，不思考可以是智慧的最高形式。

創造的人

克里希那穆提寫道，大部分的我們都過著像技術人員一樣的人生。我們機械式地學習、通過考試、找到一份工作，我們學習在這個社會上成功的技術。但是，若我們不關心真正重要的事情——美、愛、和平——那麼，我們就會活在看似辛苦且支離破碎的世界。所以，我們可以選擇當一個技術員，或者是一個創造者；活得比較不像一個人，或者比較像一個人。克里希那穆提評論說：

「只有當你捨棄時，可以更有創造力——意思是，真的，當你摒除衝動欲望、不再害怕不存在、不再害怕沒有得到、沒有達成。」

一個學到社會如何運作，而且「飛黃騰達」的人，需要某種技術上的信心，這會導致驕傲。但有另一種信心是來自體制外思考，這種信心是比較赤子之心的。克里希那穆提說，如果我們少了它，我們「將會被集體吸納，而且迷失於平庸之中」。如果我們盡全力保有自己，我們會明白，真正的創意不是被社會接受或流行事物所形塑的。一位技術人員可以生產出「結果」，但是一個創造者，藉由他們存在的本質，以及他們專注於重要的事，將改善他們周遭的世界。

克里希那穆提談到具備反叛精神之必要。在這一點上，他指的不是從內部改變社會，而是反叛現存的觀看與思考方式。如果你反叛「這個體制」、如果你遊說改革，那不就像一個囚犯在監獄中為了更好的生活條件而反叛？真正的革命不是抱怨監獄，而是超越鐵窗，從更大的格局中檢視這個機構。

我們需要用這樣的角度來看我們自己的心，看見它的運作，並且了解它為什麼得到它的結論。例如，我們無法藉由消除法來阻止我們的貪婪與嫉妒，只有當我們把心看成一個整體，它們才會消失。當我們承認我們的心中充滿貪婪、嫉妒、憎惡與企圖，我們才可以創造不屬於這些念頭的空間。能夠仰賴存在於思考大腦之外的創新泉源時，才是一個自由人的開始。

幸福與愛

因為我們是努力達成目標的人，我們也相信幸福是某種可以追求的事。然而克里希那穆提嚴正指出，幸福無法被「找到」，它是意義的副產品，只有在無所畏懼的時刻才會出現，它不是來自成就或企圖心。生命就存在於我們幾乎不關心這些事的時候，在我們沈迷於一項任務，或者感覺成為周遭環境的一部分的時候。甚至想到或說到幸福，都意謂我們不與它的源頭同在。

追根究柢，不快樂來自於缺乏愛，或者是我們自己與他人之間的距離。這個距離是由我們的評斷與批評造成的。若我們只想著我們自己和我們的目標，就很難真正地愛，對其他人而言，他們只會感覺到這是表面工夫。努力的人會說，愛很好，但它只是一個美夢——在此同時，我必須在世界上立足。克里希那穆提辯駁說：「愛是世界上最實際的東西。」充滿企圖心的人尋求權力，在他們奮力追求時，他們看不見愛是我們所知最偉大的力量。大愛是大智慧，因為它知道最終愛是唯一重要的事。

總評

近年來，鼓勵人們從事喜愛的工作，不只是為了溫飽工作，成為一種流行，而克里希那穆提的這本書出現在此潮流風行的多年之前。他也明白我們的名人文化，在這種文化裡，每個人都想要成為某個家喻戶曉的人物，他也明白這樣的想法最後導致悲慘的命運。《人生中不可不想的事》不像我們傳統上理解的心靈書籍，它是關於敞開心胸、關於表現智慧，雖然不是我們一般認知中的智慧。每個人都以為他們是一個自由思考、具有靈性的個體，而這往往離事實很遠。

這本書會讓你不禁問自己：我究竟是人生的技術員？還是創造者？

克里希那穆提

克里希那穆提於一八九五年出生於印度的馬德拉斯（Madras，現在的清奈〔Chennai〕），父母為婆羅門。他的父親在清奈郊區的阿迪亞爾（Adyar）神智學協會（Theosophical Society）總部工作。十五歲時，神智學協會的領導人安妮．貝贊特（Annie Besant）與她的合夥人雷貝特（C. W. Leadbeater）發現克里希那穆提明顯具有驚人的「光輪」(aura)。他們正式收養他，並帶他到英國受教育。他被奉為「世界的導師」，一九一一年時，「東方之星會」(the Order of the Star in the East) 圍繞著他成立了。

一九二九年，克里希那穆提宣布他不是彌賽亞，甚至也不是一位古魯，離開了他的保護人和神智學運動。他展開旅行與演講的生活，最著名的是獨立心智的哲學，以及謹慎設定信念。他於一九八五年去世，而「克里希那穆提基金會」持續普及推廣他的著作。

1942

地獄來鴻

The Screwtape Letters

「親愛的沃無德：

你負責調教的那名患者竟然成了基督徒，對於這件事，我極度不爽。別妄想你逃得過該有的懲罰……同時，我們一定得亡羊補牢。但倒也不需灰心喪志，因為曾有成千上百成年的基督教皈依者短暫停留敵營之後，又回歸我族。而你那位患者的習性，不管精神還是肉體上，到現在都仍心向我族。」

總結一句

我們只能在對照惡的時候，明白什麼是善。

同場加映

華理克《標竿人生》（46章）

25

C·S·路易斯

C. S. Lewis

史骷髏（Screwtape）是一位資深魔頭，他的工作是增進地球上邪惡與痛苦的庫存。為了完成這項工作，他仔細地設定人類的目標，然後提供給他們一大堆誘惑，將他們的心從上帝那裡奪走。

史骷髏的轄下是他的外甥沃無德（Wormwood），一個新手魔頭。他們兩人之間的信件往來紀錄了他們努力讓一位剛皈依基督教的年輕男子重返「我們在地下的父」（撒旦）的過程。沃無德收到詳細的指示，告訴他如何利用人類的弱點，持續的將他帶到罪惡周圍。

路易斯的諷刺書《地獄來鴻》既嚇人又有趣，當時是一本暢銷書，熱賣超過五十萬冊。它是路易斯對當年蠢蠢欲動的無神論、存在主義、物質主義一個巧妙的回應，吸引了可能將基督教視為一種道德指南而摒棄它的聰明讀者。路易斯的史骷髏不眠不休地將受害者不只帶往罪惡，而且帶往一種流行，要他們拒絕人類進步的「世間之道」。

要了解這本書有一點挑戰，因為每件事在道德上都是顛倒的。你必須提醒自己「敵人」指的是上帝，而史骷髏所鼓吹的人生之道與一位善良基督徒正好相反。例如，史骷髏悲嘆敵人賜予人類自由意志去選擇上帝，以及上帝確實愛「人類這種害蟲」。在一封信裡，他寫道：

「我們必須面對這個事實：所有關於他對人類的愛，以及他的服務是完全自由的事實（如人們會開心相信的）不只是一種宣傳，而是可怕的事實。他確實想要將宇宙裝滿許許多多複製的且令人厭惡的他自己。」

這本書的每一個章節探討不同的誘惑，例如缺乏鄰居愛、矯矜，或者情欲，以及認同自以為聰明的不信神者。

展開攻擊

我們被告知史骷髏與沃無德的受害者是一位條件不錯的單身漢，他們的詭計是讓他迷上多位不道德的女子。當他們的目標愛上一位名聲與家世都很好的女基督徒，他們都嚇壞了。這時，他們明白要讓他拒絕日漸增長的靈性是沒用的，所以，他們試圖腐敗他已經具備的心靈感受。當這位受害者加入了基督徒的知識圈，他們讓他受流行思想的蠱惑，例如認為教會只是原始創建者意圖被曲解後的官僚組織；而耶穌只是一個歷史人物，不是真的神；基督教本身不能獨立存在——它必須和社會規劃結盟，以「建立更好的社會」。這些想法是要讓他覺得基督教本身有一點「老套」，要讓它在更多人之中活躍起來，一定要先讓它更迷人一點。

這個詭計奏效了。這名受害者現在很快進入一群比他更進化的知識份子中，史骷髏成功地在這個人身上注入一定程度的精神驕傲。這個想法是要讓他覺得身為基督徒，他比別人優越，而身為基督徒中的知識份子，他就更萬中選一了。史骷髏告訴沃無德：「從屬於一個少數人的圈子、處在祕密之中，這種想法對他是個甜頭。玩弄這條神經。教他……對不信教者說的事情多一點興趣。」

我們仍會抓到他

這本書寫於戰爭時期的英格蘭，當時英國正受到敵軍轟炸的威脅。沃無德對這種情勢喜出望外，但史骷髏告訴他別那麼傻——最好讓他們的受害者繼續活著。如果他能躲過炸彈攻擊活下來，他們還能玩弄他於指掌之間，因為隨著年歲的增進，他將受到中年時期心靈荒野的折磨。他們確定，生命中的一成不變、年輕時代夢想與愛情的破滅，會讓他轉向他們這一邊。史骷髏開心地寫下「我們在他們生命裡創造的單調乏味，以及我們教導他們回應無以言喻的憎恨——這些全都提供了可喜可賀的機會，能以耗損的方式來消磨一個靈魂。」

然而，史骷髏狡猾地發現到，如果一個人成功又前途無量，「我們的戰略地位又更有力了」。他解釋說，順境會因為提高人們在世界上的地位，而強化他對世俗的牽掛。如果他們已經有錢有勢，那他對上帝還有什麼需求？

黑暗組織的目標是增進人們對世俗的依賴，而這隨著年紀增加更為容易。相對地，年輕人（或者心理年輕的人）的自發性與愛情生活讓史骷髏和他的同類很難說服這些人投向他們的陣營。

最後的攻擊

史骷髏更大的目的是防止受害人得到自我認識，這個想法是把人們鎖在原始的情緒裡，排除任何客觀與反思的希望。當炸彈如雨點般投擲在倫敦時，沃無德建議注入一點懦弱在這個人身上，但史骷髏說不行——懦弱會帶來羞恥，羞恥會導致自我評估，以及使他成為更堅強的人的渴望。

這個邪惡二人組試圖阻止受害人堅持任何事，阻撓他有任何決心，避免做出任何承諾，因為所有這類事都會讓一個人進化成為更好的人。他們想讓他覺得他是自己命運的主人，不需要上帝的協助。史骷髏發現，遇到逆境的時候，「有趣的是在眼看就要解脫時（如果他剛好知道），讓這個人投降。」

當這個人在一間被炸開的房子牆面看見燃燒的屍體，這兩個魔頭希望他們已經成功地讓這個人相信，人生不過是一間毫無意義的恐怖屋。但這個人越過斷垣殘壁，看見了生命的奇蹟，這個意外嚇壞了他們。現在，他已經將惡魔遠遠拋在後面。史骷髏形容這個受害人是「這隻動物，這個從床上生出來的東西」。如今那隻動物所擁有的看法已經與上帝一致了。

總評

《地獄來鴻》是路易斯獻給他的朋友托爾金（J. R. R. Tolkein）的書，當他寫這本書時，他的作品已經擁有廣大的讀者與聽眾，他們在二次世界大戰早期於BBC聽他的「十分鐘談話」（Ten Minute Talks）。這些談話包含他皈依基督教、道德，以及其他許多主題。《地獄來鴻》看似反映了政治圈，但作者真正的關懷是我們內在的世界，以及我們每天所做的決定。這本書所宣揚的舊式道德仍然具有強大作用力，雖然路易斯寫的是基督徒，但讀者仍然能輕易地把史骷髏和沃無德代換成他們自己的惡魔。

把世界描繪成善與惡是否太簡單了？也許是，但是路易斯將兩種極端且栩栩如生的古怪呈現，相當具説服力，而且促使我們思考用來捍衛我們的思想與行動的理性。我們可以從這本書學到的是，確認在我們心中有某種東西天生會抗拒腐敗——而藉由對自己真誠，我們可以成功強化這股抗拒的能力。

C・S・路易斯

克萊夫・斯達波斯・路易斯（Clive Staples Lewis，又譯為魯益師）於一八九三年出生在北愛爾蘭的貝爾法斯特（Belfast），父親是一位事務律師。自一九二五年起，他在牛津大學教授英國文學，接下來的三十年大都留在這裡。一九五四年，當劍橋大學開出中古時期與文藝復興時期文學教授的缺時，他被吸引過去了。

路易斯寫了超過三十本書，包括《愛情的寓言》（*The Allegory of Love*），這是關於中世紀文學的重要資料；著名的童書《納尼亞傳奇》（*The Chronicles of Narnia*）；一九三八年的科幻小說《沉靜的星球》（*Out of the Silent Planet*）與一九四三年的《皮爾蘭德拉星》（*Perelandra*）；一九四〇年的基督教與哲學作品《痛苦的奧祕》（*The Problem of Pain*）、一九四四年的《超越個性》（*Beyond Personality*）與一九五二年的《返璞歸真》（*Mere Christianity*）；以及一九五五年的一本自傳《驚喜》（*Surprised by Joy*）。

C・S・路易斯直到一九五六年才初次結婚，對象是喬伊・戴夫曼（Joy Davidman）。他於一九六三年十一月二十二日去世，與阿道斯・赫胥黎和美國總統甘迺迪逝於同一天。

1965

麥爾坎·X的自傳

The Autobiography of Malcolm X

「覺知在我心中湧起——伊斯蘭宗教將我從如此深的泥潭中抬起，將我從無可避免的命運中拯救出來：一個在墳墓中死去的罪犯，或者，如果還活著，將是一個在監獄或某個精神病院裡冥頑、痛苦的三十七歲囚犯。」

「人類的歷史從一個時代到另一個時代再再證明，真正領導的標準是昂揚的精神。人們受昂揚精神所吸引。施以權力，人們只是被脅迫。愛會受到昂揚精神而迸生。施以權力，焦慮被創造出來。」

總結一句

超越膚色與教義，看見人類基本的合一。

同場加映

穆罕默德·阿薩德《麥加之路》（1章）
聖奧古斯丁《奧古斯丁懺悔錄》（2章）
穆罕達斯·甘地《我對真理的實驗：甘地自傳》（13章）

26

麥爾坎．X

Malcolm X

大部分的人約略知道麥爾坎．X是一九六〇年代美國黑人運動挑起爭端的活動家，但我們對他本人的了解有多少？《根》（*Roots*）的作者艾力克斯．哈利（Alex Haley）很有遠見，而且很幸運地說服了他將他的人生故事寫下來。麥爾坎．X起初不情願，但後來傾囊供出自己人生的細節，從貧窮的童年到成為罪犯的青少年，以及後來逐漸嶄露頭角，成為國家級的領袖與世界知名的人物。

如同他所從事的每件事一樣，麥爾坎．X對這個計劃有急迫感，直到他於一九六五年遭槍殺身亡，這件事尚未完成。雖然這本書詳述了二十世紀美國人生活較不為人知的一面，以及一些紛紛擾擾的事件，但這本書作為心靈與智慧啟迪的紀錄，仍然是一本傑作。讀者不會忘記麥爾坎改宗伊斯蘭是他人生的轉捩點，將他波濤洶湧的絕望轉化成道德的使命。

黑暗背景

我們所知道的麥爾坎．X於一九二五年出生於內布拉斯加州的奧馬哈（Omaha），他出生時的名字是麥爾坎・利托（Malcolm Little）。他的母親來自英屬西印度群島，但膚色較白。幼年時的麥爾坎被其他的黑人認為是較幸運的，因為他的膚色比其他大部分的黑人白一點，當他年紀較長後，他「痛恨那個白人強暴犯的血液在自己身上」。他的父親是一位浸信教會牧師，也是馬科斯・加維（Marcus Garvey）的追隨者，馬科斯・加維的「世界黑人進步協會」（Universal Negro Improvement Association）曾經為一個世代的人揭起黑人驕傲的旗幟。

後來他們全家人搬到密西根州的蘭辛（Lansing），一九三一年時，馬爾坎的父親被一個白人極端種族主義的團體「黑色軍團」（Black Legion）以兇殘的手法殺害。當他們具狀的壽險保單未能得到理賠（壽險公司堅持他父親的死亡是自殺，因為屍體在鐵路旁邊被發現），他們一家陷入了極度窮困。他們只能靠食物救濟維生，利托太太變得精神不穩定，最後被送進療養院，而孩子們則被政府強迫分離。麥爾坎寫道：「我確實相信，國家的社服單位摧毀了一個家庭，摧毀了我們。我們想要試著在一起。我們的家庭本來不必被摧毀的，但社服機構、法院和他們的醫生，接二連三地打擊我們。」

從麥爾坎的角度看來，白人先殺死了他的父親，現在白人的體制又毀了他的母親。

隱形男孩

十三歲時，麥爾坎因為行為不檢被學校開除，而且被下令進入密西根州另一區的矯正學校。他的白人寄養家庭設法把他送進一個比較好的學校就讀七年級。麥爾坎是該校少數的黑人學生，大家覺得新奇，竟也大受歡迎。他在學業上表現出色，是班上的前三名，而且被選為班長。他在各方面努力表現得像白人一樣，但總是無法被全然接受。最尷尬的一次是學校舞會上，很顯然地，他不能和白人女孩一起跳舞。

他向老師表明他想當一名律師，但在那個時代，當個服務生或者擦鞋工被認為是一個「黑人」很好、而且體面的工作。黑人甚至不會被汽車工廠聘用。這位老師告訴他：「律師——對一個黑人來說，不是很務實的目標。你得想想你可以做什麼。」有人建議他去做木工。麥爾坎突然想到，對他的寄養家庭和他的老師來說，他比較像隻寵物或吉祥物：「他們從來沒有給予我在情感、智慧與理解方面，與和我相同處境的白人男孩一樣的認可……因此，他們從來沒有真正地看見我。」

他決定離開，去投靠他住在波士頓的阿姨艾拉（Ella）。

哈林區的騙子

波士頓是麥爾坎第一次認識真正的城市，以及一個廣大的黑人城市社區。他在第二次世界大爆發的初期，也就是他十七歲的時候便搬到了紐約。他找到一份擔任來往紐約與華盛頓之間的火車服務生工作，並將自己沈浸在哈林區嘈雜的音樂背景之中。

他對這段時期的詳盡描述是這本書的亮點之一，揭露他如何沈淪到犯罪與道德敗壞的世界。他回憶白人來到哈林區的夜總會尋求「靈魂」的氛圍。一旦酒醉，他們會拘住服務生，說一些類似這種話：「你和我一樣行——我想要你知道！」衣冠楚楚的白人來到哈林區，尋找各式各樣滿足他們的性產品，包括被亞馬遜黑人鞭笞，「愈黑愈好」。每個在哈林區的人都玩「數字遊戲」，這是一種樂透，參與的人在數字上都很精明。麥爾坎寫道：「如果他們活在另一種社會，他們出色的數字天賦，可能會用在比較好的方面。但他們是黑人。」

伴隨著每一種其他的「喵喵」（甲卡西酮，在台灣屬第二級毒品），他用一種「手段」變成大麻和古柯鹼的使用者和藥頭。他被稱為「底特律紅人」（Detroit Red，因為他的髮色有點紅），與妓女和其他的藥頭住在同一棟建築物裡。後來改行持槍搶劫和販賣私酒。

雖然麥爾坎被稱為底特律紅人的那段日子聽起來很刺激，但他也謹慎地指出自己與當時周遭大部分人所感受到的絕望感。當時的機會那麼少，才會有人掉進犯罪的不歸路。回首這段時間，麥爾坎感覺有神的看護，因為，務實地來看，他應該早被某個其他的騙子給殺死且橫屍街頭了。

相反地，他「幸運地」進了監獄。一九四六年，他才二十歲，麥爾坎被判刑十年。「我甚至還沒開始刮鬍子。」他說。

鐵幕大學

當他還在監獄時，麥爾坎的弟弟和其他手足加入了一個稱為「伊斯蘭民族」（The Nation of Islam）的團體，由一位名為以利亞．穆罕默德（Elijah Muhammad）的芝加哥人領導，他宣揚的思想是：黑人的地位是「白色惡魔」造成的，而他們如今還想繼續踐踏黑人，黑人必須明白他們光榮的歷史，忘記想要變成白人、「弄直」他們的卷髮以及與白人女孩約會。伊斯蘭民族說，基督教是白人的宗教，由奴隸的主人強迫黑人接受，使他們安於現狀。相反地，伊斯蘭是黑人與黑色力量的自然宗教。在監獄裡，麥爾坎被賦予「撒旦」的綽號，因為他痛恨任何關於《聖經》與上帝的談話。然而，受到他家人的影響，他戒除了吸煙、毒品與豬肉，臣服於他所相信的伊斯蘭之道，他開始了解穆斯林概念中的臣服於真主，並學習如何祈禱。

麥爾坎透過函授課程學習文法與拉丁文，並且得以移監到麻州諾爾福爾克（Norfolk）的監獄，這座監獄強調受刑人的改造與自由度。有了寬敞的牢房，麥爾坎開始每天閱讀長達十五小時，涉獵範圍橫跨宗教、東西方哲學與歷史。他得到的結論是，歷史幾乎全是由白人的角度寫成的。他尤其受到甘地擺脫英國統治、解放印度的奮鬥故事之啟發。

自學打開他對知識與語言力量的眼界（他對詞源學一直有強烈的興趣），而且他也承認：「我一生中從來沒有如此真正自由。」他被關起來的時候，是一個瘋狂的、仇恨神的罪犯，他出獄時，仍然心存憤恨，但已經是一個有教養，而且懷抱心靈與政治目標的人。

芒刺在背

一九五二年出獄後，麥爾坎將他的姓氏改成X，用以紀念黑奴為了迎合白人的姓氏而放棄的真正非洲名字。他在福特汽車公司的生產線工作了一段時間，而後辭職成為他自己伊斯蘭民族寺廟的牧師。身為以利亞・穆罕默德提攜的後進，他漸漸獲得一大群的追隨者，也因為他針對白人施予非裔美國人長期壓制的長篇控訴，在全國打響了名聲。雖然伊斯蘭民族嚴格的道德準則（不能抽煙、飲酒、賭博、看電影、球賽，等等）使許多人望之卻步，麥爾坎辯稱說，白人其實希望黑人活在貧窮與道德淪喪的境地，以便更容易掌控他們。根據這種論證，非裔美國人只能靠獨立，擁有他們自己的學校、事業等等，才能跳脫他們目前的處境。

這種想法與白人自由派的反隔離主義和當時主流的黑人領袖（如馬丁路德・金恩）的想法相互違背，因此，麥爾坎成為想要解決種族問題的黑人與白人的眼中釘。然而他指出，大部分的白人無法客觀地看出他們是如何對待非白人，因為那是文化中的一大部分。他經常指出的一點是，一個移民美國的白人一抵達美國所得到的權利與尊重，比一個已經落腳美國四百年的黑人家族還要多。關於他在貧民區浪費掉的人生機會，他寫道：

「我們所有人，有可能探索太空、治癒癌症，或者建立企業——然而，卻成為白人美國社會體系下的黑人受害者。」

開悟的朝聖之旅

一部關於「伊斯蘭民族」的電視紀錄片、一本書，還有在《生活》雜誌與《花花公子》雜誌的文章，提高了麥爾坎的全國知名度。他在全美國建立了超過一百座清真寺，不眠不休地走遍全美演講與受訪。但是當他聽聞以利亞·穆罕默德不是真正貞潔的穆斯林，而是連續通姦者，他深受打擊，相對地，穆罕默德也對他的後進名聲日益增長感到嫉妒。麥爾坎被自己的組織孤立，而且情勢很明顯，已有派遣殺手準備殺死麥爾坎。

大約這個時期，麥爾坎已開始著手建立新的組織，但他決定要去麥加參加一年一度的朝覲。這本書中有兩個章節精采描述了他在穆斯林中心所體驗到的兄弟情與合一感。朝覲其間，所有膚色的人、富人與窮人，全部一起祈禱、一起進食、一起睡在同一個屋頂下，這對麥爾坎是一項體悟。這堅定他的信念，認為美國的種族區隔是悲劇的幻相，而他還沒有完全擺脫一些對他自己的錯誤認知。他寫道：

「我在地球上的三十九年中，聖地麥加是我第一次站在造物主的面前，感覺自己是一個完整的人。」

這趟旅行結束後的一次記者會上，記者們發現，這位「黑人極端種族主義者」麥爾坎似乎有點軟化了他的立場。他發表的聲明像是：

「我支持真理，不論是誰說的。我支持正義，不論是誰支持或反對。我先是一個「人」，因此，我支持任何人與任何對人類整體有益的事。」

雖然聖地之旅引導他到正統的伊斯蘭教（而不是以利亞．穆罕默德版本的伊斯蘭），但與此同時，在他的心中，宗教的重要性卻減少了，重要的是他所體驗到的兄弟之情。雖然在此之前，他認為白人的文明是黑人苦難的元兇，但現在他了解，相信區隔（種族主義只是它的表現）才是人類苦難的源頭。他寫道，他真正與之奮戰的，是「被桎梏的思考、被桎梏的社會」。諷刺的是，對一個被認為引起分歧的人，他明白他生命的真正使命，是欣賞神面前人類的一體，而他的戰役是對抗在人與人之間製造錯誤區隔的思考。

總評

麥爾坎．X死後，成為最不妥協的黑人力量象徵，有點像是與馬丁路德．金恩互補的壞角色。雖然金恩是偉大的演說家與虔誠的基督徒，而麥爾坎的伊斯蘭信仰與口若懸河的前科犯紀錄，會永遠讓他處於較容易遭到訕笑的處境。但我們必須對麥爾坎將心比心，如果你的父親被種族主義的殺手殺了，而你的母親因為一家惡劣的保險公司弄得家庭破產而發瘋，你是否還會有人類合一感？

令人驚異的是，在麥爾坎的案例中，這兩個問題的答案都是肯定的。他的憤怒變成了他的動力，但他的奇蹟在於他將所有生命中不好的事，轉化成美好的事。此外，他也建立了一個成功的婚姻與家庭。在他生命中的許多時點，他都可能墮入萬丈深淵，但他相信真主阿拉在每個情境中都介入了、保護了他。麥爾坎確實經歷兩次重要的頓悟，第一次是在監獄裡，第二次是在麥加。第一次的頓悟賦予他為打倒外部惡魔——美國的種族主義——的傲氣與使命感，但第二次頓悟賦予他揚棄自己偏見的勇氣。

他清楚看見自己人生的任務是賦權給非裔美國人，但麥加之行後，他能看出這只是一場更大的、對抗封閉心態與固執偏狹的戰爭裡的一場戰役。雖然他原本擁護伊斯蘭為黑人的宗教，與白人的基督教抗衡，卻也是經由這種信念，他抓到了超越任何宗教的真正人類的合一。如甘地的一生，若沒有心靈的覺知，他的政治理念將會是空洞的。

1995

卡巴拉精髓：猶太神祕主義的核心

The Essential Kabbalah

「所有世界上的問題，尤其是心靈上的問題，諸如缺乏耐心、缺乏希望與絕望，是衍生自無法清楚看見上帝的榮光。」

——亞伯拉罕·以撒克·庫克（Abraham Isaac Kook）[1]

「靈魂進入身體的目的，是為了彰顯她在世界上的力量與行動，因為她需要一個器械。藉著降至這個世界，她增進其力量的流動，指引人類走過世界。因此，她在天界地界完美她自己，並且藉由全方位的實現，獲得更高的位階。若她不在天界地界實現，她就不完整。」

——摩西·德萊昂（Moses de Leon）[2]

總結一句

只有透過對上帝更多的認識，才能達成自我實現。

同場加映

安薩里《幸福的煉金術》（14章）
亞伯拉罕·約書亞·赫舍爾《安息日的真諦》（18章）
伊德里斯·夏《蘇菲之路》（37章）
星鷹《螺旋之舞》（38章）

---

1 猶太學者，二十世紀最知名的猶太拉比。

2 西班牙知名猶太神祕主義者。

27

丹尼爾・C・邁特

Daniel C. Matt

每一種宗教似乎都會興起神祕派的分支，相較於最初信仰的教義與組織，給予人們與神明更多的親密。這些分支教派將虔誠、沈思與知識的界限往前推進，啟發信徒、激發信仰。例如，從伊斯蘭教分出蘇菲派，從基督教分出中世紀的神祕教派，而從猶太教分出卡巴拉（Kabbalah）。

和其他事物一樣，靈性也有其流行，最近幾年，卡巴拉（意指「領受」）已經變成一種吸引名流的時尚。在平凡的世俗世界裡，卡巴拉散發一種神聖的神祕與無法穿透的氣息，許多關於這個主題的流行書籍也將它當成解決讀者問題的工具來行銷。卡巴拉進一步的吸引力，是它帶出了猶太教女性化的一面。

丹尼爾・C・邁特的《卡巴拉精髓：猶太神祕主義的核心》（*The Essential Kabbalah: The Heart of Jewish Mysticism*）寫於這股流行之前，但是這本書很有現代感，深入淺出介紹這個運動的起源和基本理念，如同伊德里斯・夏的《蘇菲之路》是介紹蘇菲派的經典。基本上，這是一本由一位偉大的卡巴拉詮釋者寫成的精選集，這本書維持了傳統上與此主題相關的保留態度，但讓讀者得以淺嘗卡巴拉的智慧。

晦澀中走出的路徑

雖然它的源頭很古老，但是直到西元一一〇〇年左右，卡巴拉才正式在法國南部一個有學識的猶太社群成形。它最後傳布到整庇里牛斯山區，進入西班牙，一路融合了畢達哥拉斯主義、新柏拉圖主義與蘇菲神祕主義。

一二八〇年，西班牙的猶太神祕家摩西・德萊昂撰寫了一部宣稱是透過「導流」（channeled）寫出的著作。這部作品後來變成厚厚的《光明篇》（*Sefer ha-Zohar*），用亞拉姆語（Aramaic）寫成。這些著作，基本上是以小說形式寫成對《妥拉》（*Torah*）的評論，後來成為我們今天所知的《光明篇》。《光明篇》揭露《妥拉》是照亮創造宇宙機制的密碼，或者說世界是如何從無限（Ein Sof）中誕生的。

一四九二年，猶太人被逐出西班牙，許多卡巴拉信眾前往巴勒斯坦，尤其是到加利利海（Galilee）邊高處的采法特村（Safed）。他們當中最著名的導師是摩西・科爾多維羅（Moses Cordovero），他所撰寫的《石榴園》（*The Pomegranate Orchard*）總結了三個世紀的卡巴拉智慧。他的衣缽後來由以撒・盧利亞（Isaac Luria，或稱 Ha-Ari，意為「獅子」）繼承，他雖然沒有親自為文撰寫，但他的理念卻對東歐的哈西迪猶太教（Hasidic Judaism）具有深遠的影響。

有趣的是，文藝復興時期的哲學家皮科・德拉・米蘭多拉（Pico della Mirandola）讀了所有拉丁文版的卡巴拉翻譯，並為它們辯護，認為它們確認了耶穌的神性。卡巴拉的傳統也影響了非猶太哲學家，包括哥特佛萊德・萊布尼茲（Gottfried Leibniz）、伊曼紐・史威登堡與威廉・布雷克。

卡巴拉最知名的現代擁護者是十九世紀末的亞伯拉罕・以撒克・庫克，但近代對卡巴拉興趣的復興，可以追溯到格舒姆・索倫（Gershom Scholem），他一九六一年的經典《猶太教神祕主義主流》（*Major Trends in Jewish Mysticism*）將卡巴拉從陰影中帶出來，讓全世界都可以接觸它。

什麼是卡巴拉？

卡巴拉的目的是將一個人帶回到「宇宙意識」（cosmic consciousness），或者說是人類在宇宙創造時，在「墮落」到善與惡的認知之前（以亞當與夏娃為象徵），與上帝一同享有的神祕融合。

邁特寫到，為了達到這種神祕的目的，並同時保留傳統猶太教精神，早期的卡巴拉信徒必須對傳統的教義與律法非常注意。他們仍然服從《塔木德》（Talmud，猶太律法、故事與習俗的基本文獻）與展現上帝傳統男性價值觀的《聖經》，體現「米茲沃特」（mitsvot，戒律），同時也尋求神明較女性化面的探索來補足（以女性原型或女神舍姬娜〔Shekhinah〕為象徵），他們相信這對神祕的融合有助益。

這一類的覺悟不是單靠智識上的學習可以得到，所以，此種學習系統是根據「生命樹」（sefiroth）

來設計，這是一張意識的地圖，能召喚創造與個人的各個面向。

十個質點

卡巴拉出現之前，已經有《創造之書》（*Sefer Yetsirah*）這本猶太密教的基本教義書。書裡說，上帝透過神聖的字母與數字的實體——即十個質點（the ten sefirot）的組成——用說話的方式創造世界於有形。這些都生自無限，也就是在時間與空間之前，不可知的神明物質或神的無限。

早期的卡巴拉學者以撒．盧利亞試著透過十種神性的教義來解釋世界的起源，以及人類存在的意義。他的概念如下：在無限的虛無或真空中，出現了一道光。這道光開始顯露成為靈性的承載物，或者說船體（質點）。它們當中有些無法承受這道神明的光，因而解體了。大部分的光回到了它的源頭，但船體解體的遺骸，加上造物時的火光，被困於物質的存在。人類生命的任務，便是要再次向它們原來的神性「彰顯這些火光」，這只有經由神聖的人生可以達成，而日常生活的行動被認為能促進或阻礙這些質點火光的滋長或儲存。

另一種解釋「無限」(Ein Sof)與「質點」(sefirot）的方法，是想像上帝的光透過花窗玻璃而照耀，而每一種質點是上帝特質的原型表現，可以在一般的創造物或個別的人類身上找到。

「質點」與其特質包括：王冠（Kether，其他由此而生）、智慧（Hokhmah）、理解（Binah）、慈悲

（Hesed）、力量（Gevurah）、美麗（Tif’eret）、永恆（eternity）、宏偉（Hod）、基礎（Yesod）以及舍姬娜（神的存在）。

邁特為「質點」提供了長篇幅的解釋，以及說明它能如何指引人格與生命。它們是我們內在等待被啟動的潛能。他提到，人們可以成為特定「質點」的表現。亞伯拉罕是慈悲之人，以撒是力量之人，約瑟是基礎的主人，等等。

自我實現

依據卡巴拉，神的國度需要人類的行動讓世界完成它的潛能。少了我們，上帝便不完整。反過來說，端視我們如何思考上帝與創造的神祕。

邁特引用了摩西・德萊昂的話說：

「明白上帝創造所有的存在是一件多麼珍貴的事。從存在的一小部分，靈魂可以感知到上帝的存在，沒有開始，也沒有結束。」

經常想到上帝的廣大無邊，我們就會變得謙遜，而且甘心成為神明表現的一個工具。

十八世紀的哈西迪宗師道夫・貝爾說：

「如果你認定自己是某個樣子，上帝便無法穿套上你的軀體，因為上帝是無限的。」

卡巴拉是關於自我實現，但所有我們潛能的真正實現，只有透過「緊跟著上帝」才能完成。德萊昂相信，靈魂穿上了人類的形體，因為它不完整，所以需要「在各種向度中」完成。我們在地球上的生命，是為了實現上帝規劃的目的，卡巴拉提供了一條通往自知的路徑，而自知是發現這個目的所需要的。「彰顯火花」的概念只是意謂著開始認識與完成上帝賦予我們的潛能。

總評

為什麼有那麼多神祕圍繞著卡巴拉的學習？傳統上，對於誰能習得卡巴拉教義有一些限制，例如得超過四十歲、已婚，而且心智健全者。雖然這些限制在很多方面已經不存在，但它們背後不無道理。因為卡巴拉與自我和上帝之間最深層的問題有關，很適合幫助任何人轉開一般的思想軌道，而卡巴拉大師知道，如果他們無法將他們對世界的理解融入，這些神祕的知識會讓一個人發瘋。關於這一點，邁特引用了阿卡的以撒（Issac of Akko）的話：

「努力去看見超級光，因為我已經帶你到廣闊的海洋。小心！努力去看，但不要溺水。」

卡巴拉導師從來沒有離開他們的道去尋找追隨者，因為道理很簡單，強迫任何還沒準備好游泳的人到水裡去，是沒有用的。但對於那些天生渴望尋求靈性成長的人而言，卡巴拉是一片不可思議的啟迪與指引的沃土，不只屬於猶太教，而是屬於全人類。

如今已有許多介紹這個領域的書籍，但《卡巴拉精髓》仍是個中翹楚，因為它不會太學術，也不會太輕佻，作者是此領域裡的頂尖學者，也是《光明篇》的譯者。如果你想要讀得更深，可以讀格舒姆．索倫（《卡巴拉的起源》〔*The Origins of the Kabbalah*〕或《卡巴拉與其象徵主義》〔*Kabbalah and Its Symbolism*〕）或摩西．艾迪爾（Moshe Idel，《卡巴拉：新的觀點》）。更好的是，直接閱讀《光明篇》。

丹尼爾·C·邁特

邁特擁有布蘭戴斯大學（Brandeis University）[3]的博士學位，曾於史丹佛大學與耶路撒冷的希伯來大學任教。自一九七九年至二〇〇〇年，他是加州柏克萊大學聯合神學研究所猶太研究中心的猶太神祕主義教授。因為這個職位，凱悅酒店的女繼承人瑪歌·普利茲科爾（Margot Pritzker）邀請他重新以英文翻譯《光明篇》[4]。第一部於二〇〇三年出版。

邁特的其他本書包括：《光明篇：光明之書》（*Zohar: The Book of Enlightenment*），以及《上帝與大爆炸：發現科學與靈性之間的和諧》（*God and the Big Bang: Discovering Harmony Between Science and Spirituality*）。他定居在耶路撒冷。

3 一九四八年美國第一所由猶太人成立的私立研究型大學，位在美國麻州。

4 《光明篇》是卡巴拉對希伯來的《舊約聖經》的註解。

1944

剃刀邊緣

The Razor's Edge

「他沒有抱負且淡泊名利，出名只會讓他倒盡胃口，故可能滿足過自己選擇的生活，忠於自己。他為人太過謙虛，不願當別人的榜樣。不過他也許認為，終究會有某些靈魂受他吸引前來，宛如飛蛾撲火，共享那曖曖內含光的信念，亦即相信人生最大的滿足在於精神生活。」

總結一句

移開自我的恐懼和欲望，過靈性的生活，從而獲得真正的平靜。

同場加映

莊子《莊子》（10章）
赫曼・赫塞《流浪者之歌》（19章）

28

威廉・薩默塞特・毛姆

W. Somerset Maugham

《剃刀邊緣》讀起來像是一部小說，但其實是根據毛姆對他一位舊識的回憶所寫下。他參與敘述的事件裡，他同時是說故事者，也是書中的人物之一。

這本書的書名是什麼意思？毛姆在這部作品的前言引用了印度經典《奧義書》（*Upanishads*）裡的一行字：「剃刀邊緣無比鋒利，欲通過者無不艱辛；是故智者常言，救贖之道難行。」說的是人們用他們的生命做什麼，以及大部分的我們在選擇一條能真正鍛鍊心靈肌肉之路的困難。剃刀的一邊是尋求安全感、融合，以及完成世俗目標的存在；剃刀的另一邊是在廣泛尋找生命意義中失去自我。大部分的我們不會有意識地選擇後者，但毛姆對於這種人之著迷，即是《剃刀邊緣》的種籽。

毛姆一生著作共賣了四千萬冊，相當驚人，而這本是他最暢銷的一本書。故事的背景設定在一九二〇與一九三〇年代的巴黎、芝加哥、倫敦與法國南部，故事從一開始就會吸引你，當中的角色刻畫生動。然而，這本書之所以持續受到歡迎，也許要歸功於透過主角勞瑞・達瑞爾（Larry Darrell）的雙眼所瞥見的靈性奧祕。

這篇評論只寫了這個故事的骨架與角色。

勞瑞與伊莎貝

勞瑞・達瑞爾是一位年輕的美國人，曾經在戰爭其間遠赴法國擔任空軍飛行員。他與迷人、充滿魅力，而且出自芝加哥豪門的伊莎貝・布萊利（Isabel Bradley）訂婚了。唯一阻礙他們婚姻的，是勞瑞不願意找一份正常工作的怪異想法。雖然他有一份私人的收入，足以讓他衣食無憂，但是伊莎貝與她的母親都認為男人應該每天去辦公室工作才對，而且他應該在經濟快速成長的世界出人頭地才是。

他們的朋友格雷・馬圖林（Gray Maturin）是個百萬富翁的兒子，老實工作也好相處。格雷的父親打算在他的公司為勞瑞安插一個職位，以實際作法為他打理生活，但勞瑞仍然婉拒了。他看起來需要在戰爭結束後有些適應與調整，當他決定要前往巴黎，伊莎貝與她的母親認為，這是在他定下來之前想過一段放蕩生活。她們同意讓勞瑞離開一、兩年，但婚約繼續保留。

當勞瑞抵達巴黎，伊莎貝的叔叔艾略特・譚伯頓（Elliot Templeton）很樂意為他進入社交圈鋪路，但勞瑞連一件晚宴服都沒帶在行李中，而且就在一間陰暗骯髒的旅店住了下來。

一年過了，然後又一年，最後伊莎貝來探視他。儘管他們之間有差異，卻仍然相愛，而伊莎貝相信，時間到的時候，勞瑞就會為了不要失去她而努力工作。她想要與期待的是豐衣足食、兒女成群的美好生活。他試著說服她，他的生活不可思議地富足，她應該加入他的旅程，一起追尋智識與靈性的滿足。如今事實擺在眼前，他們的人生重點完全不同，因此雙方同意解除婚約。

一年後，伊莎貝和格雷．馬圖林結婚了。她不像愛勞瑞那樣愛著格雷，但她想要結婚。

勞瑞的旅程

毛姆寫下這些事件，要展現勞瑞是個相對正常的年輕人，他在人生的某個時間點意識到，生命中有比安居樂業更重要的事。他明白人生中沒有安穩，也不再能重回到以前那個無憂無慮的年輕小伙子。在戰爭中，他的朋友今天還是個機靈鬼，第二天卻上了天堂，因此，他很珍惜活著的每一分鐘。他還不知道他追求的是什麼，但已經注意到生命中有某個比他自己更大的向度。當毛姆出現在這本書中時，他遇見勞瑞，得知勞瑞一直在讀史賓諾沙和笛卡爾，但他特別感興趣的是一位在佛萊明（Flemish，在今日比利時一帶）的神祕主義者雷斯博克（Ruysbroek），這讓毛姆注意到勞瑞深層的興趣所在。毛姆看出勞瑞對靈性的追求，最終看得比他對愛情還重要。

之後的幾年裡，勞瑞住在一間法國的修道院裡，飽覽神祕主義的著作，並且從事勞力工作「來清淨他的頭腦」。這些工作包括在一座法國煤礦場和一座德國農場擔任短期工人、在一艘定期往返遠東地區的蒸汽船上打雜。這艘船在孟買停留三天，最後一天，勞瑞突然想到印度應該會對他有所啟發，便在那裡待了兩年。

毛姆每隔幾年就會遇到書中的主要角色，追蹤他們的動態。他得知勞瑞待在一間印度教的靜修處，虔心追隨已經得道的古魯象神大師（Sri Ganesha），並且在山上體驗了改變人生的神祕經驗。伊莎貝和格雷在一九二〇年代事業飛黃騰達，卻在經濟大恐慌時一敗塗地，幾乎一無所有。就在嘗試東山再起時，他們借住在艾略特．譚伯頓位於巴黎的公寓。由於財產大縮水，格雷經常受頭痛之苦。有一天，勞瑞從印度返回，前來拜訪這對夫妻，他似乎擁有了療癒的能力，他透過一種催眠，靜靜地驅走了格雷的痼疾。

當毛姆本人搬到了法國南部，與艾略特．譚伯頓當鄰居。雖然健康情形不佳，譚伯頓仍然拖著身體參加派對與社交聚會，他說：「如果你不到處走，讓別人看見，你就會被遺忘了。」他的人生主要目標是獲得歐洲社交圈的認同，但他在生命的末期，已經被大家遺忘了。毛姆特別描述譚伯頓，彷彿只是要做為勞瑞的對照，勞瑞喜歡籍籍無名，對地位與金錢毫無戀棧。不出所料，譚伯頓死的時候孤單可憐，而讀者對勞瑞的印象則是一個罕見平和與沈著的人。

雖然走過這些風風雨雨，勞瑞仍然歸結說，他不該蜷縮在靜修院或修道院裡，而是要愛這個世界，活在當中。

更大的愛

毛姆的主旨之一是人們會在生命中尋求對他們最有意義的事，而往往愛著另一個人不是最至高無上的事。也許部分是為了安慰伊莎貝失去的愛，毛姆告訴她，熱戀只會毀損人們的生命，或者阻礙一個豐富的生命。他還膽敢說，勞瑞從未真正愛她，最終，與伊莎貝在一起的快樂，無法比擬他尋求至高的神的快樂。

從這個角度觀之，《剃刀邊緣》並非一部言情小說。它俐落地展現每個角色的動機，顯示我們全部都會定義我們在人生中的目的，並且根據那個目的而活。最好不要選擇一個特定的事情或特定的人為目標，而要選擇一個能形塑我們的行動之共通價值。雖然格雷尋求的是一份高薪的職位，而伊莎貝選擇的是一個富足的生活，勞瑞經由覺知體察到上帝的真實性而找到他的幸福。他的故事告訴我們，我們通常不會意外落入靈性的恩典，我們必須下定決心，認為覺悟是我們人生的目標，而不被其他的歧路分心。

如毛姆所承認的，他的故事沒有浪漫的結局。他只是覺得，勞瑞見證了一個不尋常的成功人生。勞瑞擁有自由意志與自主權，而其他的角色則被他們自己的神經症或社會慣習所奴役。他們的命運受制於他們的思考習慣與不安感，但勞瑞真正掌握了他的命運。毛姆最後一次與勞瑞連絡，是勞瑞送來一本他寫的書。當中包括了談論好幾位歷史人物的散文——蘇拉（Sulla）、魯本斯、歌德——毛姆想起，他們每個人都過著不尋常的成功人生。

總評

《剃刀邊緣》是關於靈性之路比較容易入門的引介書之一，因為對讀者完全沒有強迫之意。毛姆本人有點懷疑論，他無法解釋是什麼改變了勞瑞的人生。圍繞著他的朋友的神祕氣氛也許是某一點更大的神性之謎——但他堂而皇之地將這個問題留給讀者自己想像結論。

雖然毛姆是一個非常入世的人，不過於熱衷宗教，但身為一位作家，剖析性格對他而言輕而易舉，毛姆在勞瑞．達瑞爾身上看見了某種新奇而且特別的特質。這本書中所有的角色都認為生命最重要的是生存與肯定，但勞瑞卻安於自己的本性，尋找大哉問的解答。毛姆在勞瑞二十歲時遇見他，即使在這個年齡，他看起來似乎已不受一般世界上的虛榮、欲望與煩憂所束縛。他發現某種靈性的祕密，讓他毫不擔心出人頭地的問題，而只是對於活著感到狂喜。勞瑞也許可以被視為道教經典《莊子》中，「聖人」的化身，也就是在穿透困住大部分人的恐懼與欲望之圈後，發現清淨核心的人。

《剃刀邊緣》這本書對於東方的宗教，或者心靈頓悟的過程沒有特別的洞見，這本小說的力量在於展現人們在人生中選擇的不同道路，以及這些道路是否最終為他們帶來滿足。它告訴我們，如何生活確實是一件靈性的事，因為透過我們的行動與決定，我們展現了自己對於存在目的的最深刻觀點。

威廉・薩默塞特・毛姆

毛姆生於一八七四年，在英國東南部的惠斯塔布（Whitstable）鎮長大，之後搬到巴黎，直到十歲。他後來在英國讀書，然後就讀德國的大學。毛姆有一陣子習醫，在倫敦當醫師，他的第一本小說《蘭貝斯的麗莎》（*Liza of Lambeth*）於一八九七年出版大獲成功後，便成為全職的作家。

毛姆結過婚，與其他幾位女性也發展過關係，但他中年過後公開承認他是同性戀。一九二七年，他落腳在法國南部，住在費拉角（Cap Ferrat）的瑪萊斯科別墅（Villa Mauresque），與社交圈相交甚密。他曾在第二次世界大戰期間擔任間諜。

他一生寫超過七十本書，包括被認為是毛姆最偉大著作有以下幾本，於一九一五年出版的《人性枷鎖》、以及一九一九年的《月亮和六便士》、一九三〇年的《尋歡作樂》（*Cakes and Ale*）與自傳式的《總結》（*The Summing Up*）。他寫的劇本與短篇小說也很有名。毛姆於一九六五年與世長辭，享壽九十一歲。

1980

深夜加油站遇見蘇格拉底

The Way of the Peaceful Warrior

「蘇格拉底，我一輩子都在與幻相戰鬥，心思被每個小小的個人問題占據。我已經全心致力於自我改進，不再執著一開始讓我尋尋覓覓的問題。就在我努力讓世界上的每件事順利運作的時候，我不斷被擊回到我自己的心思，總是掛念著我，我，我。」

總結一句

放開自以為是，採取莫名的快樂之策略。

同場加映

卡羅斯．卡斯塔尼達《巫士唐望的世界》（7章）
羅伯特．M．波西格《禪與摩托車維修的藝術》（33章）
詹姆士．雷德非《聖境預言書：邁向生命新境界的起點》（34章）
鈴木俊隆《禪者的初心》（39章）
邱陽．創巴仁波切《突破修道上的唯物》（44章）

29

丹・米爾曼

Dan Millman

《深夜加油站遇見蘇格拉底》（*The Way of the Peaceful Warrior: A Book that Changes Lives*）一開頭便說到主角丹正就讀加州大學柏克萊分校的三年級。日子過得相當順利，成績出色，同時也是體操與彈簧床項目的冠軍選手。

但他開始覺得生活中少了一點什麼，便作起惡夢。一天晚上，因為惡夢驚醒後睡不著，他在街上閒逛，發現一家德士古（Texaco）的加油站還開著。經營這間加油站的是一位長者，眼睛閃閃發光，他們兩個聊起天來。

丹問他的名字，他回答說：「我叫什麼並不重要，你的也不重要，重要的是在名字以外和這個問題以外的其他東西。」因為這段隱晦的回答，丹便把這個人取了「蘇格拉底」這個名字。這位神祕的加油站智者成為他的心靈導師。

「丹」正是這本書的作者丹・米爾曼，他將他真實的人生經驗寫成一本小說，為戲劇張力而增添了額外的想法、場景和故事。《深夜加油站遇見蘇格拉底》這本書現在已經超過二十五歲了，讀起來像是給青少年的輕小說，但讀到最後，你會發現它蘊含了許多心靈的真理。加上故事中有浪漫愛情與精采冒險的樂趣這一點，使它成為長青的暢銷書。

留心鐵幕

蘇格拉底帶著丹經歷一連串心理和生理的考驗，耗盡了他所有的精力。這些考驗的目的是向他揭露他的幻相，他為了自我（ego）而追逐的事物。蘇格拉底告訴他，將自己與幻相一刀兩斷，需要比電影裡的英雄還要更大的勇氣和力量。他寫道，幻相破滅是發生在一個人身上最美好的事，因為這會讓人看出什麼是沒有真正意義的事。我們去看電影、做愛，甚至去運動，以逃避正常思考心智的焦慮，但蘇格拉底說，這麼做，我們只是逃避面對痛苦的源頭。他指出大部分人的窘境：當他們得不到想要的東西時，便因此受苦；等他們真的得到了，也仍然受苦。他只留給丹一個結論：「你的心即是你的窘境。」丹明白了他為什麼喜歡體操——因為他做的是例行公事，他只是不停地做，不用思考。那是一個心的假期。

丹一直以他自己願意嘗試新事物與嘗試改變而自豪。但是蘇格拉底看出這些改變全都很表面，只是真正改變想法的擋箭牌。他說，我們活在自己蓋起來的監獄裡，但這座監獄的鐵幕是隱形的，為了離開這座監獄，你首先必須明白你確實身在其中。丹開始感覺到巨大的雜念，也感覺到他的消極態度之深，他的思緒已經沒有什麼空間容納其他任何東西了。

夢遊人生

蘇格拉底描述自己在宇宙的奧祕之前，是個幽默的傻子。相對地，丹是一個「嚴肅的笨蛋」，以為自己知道幾件事，但實際上只是夢遊走過人生。他的心靈導師促使他走上一個覺悟的計劃。

丹得知他和大部分人一樣，被教導從身外獲得訊息，結果，他的心智就像車子的油桶，「充滿著太多先入為主的觀念，還有毫無用處的知識」。為了知道任何新的事，首先，他需要先清空他的油箱。丹知道他確實了解一些事，但了解是智能的產物——它使我們知道某件事，而不需要體驗它。另一方面，體悟是用大腦和心來抓住某件事，是對真理的第一手經驗。

蘇格拉底教導說，要清除雜亂的心，最好的方法是透過靜坐冥想。靜坐冥想是和平勇士的利劍，他說，它「將心智切成絲帶，劃破思緒，透露出實質的缺乏」。他說了亞歷山大大帝的故事，有一次和他的軍隊在沙漠裡，他們帶了兩綑纏繞在一起的巨大繩子——即「戈耳狄俄斯之結」（Gordian Knot）——這個結從來沒有人有辦法解開過。亞歷山大直接用他的劍將繩結劈成兩半，然後繼續前進。

勇士的行動

我們必須用同樣的方式來攻擊我們心中的結；不是用邏輯絞盡腦汁，而是從一個完全不同的境界來看待問題。蘇格拉底解釋說，真正的勇士「冥想一個行動」。在一般的行動下，你很注意你自己進行這個行動。有一個「我」做這件事，但是當你冥想你的行動，這些行動變得很有力量、很自由，因為它們沒有野心或恐懼（這個「我」）的拖累。

他告訴丹，他的情感與行動是可預測的，他基本上是一個受刺激便會以某種方式回應的機械。蘇格拉底告訴他：「你仍相信你就是你的思想，而且捍衛它們，彷彿它們是寶物。」他指使丹在加油站工作，故意給他難堪，看他是否會在意。丹受傷的反應只透露出他對於自己是唯一實體的想法非常強烈，他受到任何挑釁——也應該一笑置之——時的防衛心與傲氣，讓他意識到他有多麼相信他就是他思考的心。他無法控制他自己的行動，另一方面，他的老師總是以機智創意來回應。後來，當蘇格拉底說：「勇士採取行動……而傻瓜卻只作反應」時，米爾曼總結了一般人與勇士的差異。

莫名的快樂

丹有許多複雜的人生情緒與負擔，而蘇格拉底覺得好笑，因為從他開悟的角度看來，丹的問題一直是他自己製造出來的。書中有一個關鍵點，是當丹明白導致他的憤怒或憂鬱，不是外在的情勢，而是他對它們的反應。

我們看事情時，往往認為它是好運或逆境，有失或有得，但蘇格拉底的性格體現了東方思想中，認為我們無論成敗都應持同樣的平常心。我們認為失敗是「不好的現實」而成功是「好的現實」，但它們全都是現實。這不意謂我們要拋開努力改進的心，或培養更好的習慣——我們的存在是為了這些目的——而是意謂我們需要與現實磨合為新的友好關係。

蘇格拉底說，從願望滿足得到的快樂，是傻瓜的快樂；一位勇士是「不需要理由的快樂」。丹難過地發覺，他的人生一直是透過勝利來獲得快樂，但即使贏了，他還是有和大部分人相同的不快樂。他看見他的人生一向與企圖心、前瞻有關，並未享受人生，而且還要看他可以從中得到什麼。然而透過蘇格拉底，他發現要獲得平靜的心、真正的熱愛生命，而唯一的方法，是懷抱「莫名的快樂」（unreasonable happiness）的哲學。

有一種有名的說法是，生命歸結到少數重要的時刻，而這是真的——那些時刻是我們現在擁有的時刻。丹開始感謝這項頓悟帶來的新的自由。「每個時刻都是重要的時刻！」當他從《聖經》中領悟到這句名言真諦的那一刻，必然變得像個將進入天堂國度的孩子。一個孩子完全活在當下，為簡單的事情而雀躍。通過這條路——而不是通過雄心壯志——我們將取得幸福國度的永久居留證。丹發現，他的企圖心其實阻礙他獲得快樂，而弔詭的是，如果他不要把自己看得這麼嚴重，他就能得到更大的個人力量。

總評

個人成長通常被理解成自我進步，但這種觀點可能很容易最後變成只是自我的滿足感。對於任何一個不自大的人——如書中的蘇格拉底——像丹這樣的人看起來簡直是神智不正常。這種人忙著將世界變成讓他們偉大的遊戲場，但其實自己總是錯過重要的時刻。真正的個人成長比較是揚棄我們對自己的特定形象，以及我們的心理習慣和框架。我們不只是自身想法、情緒與過去的總合，而是可以在每一刻成為新的自己，然而，這種想法對大部分的我們是陌生的。我們往往以舊有的信念和反應得過且過，從來不明瞭這些就是造成我們的緊張與壓力的源頭。

我們將勇士想成是某個暴力的自大狂，但和平勇士只會殺死錯誤的認知，在這麼做的同時，也摧毀悲慘又虛弱的自我。

如果你讀過卡斯塔尼達的《巫士唐望的世界》，米爾曼的書會看起來像是舊酒裝新瓶。然而，米爾曼也融入了佛教禪宗與蘇菲派的理念，以及巧妙融合嚴肅的概念，寫成一本真正可讀性高的故事。就像是偉恩．戴爾（Wayne Dyer）和詹姆士．雷德非（James Redfield）的著作，它啟發了一大群通常不會拿起一本「心靈」書籍的讀者。

在《深夜加油站遇見蘇格拉底》二十周年的後記中，米爾曼回應了每位讀者想要問的問題：蘇格拉底真有其人嗎？他的回答是，每個人都只是「象徵和路標」。我們的身分沒那麼重要，而我們是否能展現慈悲——如任何能感受它的人所知道的，能指出某種比我們自己更偉大的事。

丹・米爾曼

米爾曼在洛杉磯長大，擁有加州大學柏克萊分校的學位。他曾是彈簧床冠軍選手，在史丹佛大學與歐柏林大學（Oberlin）擔任教練與教學工作。目前定居在北加州。

米爾曼的其他書籍包括《和平勇者的神聖旅程》（*Sacred Journey of the Peaceful Warrior*，一九〇〇年，《深夜加油站遇見蘇格拉底》的解密集）、《心靈法則》（*The Laws of the Spirit*）、《不平凡的人生》（*No Ordinary Moments*）與《你生來要過的人生》（*The Life You Were Born to Live*），這是一本找到你人生目的的指南。

《深夜加油站遇見蘇格拉底》的初版已經絕版了，但第二版透過口耳相傳而成為暢銷書。如今它已發行超過二十種語言。

1994

靈魂的旅程

Journey of Souls

「人們將死亡與失去生命力連結在一起，而事實上正相反。死亡時，我們的身體被沒收了，但我們永恆的生命能量與神明的超靈魂力量結合。死亡不是黑暗，而是光明。」

「我不是一個有宗教信仰的人，但我發現我們死後去的地方是一個有秩序、有方向的地方，而我也認識到生命與死後的生命之偉大設計。」

總結一句

生理的死亡只是靈魂從一個境界到另一個境界過程中的事件。

同場加映

安薩里《幸福的煉金術》(14章)
伊曼紐・史威登堡《天堂與地獄》(40章)
尼爾・唐納・沃許《與神對話》(45章)

30

麥可・紐頓

Michael Newton

身為諮商師與催眠師，麥可・紐頓部分的工作是讓患者回溯造成他們今生心理狀態的早年經歷記憶。這些都沒什麼問題，但有些患者開始在催眠狀態下不只說起此生中的意外事件，還說起了自己的前世。

紐頓對輪迴轉世確實感興趣，但認為深入這個領域與醫療無關，因而拒絕執行所謂的「前世回溯」。他一直抱持懷疑態度，直到他遇到一位患者，說他感覺到他的側邊有被刀刺的痛。經過催眠，他說起前一次輪迴轉世是在法國軍隊服役，他在那裡被一把槍的刺刀刺死。透過類似的案例，紐頓開始接受某些這一世的問題，可以連結到前世的經驗。

發現患者的前世令紐頓大感驚異，他更感興趣的是他們對兩世之間那一段的描述。透過仔細的詰問，他累積資料，支持了宗教上長久以來的信念，認為心或靈不會隨著身體死去，而是會經過某些特定的階段，然後輪迴轉世到另一個生理的形式。紐頓的部分患者有宗教信仰，有些則無，但他對於他們描述兩世之間經驗的一致性，深感震撼。

《靈魂的旅程》出版至今已超過十年了，還沒有被揭發是偽作，雖然當中呈現的主張仍屬心理學的邊緣地帶。紐頓的結論似乎是可信的，因為他秉持了客觀專業的態度，而且也帶著先前無神論者的懷疑，他明白他處理的是相當前衛的議題，在引言中謹慎地描述催眠背後的科學，解釋它為什麼是可信的真相來源。

不死的驚奇

《靈魂的旅程》包含了二十九段催眠的文字記錄，令人愛不釋手。例如有一位在催眠狀態的男子述說他的前世於一九一八年因流感爆發死亡的那一刻，這段文字紀錄傳達出當他死亡後，他浮在他的大體上方時的不可置信與驚奇，也明白身為一個能思考的實體，他並未真的死亡：「這如此不可思議……護士將一條布蓋過我的頭……我認識的人都在哭泣。我應該是死了，但我還活著！」

紐頓的第二位主角是一個常年喉嚨不舒服的男子，在催眠中得知，他的前世是一位名為莎莉的女子，於一八六六年時，幾位美國原住民攻擊她的馬車，她在襲擊中死亡，她被一支箭射穿喉嚨，而這個事件的震盪顯然跨越一個人世。

通常，靈魂可能會因他們身體的死亡而受到震驚，但不至於崩潰，因為他們不再像在世時感覺到任何情緒上或生理上的痛。然而，尤其是年輕早逝的靈魂，會因為還沒準備好離開他們死去的那個場景，想要伸手安慰他們的家人，但最終還是會被拉往靈界與靈界的光明，經歷亢奮與平和的感覺。紐頓的患者在離開他們的身體時，有回「家」的感覺。前往人世的旅程需要失去他們對自己真正存在狀態的認知：也就是一個靈。這與柏拉圖認為當我們出生時，我們被迫忘記從哪裡來的概念一致，這種故意的隔離，讓我們能夠全然地體驗新的一世。

自我審判的旅程

有過瀕死經驗的人經常提到他們在被拉回到人類意識前，曾經通過一個隧道，通往非常明亮的光。這種經驗已被詳細紀錄，但在《靈魂的旅程》這本書中，我們更進一步得以探究靈性一旦完全進入靈界，究竟會發生什麼事。

出了隧道後，靈魂通常會見到一位個人的靈性嚮導（或者說「守護天使」），幫助他們走過這一段過程。有些人會遇到久未謀面的朋友或親戚，而文字紀錄也記下了他們相遇時的狂喜與驚異，因為他們以為永遠都無法再見到親人了。之後的過程由嚮導帶領，分析他們剛過完的人生、看看這段人生是否符合該靈魂出生前的期望。最高潮的地方是當事人與「長者議會」的會面，他們是一組較高階的存在，與其細數他們的評語，他們會讓當事人對自己在人世的日子做個總結（由於死後是心電感應的世界，靈魂無法向其他靈魂隱瞞任何事）。然後，靈魂會被吸納回他們所屬的特定群體。

紐頓學到這件事：「這些緊密結合的群體，通常是由意念相似、有著共同目標的靈魂組合起來的，他們持續為彼此效勞。通常，他們會在地球上輪迴轉世時，選擇一起當親戚或親密的朋友。」因此，我們在生命中認為重要的人，很可能在前世裡與我們很親近，因此，有時候我們第一次遇見某人，卻有一見如故的感覺。紐頓在書中放了一個群體的圖表，顯示他們如何互動。

一個靈魂可以決定寄主身體的行動到什麼地步呢？根據他當事人的說辭看來，紐頓驚人的結論是，身體與大腦經常凌駕靈魂的願望。人類情緒的力量能輕易超過靈魂或意識安靜的欲望。紐頓的當事人告訴他，沒有邪惡的靈魂，往往是人類的自我與我們認為自己的處境拿到了主導權，將一個生命推向毀滅的螺旋。

永世不得超生的地獄也是不存在的。相反地，有些在世時做了錯事的靈魂會從主要的靈界隔離一段時間，做獨居的反省。心靈嚮導可能會陪伴他們，一起審視他們剛經歷的一生，看看是哪裡出錯了，然後用「業」的角度，評估他們的下一世可以如何矯正前一世。例如，在前世凌虐一個女孩的靈魂，在他下一個輪迴轉世時，選擇成為一個處在凌虐處境下的女子。

神聖化我們的使命

生命進展的目的是什麼？靈魂看似處於學習的曲線，這條曲線在地球時間的數個世紀中展開，而他們只有在自然界的肢體經驗中能夠精進自己。一個靈魂告訴紐頓：「歷經許多人身與不同的背景，擴展了我們真正自我的本性。」因此，在人世的目地是個人的成長，雖然是在超乎我們想像的更大的、更細緻運作的尺度。數千年來，人類不斷懷疑人生的目的，但靈魂斬釘截鐵地告訴紐頓，人生的目的即是「靈魂身分的自我實現」。

如果人生的意義在於靈魂的成長，為什麼人們出生時並不帶有前世的記憶？紐頓的當事人解釋說，這單純是因為前世的記憶可能會干擾我們為這一世為自己設定的目標。然而，我們的靈性嚮導確實會試著給我們一些直覺靈光，幫助我們做正確的選擇。透過靜坐冥想、祈禱或反省，我們比較能辨識這些方向，以我們的靈魂真正想要的方式生活。

人生為什麼充滿苦難

紐頓詢問他在催眠中的當事人另一個自古以來人類都想知道的問題：為什麼上帝讓苦難發生？他得到的答案是，苦難是這個世界方程式的一部分，因為在一個完美的狀態下，我們什麼都學不到。想要脫離苦難的欲望讓我們思考、創造、努力，最後實現我們的潛能。即使我們的嚮導，他們經常當作我們的守護天使在小事上幫助我們，但他們也會讓看似負面的事情發生，因為他們可以看得更遠，知道長期來看，這件事對我們有什麼益處。這是真正的愛。佛教最偉大的真理即是「人生即是苦難。」

但是在《靈魂的旅程》中，這個概念有了新的意義——苦難的產生不是為了苦難而苦難，而是藉由對現狀的不滿，刺激我們前往新的高點。生命基本上就不是設計來安穩度過的。如果我們正面地看待，「挑戰」正是使靈魂成長的助力。

人類的一生是一個靈魂給他自己的最艱難任務之一，而這項努力在靈界是受肯定的。紐頓提到有個靈魂自願承擔一個非常困難的人生功課——一位十八歲死於達豪（Dachau）集中營的猶太女子。她的勇氣與她對被監禁同胞的安慰，弔詭地意謂著她的人生是成功的。我們的靈性嚮導代表了我們內在的聲音，召喚我們採取更大的冒險，選擇往往最多人抗拒的道路。

雖然靈魂屬於上帝，而身體屬於人類本質，兩者之間有著自由意志的落差。持續在人生中選擇伊曼紐·史威登堡所謂「真與善」的人，顯然會以靈魂的身分進步，而其他只為滿足身體需要而活，沈溺於毀滅性情緒的靈魂，則必須回到物質世界，學習做更好的抉擇。

總評

對這本書的第一反應以為它是「杜撰」的讀者，將會很驚訝地發現，紐頓的患者所描述的世界，與史威登堡的《天堂與地獄》之間有多麼地相像，而《天堂與地獄》是由一位十八世紀偉大的靈媒與神祕家精細描繪的死後世界。

這一類的書從來都不應該盲目信以為真，而對《靈魂的旅程》，我們大可以問：如果我們接受催眠對人生早期經驗的敘述結果，為什麼不接受對前一世人生的敘述結果？《靈魂的旅程》必然會整個打開你對生與死的認知，植入我們在地球上的存在只是真實的一種形式的想法，而我們一廂情願稱為靈界的地方，可以理解成較大的真實，包圍住被創造的實體世界。

認為地球不過是宇宙中靈魂輪迴轉世眾多處所之一的主張，只是這本書諸多驚奇中的一個。確實，你愈翻閱會愈覺得欲罷不能，如果這篇評論有激起你的一點興趣，你應該去找這本書來看細節。如果你保持開放的心，這本書將會是現代心靈經典中，讓你備感驚異的著作之一。

麥可・紐頓

紐頓在洛杉磯長大，擁有心理諮商的博士學位，也是一位有執照的催眠師，除了長期於學院執教，他在洛杉磯開業。

《靈魂的旅程》已被翻譯成十種語言。它的續集《靈魂的命運》（*Destiny of Souls*）涵蓋另外七十個案例史。

紐頓定居在北加州的內華達山區。

1975

正念的奇蹟

The Miracle of Mindfulness

「不要像有些人在休息時間內牛飲咖啡那樣喝茶。要不急不徐且虔敬地喝它，就好像它是地球繞著旋動的中軸，和緩地、平穩地朝未來行進，而不是匆匆忙忙地衝去。過好這真實的這一刻，這一刻，就是生活本身，就是生命。」

「一般說來，人們認為在水上行走或空中行走才叫『奇蹟』，但是我覺得真正的奇蹟並非在水上或空中行走，而是在大地上行走。每一天，我們都身處於自己都沒認知到的奇蹟中：蔚藍的天空、雪白的雲朵、碧綠的樹葉、孩子充滿好奇的黑色眼眸——那也是我們自己的雙眼。所有一切，盡是奇蹟。」

總結一句

當你全神貫注在每一刻的思想與行動，你會成為不一樣的人。

同場加映

佩瑪·丘卓《轉逆境為喜悅》(9章)
拉姆·達斯《活在當下》(11章)
穆罕達斯·甘地《我對真理的實驗：甘地自傳》(13章)
鈴木俊隆《禪者的初心》(39章)
艾克哈特·托勒《當下的力量：通往靈性開悟的指引》(43章)

31

一行禪師

Thich Nhat Hanh

一行禪師是一位越南的僧侶，一九六八年當美國轟炸越南村莊時，他正在美國巡迴演講。在他的演說中，他談到他在自己國家的鄉村生活，告訴大眾，「敵人」其實就跟每個人一樣，沒有差別。部分是因為他的影響，馬丁路德．金恩決定反越戰，而且金恩提名一行禪師為諾貝爾和平獎候選人。

《正念的奇蹟》基本上是一行禪師流亡法國時寫下的一封長信。這是他在越南南部建立一所佛教學校之前幾年，寫給一位資深成員——廣兄，他在那段黑暗時期鼓勵他們。這所學校拒絕在戰爭中選邊站，反對所有的攻擊行動。一行禪師傳達的訊息，是幫助弟子走在中道上，維持他們正確呼吸與反暴力的禪行，即使他們認為使用暴力師出有名。然而，《正念的奇蹟》的內容和戰爭與和平的大議題無關，而是要傳達藉著內觀每天思想與行動的習慣，創造我們的個人世界。

經由耐心得到的平靜

這本書的開頭是一段有趣的對話。一行禪師和一位剛組成家庭不久的朋友在一起，問他家庭生活有多辛苦。這位朋友沒有直接回答，而是提到他通常把一天分成陪伴兒子或女兒的時間、陪伴妻子的時間、工作或做家事的時間，其他剩下的才是「他的時間」。但後來，他試著把陪伴其他人的時間也想成是自己的時間，而不是在想著但願自己在做其他的事。他發現神奇的結果是：「現在我有了無限的時間給自己！」

一行禪師立刻明白他的意思。多年前，當他還在越南擔任實習僧時，他被分配到一項洗碗的工作，每天要用草灰和椰子殼清洗一疊堆積如山的盤子。他發現，唯一讓他能忍耐下來做完這份工作的辦法，就是非常注意他正在洗盤子，而不是想著其他的事。這份願意的心確實讓這份工作變得讓人樂在其中，因為他在這一刻完全是活躍的。

一行禪師承認，大部分的人都太忙，沒有時間修持正念——總是有重大問題要解決、有工作要完成。但他同時也問，如果這些事情是帶著不耐煩或怨氣完成，那有什麼價值嗎？正念讓我們透過一次前進一小步地做事，找回內心的平靜。不這麼做，能量會分散，我們變得忘東忘西、生命看起來艱難。而持正念是在每一分一秒擁有新的能量與生命。

持正念的方法

正念的諷刺之處是，你很容易忘記保持正念，我們的思緒很快飛走。這本書包含了許多即使在龐大的壓力與情緒之中，仍能維持正念的方法和策略，下面大致列出一些方法。

呼吸

「掌握我們的呼吸即是掌握我們的身體與心靈。」一行禪師說。很多人以為當你沮喪煩憂時，不可能靜坐或持正念，但藉由「回到你的呼吸」，這些事能夠以新的視角看待。當你的大腦充滿雜念，回到你的身體，專注於有意識地呼吸有助調合身體與心靈兩者。觀照你的呼吸，直到呼吸變得深沈，注意你所有的思緒，漸漸地，它們會褪去，直到你得到平靜。懂得如何適切呼吸的人，能在任何情勢下保持平靜，而且也握有身體再新的鎖鑰。

觀照自己

當你似乎無法安定你的心、停止你的雜念，感覺隨波逐流的時候，你不該擔憂。相反地，留意升起的念頭，例如，如果你想起悲傷的事，告訴你自己：「一個悲傷的感覺正在我心中升起。」一行禪師說，你應該像是宮殿的守衛，不能讓任何思緒通過，除非確認你知道他是誰，或者那是什麼。

有一種保持正念的方法是安靜地對自己描述你正在做的事，例如，「我正沿著這條路走向村莊」。然後，你可以欣賞你所踏出每一步的奇蹟。正念不只是你冥想的時候，它應該是一天二十四小時、一星期七天都在做的事。不論你現在做的是什麼事，這件工作應該是此刻對你最重要的事，你不應該只想要敷衍了事。若你正在對話或會議中，完全覺知這是你正在做的事，並且把你的注意力放在你面前的人身上，不要想著某個虛妄的事，或是你之後要做的事。

輕輕地微笑

保持正念一個有趣的方法之一，是醒來時輕輕地微笑，並且整天保持這種微笑。當你自在的時刻、煩躁的時候、聽音樂的時刻，都帶著輕輕地微笑。輕輕地微笑能讓你不在情緒中迷失，而且留心那個時刻。

正念日

一行禪師鼓勵讀者將一星期內的一整天留給正念的修持。花很長的時間打掃家裡或沐浴，不急著做任何事。慢慢地、刻意地做每一件事，不要用平常不甘願的心態。

一天的正念練習，會對一星期的其他天起很大的作用。一行禪師說，如果不留意，你將在繁忙與憂慮中失去自己，而且變得完全沒有效果。

正念觀照

一行禪師還年輕時，就被教導要冥想一具屍體的形象。他當時不想這麼做，認為這一類的冥想應該只適合年紀較長的僧人。後來，當他看過十四﹑五歲少年軍人的屍體後，他明白不論你多年輕，都需要為死亡預作準備：「現在我知道，如果一個人不知道如何死亡，他也很難知道如何生活——因為死亡是人生的一部分。」在這個冥想中，有一個時點，你會超越憎惡的反感，而開始感受到生命的珍貴。另一條通往正念之道，是冥想萬事萬物互相效力。一行禪師反駁人類是「某種個別的實體，在時間與空間中獨來獨往地旅行」的想法；換言之，就是與其他人是隔離的。這是錯誤自我的思想，他無法，或者不願意承認，另一個人只是你自己的另一個形式。恐懼、痛苦、懷疑、憤怒和焦慮，全來自同個自我分離感。

培養你對憎恨的人的慈悲觀照，是一行禪師的另一項挑戰練習。這是不再將別人視作分離個體的態度，而事實上，他人可能是另一種情境下的你自己。一行禪師令人驚嘆的教誨是，只有當你解放你的心時，你才會充滿慈悲，而不是反過來。慈悲讓你看見其他人看不見的事。

只有現在最重要

一行禪師敘述了托爾斯泰說的一個皇帝的故事，這位皇帝努力要找出三個問題的答案：做每件事最好的時機為何？與你共事最重要的人是誰？在任何時候，要做的最重要的事是什麼？

這些問題也許是任何過著忙碌生活、努力取得成就的人要問的，但故事揭露的答案卻不是每個人期待會聽見的：最要的時刻是現在；最重要的人永遠是那個當下和你在一起的人；最重要的事是讓你身旁的人快樂。

一行禪師說，你不用好高鶩遠想著某種對人類的偉大貢獻，而要想著你現在可以為你所在的地方做什麼服務。若你無法服務周遭的人，讓他們快樂，你便無法讓世界整體成為更好的所在。

總評

如摩比．侯（Mobi Ho）在英譯作者序中指出的，《正念的奇蹟》原本不是寫給廣大讀者的，但它所傳達的直接訊息以及私密的風格，使這本書在全世界受到人們的喜愛。雖然表面上，這本書是一本禪行指南，但書中蘊含了更深的意涵，使閱讀這本書成為一種平靜、重生的經驗。其更深的意涵是我們能為所有時刻帶來一種品質的向度，即使我們的情緒不佳，或者正在經歷痛苦。比短暫的快樂更好的，是對我們所有的思緒與行動保持正念，這能讓我們真正掌握自己的人生體驗。

一般對佛教的看法是，佛教是一種悲觀的宗教，但一行禪師說，佛教的真正價值不在專注於苦難，而是面對現實。禪行的目的是揭開錯誤認知的面紗，當人們達到這個境界，最後只會看到平靜與幸福。從深度的禪行走出時，我們不可能不快樂，因為我們真正覺知到此時此刻的奇蹟。只有當我們不持正念，當我想著過去或未來時，痛苦才會乘虛而入。

正念與平靜的關聯是什麼？簡單來說，正念引領我們了解苦難的根源，從而引領我們對自己與其他人的慈悲。憤恨會引發衝突，而這會減低產生憤恨的可能性。

一行禪師

一行禪師目前已經八十餘歲，十六歲時成為佛教僧侶。他根據靜坐修行、採取和平行動達成改變目的，提倡「入世佛教」，這些行動包括他的「青年社會服務學院」（School of Youth for Social Service）與為戰爭難民提供救援。

一行禪師四十歲時便被逐出越南，流亡海外。他常駐在法國西南部的梅村（Plum Village），但經常巡迴世界演講，並為警察、政治人物、藝術家、心理治療師、以色列人與巴勒斯坦人辦理禪修活動。

一行禪師的著作超過七十五本書，包括《行禪指南》（*A Guide to Walking Meditation*）、《當下自在》

（*Being Peace*）、《觀照的奇蹟》（*The Sun My Heart*）、《橘子禪》（*Peace Is Every Step*）、《一行禪師：活的佛陀，活的基督》（*Living Buddha, Living Christ*）和《綻放的蓮花》（*The Blooming of a Lotus*）等。

1997

凱爾特智慧

Anam Cara

「我們從土地中被製作出來，我們是泥土形式的靈魂。我們必須與我們內在泥土的聲音與渴望保持和諧。然而，在現代生活中，這個聲音已經聽不見了。我們甚至沒有感覺到失去它，結果，我們靈魂流亡的痛苦，在幾乎不被理解中更加強烈。」

「你的身體非常親密地認識你，它很注意你整個靈性與靈魂的生命。你的身體比你的大腦更早就知道，來到這裡是多麼地難得可貴。」

總結一句

用友誼的精神接觸人生的每件事。

同場加映

克里希那穆提《人生中不可不想的事》(24章)
鈴木俊隆《禪者的初心》(39章)
邱陽・創巴仁波切《突破修道上的唯物》(44章)
湯瑪斯・摩爾《傾聽靈魂的聲音》(《一次讀懂自我成長經典》40章)

32

約翰・多諾修

John O'Donohue

我們很容易遺忘我們身處的這個世界的美麗與奧妙：葉片的翠綠、與朋友的歡笑、聆聽動人的音樂。對於過著安靜生活的人，這種事可以被感受到，但對於大部分的我們，這些時刻已掉進我們每日奮戰的各種戰役的陰影中：要成功、要得到認可、要在靈性上精進。

約翰・多諾修對於靈性生活的沈思——《凱爾特智慧》（*Anam Cara: Spiritual Wisdom from the Celtic World*）——已經風行全球，可能是因為它說的道理與激勵工作坊上傳授的，完全南轅北轍。凱爾特智慧教導我們拋開對成功汲汲營營的追求，真正地過日子。雖然我們從來不真正清楚凱爾特智慧實際包含哪些內容，讀者會認為它涵蓋了奇想、即興、與自然和諧共處，以及欣賞靈魂的奥妙。多諾修說，我們因為計劃或規劃「將我們的生命用榔頭敲成預先決定的形狀」，在不知不覺中扼殺了喜悅的潛能。我們過著某種機械式的存在，而忽略了我們的感官與生命中的季節韻律。

凱爾特心靈

多諾修寫道，在凱爾特的想像中他們喜愛圓圈與螺旋，厭惡直線。凱爾特文化是關於生命跟著季節韻律的圓形運動。這種古老的覺知，與我們現代不斷前進的線性概念大相逕庭。

凱爾特心靈不是系統性或二元式的。在凱爾特智慧中，心靈與物質，或者時間與永恆，沒有太大的差別。我們同時活在物理與物質的世界，而我們也是人世與心靈的個體，一個「泥土形式的靈魂」。《凱爾特智慧》英文書名中的「Anam」在凱爾特語中意指「靈魂」，「Cara」意指「朋友」。在古代的愛爾蘭，這種「靈魂的朋友」通常是我們與之分享最深層自我的師長或心靈導師。在某人的理解中，你可以找到心靈棲所。多諾修的書講的是友誼，但不只是其他人的友誼。「Anam Cara」要我們真的和我們自己、和自然，甚至和我們死亡的念頭成為朋友。他說，當你用友誼的精神來看待人生中的每一件事，許多事都不再令人害怕。

凱爾特智慧也提到在日常生活中看見永恆。詩歌、藝術、友誼與愛，是永恆在我們稱之為世界的固定空間與時間中表現出來的幾種方式。永恆全在我們四周試著突破，向我們展現它是真實的，而我們居住的世界已製造了幻相，本身並不真實。由於我們對物質支離破碎的關注，因缺乏想像力而更加貧乏。

神祕感

多諾修發現一種弔詭：若我們將自己浸淫在感官中，透過這種非常生理的途徑重新發掘簡單的事物，我們也許能重新獲得對生命的深層心靈欣賞。尤其是觸摸、聞嗅與品嘗，能給予我們與文字和思考無關的智慧。我們需要想少一點、感覺多一點，並且相信我們感覺到的。因為我們是泥土形式的靈魂，我們通往靈性的道路，得通過我們對人間的認知。例如凱爾特的詩歌大肆頌揚的是見到山脈、感覺微風碰觸身體，以及聽見破浪的經驗。

多諾修說：「如果我們沈迷於外在，我們的內在經常會苦惱不堪。」他用了一個出色的比喻說，我們看自己與別人的方式，通常是用刺眼的燭光，但靈魂的光像是林布蘭畫作裡的光，看愈久，愈能看見當中柔和散發與透露出的神祕。我們應該敬畏每個人的奧祕。多諾修主張，科技與媒體並未將世界結合起來，實際上是使整體更不親密，而我們對關係的執著，正表示我們沒有良好的關係。打招呼時隨口說出的「哈囉」，在凱爾特語中並不存在。相反地，當你遇見某個人，我們認同他們神明的光，說：「Dia dhuit」，意思是「上帝保佑你」。

多諾修問到，為什麼家裡有人來訪是一件美好的事？一個人的到訪是帶著生命的記憶與經驗而來，而這個人正坐在你面前。當他們離開時，「他們的身體站起來，走出去，並且帶著這個隱藏的世界離開」。一個奧祕來了又走了。

讓靈魂說話

多諾修指出，壓力的產生，並不是因為從事有壓力的事，而是不留任何寂靜的時間，讓我們的心智可以充電。如果我們過著一種外向的人生，沒有時間留給自己，我們遲早會付出代價。我們內在能帶出智慧的聲音，幾乎不能發聲。

我們已經用心理學來取代宗教，但心理學通常缺乏發掘真相的深度。靈魂是內斂的，唯有在我們夠安靜，能讓它說話時，它才會透露它的智慧、提供方向。多諾修評論說，雖然也許眾所皆知，「比起你的大腦或自我（ego），你的靈魂擁有更精密的天線」。然而，我們很少試著停止大腦不間歇的絮聒，讓真實現形。他想起巴斯卡（Pascal）的名言：我們大部分的問題，來自無法在房間裡獨自安靜地坐著。

過一個完整的人生

《凱爾特智慧》探討了整合被認為是我們的「負面」那一部分的需要：我們不應該急著揚棄我們「不好的」特質，因為它們也許能說出許多關於我們本身的事。「要愛你的敵人」這條命令的另一個意義，是要愛我們一直被教導摒棄的那一面。

然而，許多人逆向走向極端。接受非社會化的特質和有意識地採取消極態度，兩者之間是不一樣的。我們的文化已經變得過度分析，當我們應該好好活著的時候，有太多的想法。最糟的分析形式與罪惡和處罰混為一談，例如有人相信上帝賜予他們遙長的苦難與「背負十字架」。事實上，多諾修說，這是顯示他們如何浪費自由的權利和與生俱來的可能性，消極態度就像是人生中不需要有的水泡，長年被你自己製造出來的心態桎梏住。

多諾修的天主教背景把原罪教給了他，但他抱怨說，人們沒有被告知最大的罪：沒有活過的人生。靈魂天性喜愛冒險，因為冒險是通往真正成長的道路。是自我（ego）喜歡安於平淡，尋求永遠。多諾修說，要達到生命的完美是有可能的，但這種完美是以完全活出生命為基礎，能夠像法國著名女歌手愛迪．琵雅芙（Edith Piaf）所唱的：「我無怨無悔」（Je ne regretted rien）。

當多諾修說「沒有所謂的心靈課程」時，讓人想起東方禪修大師。我們不應該尋求在日常常規上強加新的修行，或者相信心靈成長的階段，而是要在當下的存在裡探究更深。他說：「如果有一段心靈旅程，那只會有四分之一吋長，好幾哩深。」完整的心靈生活不在於你拜訪了幾座修道院，或者你做了多少靜坐，而是你願意放開恐懼到什麼程度，並做出一些貢獻。

總評

如果你的生活感覺像是切割經驗的集合，而你渴望社群感或愛，這本書中有某些會讓你覺得親切的東西。

雖然勵志書教導我們要對人生有最大的掌控，而許多心靈書也鼓勵人們大幅改造自己，這本書說的則是相反的事——放輕鬆，觀察平凡中的不平凡。它可能呈現了一種對存在較柔和的觀點，但也是對生命較真實的理解。

《凱爾特智慧》的概念簡單來說，就是和我們自己做朋友，透過這麼做，增進我們的溫度與敏感度。多諾修寫道，現代生活的特色之一是冷漠。如果我們像大部分人一樣追求權力，就必須對我們嘗試掌控的人表現出冷漠，然而採取這種態度的時候，我們也失去了慈悲與療癒的深層力量。

凱爾特觀看的方式也許形成了《凱爾特智慧》的哲學背景，但它真正的主旨是將靈魂帶回當代生活。如果這件事對你很重要，你也可以讀湯瑪斯·摩爾的《傾聽靈魂的聲音》。

約翰・多諾修

多諾修在愛爾蘭的克萊爾郡（Clare）長大。他是一位知名的詩人與凱爾特學者，並在德國的杜賓根大學（University of Tubingen）獲得哲學神學博士學位。

多諾修的其他作品包括關於黑格爾的學術著作《人作為沈思者》（*Person als Vermittlung*，德文寫成）、《石頭作為記憶的殿堂》（*Stone as the Tabernacle of Memory*）、《火：心靈爐邊》（*Fire: At Home at the Hearth of Spirit*）、《空氣：上帝的呼吸》（*Air: The Breath of God*）與《水：大地眼淚》（*Water: The Tears of the Earth*）。

1974

禪與摩托車維修的藝術

Zen and the Art of Motorcycle Maintenance

「我想做的事，是利用現在手邊的時間來說一些心中想起的事。大部分的時間裡，我們都太匆忙，沒有很多機會說話。結果便是一種無窮盡、日復一日的膚淺與單一，讓一個人在多年後納悶所有的時間都到哪裡去了，並且懊悔它全已一去不返了。既然我們現在有一些時間，而且我們知道這一點，我想用這些時間深入談一些似乎重要的事。」

總結一句

對生命全然理性的態度會導致瘋狂。平靜需要我們尋找看不見的質素，或是表面背後的真實。

同場加映

弗里喬夫・卡普拉《物理學之道：近代物理學與東方神祕主義》（6章）
莊子《莊子》（10章）
拉姆・達斯《活在當下》（11章）
阿道斯・赫胥黎《眾妙之門》（20章）
克里希那穆提《人生中不可不想的事》（24章）
鈴木俊隆《禪者的初心》（39章）

33

羅伯特·M·波西格

Robert M. Pirsig

《禪與摩托車維修的藝術》（*Zen and the Art of Motorcycle Maintenance: An Inquiry into Values*）是關於一個中年人和他的兒子克理斯（Chris）的故事，他們在一對年輕友人的陪伴下，一起展開一段摩托車之旅。這段旅程從美國的明尼蘇達州到加州，走較少人走的公路，沿途露營或者在汽車旅館過夜。主角細數聽見風如何吹過平原、看見鳥群如何從路邊的沼澤飛起、騎車穿越狂風暴雨是怎麼一回事、在林線之上的山區呼吸新鮮空氣是什麼樣子。他也提到他們遇見的人、停留的城鎮，以及沿途的爭論與對話。

說話者沒有什麼豐功偉業（從頭到尾都沒有提到他的名字，但我們可以假定是羅伯特·M·波西格），他是一個技術手冊的寫手，過著尋常的郊區生活。然而，隨著旅程的進展，腦海中浮現過去曾經走過同一條道路的片斷記憶，提醒讀者一段更深層的故事。

伴隨旅行本身紀錄的是敘事者的哲學反思，目的是放慢讀者的速度，讓重要的事得以討論。他合宜地帶著《湖濱散記》這本書，這是亨利·大衛·梭羅（Henry David Thoreau）一本如詩般的隨筆，紀錄著遠離繁忙生活的時光。

《禪與摩托車維修的藝術》是一本適合自己旅行時，或者當你發現自己處在人生的十字路口時閱讀的書。雖然不容易懂，但這本書不花俏，很好讀，很有啟發性。

這本書名有何特殊意義？禪是佛教的一種形式，不尋求大徹大悟或狂喜，而暗示透過積極地參透如常的生命，靈魂得以成長。在這本書中，敘事者藉由他的摩托車維修工作，展現了他對生命態度的理解。

質素

這本書很大的篇幅放在一個令人驚訝的主題：質素（Quality）。我們認為質素是一件產品或一個人的衡量方法，而且我們覺得有權下評論，因為當某件東西有品質或沒品質是很清楚的。敘事者說有一次他騎摩托車去一家車行，忐忑地將車子交給一組把音樂放得很大聲的年輕人，他們不好好修車，而是粗魯地肢解車體，因此他學到一課：解決一個技術問題重要的是態度，而不只是事情該怎麼做的理性知識。兩者當中有很大的差別，只是照著操作手冊做事，是一種笨拙、低品質的方法。從此以後，他就自己修車了。

質素不能用理性的方式來定義，只有在發生時才能被發現。然而，質素是一切：是在乎的人和不在乎的人之間的差異；是能豐富你的生命的機器，或是將爆炸成一堆無用廢鐵之間的差異。敘事者發現，操作手冊完全沒有提到即將修理這台機器的人。如果你情緒不佳或是缺乏動力，你將無法順利轉動機器，或者找到問題所在，然而，若你努力將自己想像成設計者，你便能看出一台機器確實就是一組理念的具體呈現。

弔詭的是，唯有當你超越認為我們可以將心智從世界分離的古典理性，「客體」才會開始活起來。質素不應當作一件物品來理解，而是轉動宇宙的力量。敘事者說：「顯然某些事比其他事好……但什麼是『比較好』？」他的頓悟是來自讀到古老的《道德經》，他明白了當我們稱為質素或「比較好」時，與東方概念的「道」是相同的，宇宙的力量或本質絕對不是如此理解，但是它的出現會讓某件事變好。

敘事者身為一位大學教授，之前很著迷亞里斯多德以及純理性思考對人類理解世界造成的傷害。亞里斯多德的邏輯為人類文明提供了基石，但忽略了一個讓文明成功的元素──質素。在我們的世界，質素只變成是一個閒置的特質，但實際上，敘事者寫道，它是「所有主體與客體的源頭與父母」。

雖然從來沒有在書中明確指出，我們可以清楚看出質素同時也是愛。人類創造了非常重視實物與定義的世界，但真正讓世界轉動的──質素或愛──如今被視為可有可無。在敘事者早期擔任大學教授時，這一項覺悟真的把他逼瘋了。缺乏質素的世界，是一個他不再能活下去的世界。

找回勇氣

多年前，他曾經和幾位非裔美國人一起旅行，他從他們那裡學到了「食古不化」（squareness）的概念。太多智識和太少靈魂會讓一個人食古不化。這種人無法辨認質素，對他們來說，除非事情放進無趣的分類並定義，否則就不是真實的。敘事者學到，質素在事物被思考或歸類之前，只是「事實」。質素就是明白，即便談論「質素」都不是質素！能看見質素的人，具有鈴木俊隆所謂的「初心」：是一張白板，能以開放的心看見當下事物如實的樣子，而不會強加好幾層的意義。

雖然這本書寫了許多公路旅行上的絕望、疲憊或無聊，卻在其他方面令人振奮。當這一群人向西騎往加州，他們將緩慢的美國、人們會互相打招呼、有時間聊天的美國拋在後面，開始看見成天帶著嚴肅表情、自大的人們。這一面的美國，有著寬大的高速公路、電視和名人，讓人們感覺某個地方正有要事即將發生。

敘事者討論了「勇氣」(gumption）的概念，這是蘇格蘭的古老字彙，意指現代世界的許多人都已失去的某種對生命的熱情。他如此解釋：

「充滿勇氣的過程會發生在一個人安靜一段夠長的時間，看見、聽見、感覺到真正的宇宙，而不是自己對它的過時想法。」

當某個人從公路旅行或釣魚回來，或者任何可以促使他們活在當下，縱情於感官的事，我們發現他們會重新獲得勇氣。因為他們曾經忘卻自己應該如何過日子，發現自己只是在混日子而已。

希臘人有一個字是「aretê」，意思是「卓越」或「美德」。如敘事者發現的，這不是道德的那一種美德，比較是對我們自己的責任——一種有力的、直覺的東西，與呆板的道德或一板一眼的德性大相逕庭。它與理智無關，而是一種態度，「理解什麼是這個世界的一部分，而不是世界的一個敵人」。換言之，它喜歡過日子的即時性，對每一件迎面而來的事說「好的」，然而這種看法，與我們今日生活的方式正好相反，因為我們總是把邏輯、道理和客觀事實放在優先位置。

總評

經過多年對質素源頭的執著追求，敘事者變成「不過是另一個應付得宜的中年中產階級」。他現在能從新的角度看待發生在他身上的事。在他身心崩潰被帶到醫院，接受電擊後，他出院時變成另一個人，他曾經是一位哲學家，如今他對此只剩下片斷的記憶。但隨著這本書的進展，當他解釋了使他罹患精神疾病的概念，讀者才理解到，也許是社會——其神話迷思或者集體思考式——病了，而不是他。

《禪與摩托車維修的藝術》告訴我們，只透過理性的心智追求答案，無法得到人生的真理。敘事者渴望對每件事都有理性的解釋，但最後他發現，科學與哲學只是真理的地圖，然而，在另一個人的愛當中，在自然的經驗中，或者在親近上帝的感覺中，我們可以接觸到屹立不搖的真理。這本書讓你思考我們身處其中的科技文化，以及我們可以在哪裡找到空間，容納質素以及靈性的事物。它顯示出一個勇氣乾涸的生命，並不是真正的生命。

《禪與摩托車維修的藝術》從出版的那一天開始，基本上就被認為是一本經典，它是一本複雜、多層次的作品，在我們能夠真正欣賞它之前，可能需要一些沈思。波西格注意到他這本書是一本「承載文化的書」，呈現一九六〇與一九七〇年代許多人共有的潛伏感覺，認為只用理性的方式看世界，能容納的格局太小。理性被用來確保人們的生存，但隨著世界變得更豐富，許多人不希望只是活下來。這本書採取了對成功更寬廣的概念，認為成功不只是關於找到一份好工作，而是能夠有不一樣的觀點。破碎感與疏離感是來自於傳統的信念，認為人們基本上與周遭的世界是分離的，但這種概念在情感上與心靈上都是膚淺的，而且最後會使我們變得比較缺乏人性。

這本書並不是說理智是不好的，而是說它需要擴大，容納非理性的部分。如果社會可以接納抽象藝術、嬉皮、垮世代的小說，那麼，也許它就能拯救自己免於其心靈架構的貧乏，那畢竟是超過兩千年的人類遺產。弔詭的是，接納不理性能為一個奠基於理性的文化，提供一條救命的生命線。

羅伯特・M・波西格

羅伯特・M・波西格於一九二八年出生於美國明尼蘇達州，青少年時曾經測得極高的智商（一七○）。他申請就讀明尼蘇達大學的生化系，遭退學後便前往美國各地旅行。三年的軍中生活，以及在韓國服役一年後，他回到明尼蘇達大學讀哲學，之後到印度貝拿勒斯印度大學（Banaras Hindu University）修習亞洲哲學。回到美國後，波西格找到一份記者的工作、結婚、育有兩個孩子，並在不同的時期擔任過科學作者、編輯與技術手冊寫手。

當他撰寫《禪與摩托車維修的藝術》時，寫了一百二十二封信給出版社，只有少數幾家出版社表示有興趣，而只有一家採取行動，波西格收到了標準的三千元前款。幫他出版的威廉・馬洛（William Morrow）出版社的編輯並不覺得這本書會大賣，但覺得還是應該出版，結果這本書佳評如潮，賣了上百萬冊。這本書的書名是受到奧根・海瑞格（Eugen Herrigel）一九五三年出版的《箭術與禪心》（*Zen in The Art of Archery*）的啟發。

波西格另一部重要作品是《尋找萊拉》（*Lila: An Inquiry into Morals*）。

1993

聖境預言書：邁向生命新境界的起點

The Celestine Prophecy

「當我們接近千禧年的盡頭時，我幾乎可以看見現代的動能慢下來。一個四百年的執著念頭結束了。我們已經建立了物質安全的方法，而現在我們似乎準備好——實際上也已擺好姿勢——去發掘我們為什麼做這些。」

總結一句

有意義的巧合是人類靈性演化的徵兆。

同場加映

理查德・莫里斯・巴克《宇宙意識》(5章)
卡爾・古斯塔夫・榮格《榮格自傳：回憶・夢・省思》(22章)
丹・米爾曼《深夜加油站遇見蘇格拉底》(29章)
肯恩・韋爾伯《萬物論》(48章)
蓋瑞・祖卡夫《新靈魂觀》(50章)

34

詹姆士・雷德非

James Redfield

《聖境預言書：邁向生命新境界的起點》(*The Celestine Prophecy: An Adventure*)是一九九〇年代後期，在全世界長達三年最暢銷的一本書。對這本書最常見的兩種反應，一是「這是垃圾」，二是「它改變了我的生命」。第一群讀者把焦點放在寫作的風格上；而後者聚焦於雷德非傳達的訊息，編寫在交織故事中的九大覺知。也許這不算是登大雅之堂的文學，但另一方面，佳評或是貶抑對大部分的讀者是無關緊要的——我們只想知道我們的朋友是否喜歡一本書——而且是口碑使得《聖境預言書》成為一本暢銷書。

雷德非承認，他比較是社會評論家，而不是小說家，這本書讀起來，像是依附了小說傳統的一組概念。他可以輕易地將《聖境預言書》寫成一本寫實文學，把每一種覺知組成一個章節，但如果是這樣，這本書的讀者會超過一萬人嗎？這個宏大的計劃——一個日益浮現、廣及全人類的意識——需要一個虛構的敘事，讓它栩栩如生，在這本書裡是個冒險故事，帶領讀者進入祕魯安地斯山區，在叢林裡的廢墟中，一份剛出土的古老手稿，這份手稿預言，二十世紀末將是靈性覺醒的時刻。

覺悟

《聖境預言書》的原創在於結合了新時代（New Age）運動的靈魂追尋角色，以及好萊塢劇本情節裡的困境與性吸引力。但促使這本小說如此迷人的概念是什麼呢？

有些創作作品之所以脫穎而出，是因為它們是第一個用通俗的方式表現出文化中潛伏的部分，而這本書確實連結到某些東西。共時性的概念最早是由榮格（見《榮格自傳：回憶．夢．省思》）假說，不是新的概念，但雷德非活化了這個想法，提出巧合在某一大群人身上較常出現，而他們因為某種原因連結到我們族類的演化。他這本書聚焦於一種愈來愈多人相信的概念，認為部分或所有的巧合不純粹是機率，而是帶有某種意義。

書中九項覺悟中的第一項宣稱，比起任何其他事，對共時性的覺知最能帶領我們前往文化的蛻變（cultural transformation），因為一旦我們承認它是真實的，我們對於宇宙如何運作的整個觀點必須改變——它成為一種有意義的宇宙。

不令人意外地，後來出版的《聖境新世界》（*The Celestine Vision*）提到了湯瑪斯．孔恩（Thomas Kuhn），他的《科學革命的結構》（*The Structure of Scientific Revolutions*）闡述小小的異常最後可以如何翻轉整個理論或觀看世界的方法。《聖境新世界》是雷德非對孔恩的影響與哲學的寫實文學。在這本書中，他指出只有透過直接經驗，我們才能找到真理，然而，我們卻流連在與我們的經驗格格不入的世界運作模型裡。這種觀點等於是貶抑客觀科學證據的西方傳統，或者是基督教要求的盲信。它基本上是民主的，因為我們被要求只相信我們真正體驗過的，不論科學或宗教是否承認它。在《聖境預言書》裡，雷德非設定祕魯教會與軍隊是邪惡的，他們試圖掌控覺知的散布，但是在資訊自由的時代，我們知道他們不可能贏的。「精神知識」(spiritual knowledge)是個人的事，無法被「教導」。

雷德非描述的第二項覺知是「比較漫長的現在」(longer now)，一個超越與放大我們的人生、工作與國家的思考範圍，欣賞跨越時代的人性。我們看見人類的演化幾乎就像是一個人的故事。書中有個角色解釋，在過去一千年裡，我們已經從以上帝為中心的世界，演進到以我們自己的成就與發現為基礎的世界。人類在中世紀時感覺到的哲學安全感，被追求世俗物質安全感的驅力所取代，但如今這一點已受到質疑。對「稀少意識」(scarcity consciousness)的依附，因為明白現在必須追求對我們最有意義的事而相形遜色。過去幾百年，我們已經為「讚美神祕」(mystery appreciation)的新時代架好舞台——只有任何令我們覺得讚嘆的事，會決定我們如何運用時間。

第三個覺悟說，宇宙是純然的能。我們觀看世界的方法，是根據確鑿的物質，但我們的科學還未能偵測出流過或環繞物質四周的微能量，包括生物(living)。令人震驚的粒子物理實驗顯示，粒子顯現的形式，端視於它們是否被觀察到。其他的實驗顯示，相同條件下的兩組植物，受到「關愛」的那一組長得比較快。雷德非的問題是：宇宙整體——既然它是由相同的粒子構成——會回應我們的期待到什麼程度呢？

第四個覺悟延伸「萬物都是能」的概念到人際關係。因為我們不知道如何正確將環繞宇宙的能儲存到我們自己身上，我們便想從其他人身上偷取。第五個覺悟是第四個覺悟的解藥：我們知道在任何時刻，我們都可以接通到「更高的源頭」，重新獲得任何失去的能。與其利用他人獲取能的罪行，我們可以進入自己內在，透過靜坐、靜默或者與自然同在，來獲取能。

第六個覺悟是關於「控制戲」，我們全都會演出控制戲，以便將能導引到我們身上，例如，採取「脅迫者」(Intimidator)、「乞憐者」(Poor Me)，或「冷漠者」(Aloof)的角色。控制戲不會讓我們如人一般進步，但客觀地看待它們能賦予我們消滅它們的力量。

你得拿到這本書去找出最後的三個覺悟，而雷德非小說的續集揭露了更多的訊息。

總評

《聖境預言書》的成功是因為它重燃人們對靈性的興趣，一方面也對傳統宗教不假辭色。在宣揚直接直覺的靈性知識的概念時，它其實是靈智派的。

雷德非接通到「真理在那裡」的感覺，而且結合設定在此時此刻（第一章的開頭在停車場）古老靈性的追求與競爭性的冒險，巧妙地滿足了市場對驚險與神聖性的渴望。

要對《聖境預言書》嗤之以鼻很容易，但實際上，它對許多人發揮了蛻變的作用，而當中的覺悟與我們時代的關懷直接相關：對人際關係的偏見與其脆弱的平衡；環境覺知，尤其是大自然的療癒力與散發自古老森林的能；以及完整地看待人類實驗的渴望。

也許雷德非的主旨是，人類衝突關係的解決與避免，是宇宙大計劃中最重要的議題。衝突與弊病會製造與宇宙自然流動的能之間的摩擦，而無條件的愛會與這個能一起移動，並且接受它的恩典與力量。在這種狀態下，我們確實能存在於較高的心理與生理振動中。

從這個角度觀之，雖然《聖境預言書》起初的魅力，是因為它是一本心靈成長書，但使它如此扣人心弦的，是它對於整個人類非生理演化這部分更寬廣的主題。

詹姆士．雷德非

雷德非於一九五〇年出生在美國阿拉巴馬州伯明罕附近的衛理公會家庭。他就讀奧本大學（Auburn University），主修社會學，也修東方哲學，包括道教與禪宗。後來他拿到心理諮商碩士學位，擔任受虐青少年的治療師超過十五年。

一九八九年雷德非辭去工作，全職寫作，他花了近乎兩年半的時間撰寫《聖境預言書》。第一版是他自費出版的，但很快就建立口碑，華納出版社（Warner Books）買下了版權。這本書在《紐約時報》暢銷書排行榜盤踞長達一百四十五個星期。

電德非其他本書包括《靈界大覺悟》（*The Tenth Insight: The Afterlife Dimension*）、《聖境新世界》、《聖境預言書：探險指南》（*The Celestine Prophecy: An Experiential Guide*，與卡蘿・亞德里安〔Carol Adrienne〕合著），以及《聖境香格里拉》（*The Secret of Shambhala: In Search of the Eleventh Insight*），這是一本背景設定在西藏的冒險小說。

雷德非定居在阿拉巴馬州與佛羅里達州。

1997

讓心自由：
最平靜喜悅的靈性生活實用指南
The Four Agreements

「你整個心智充滿迷惘，是托爾特克人（Toltec）所稱的『米托塔』（mitote）。你的心是一場夢，有一千個人同時說話，卻沒有一個人能互相了解。這是人類心靈的處境——一個巨大的米托塔，而因為這個巨大的米托塔，你無法看清楚真正的你。」

總結一句

藉由有意識地與自己達成協議，明白如何統合行動，我們始能掌控自己的人生。

同場加映

卡羅斯・卡斯塔尼達《巫士唐望的世界》（7章）
丹・米爾曼《深夜加油站遇見蘇格拉底》（29章）
約翰・多諾修《凱爾特智慧》（32章）

35

唐・梅桂爾・魯伊茲

Don Miguel Ruiz

一九七〇年代初期，在他就讀醫學院的最後一年，梅桂爾・魯伊茲出了一場嚴重的車禍，改變了他人生的軌道。雖然車禍很嚴重，魯伊茲卻奇蹟似地毫髮無傷，而且經歷了一段他無法解釋的心靈經驗。在那之後，他轉向家族的古老托爾特克智慧。

魯伊茲在墨西哥的鄉下長大，母親是一位療癒者（curandera，或 healer），祖父是一位薩滿（nagual，或 shaman），但魯伊茲之前背離了他們的傳統之道。如今，他決定自己也成為一位薩滿，投身指引人們獲得更大的心靈自由。

在名演員艾倫・狄珍妮（Ellen DeGeneres）上了歐普拉的電視訪談節目，提到《讓心自由：最平靜喜悅的靈性生活實用指南》（*The Four Agreements: A Practical Guide to Personal Freedom*）對她人生蛻變的影響後，這本書一時聲名大噪。運用這四項守則在生活中聽起來很簡單，但這篇評論裡，我們試著解釋魯伊茲對托爾特克智慧的解釋，並簡要認識這四項約定。

從夢中醒來

托爾特克智慧的精髓，就是這個世界——亦即「真實」——是一場集體的夢。用來指稱這種迷惘的字是「米托塔」(mitote)，類似印度文中指幻影的「摩耶」。這個夢與夜裡的夢一樣，不同的是，這個集體夢中理解與行為的規則和習慣，使它似乎更接近真實。我們出生在一個已經被架設好的夢境裡，已經有語言、文化、宗教和家庭，而且我們也同意跟隨著它，因為要抗拒它太困難。魯伊茲將這個過程描述為「人類的馴化」。

為了過日子，我們與其他人達成看不見的約定——配偶、孩子、社會、神明——但最重要的約定，是我們與自己的約定。有些約定讓我們受益，但許多其他的約定卻讓我們受苦。但我們照樣遵守，因為我們相信，如果沒有它們，我們也可能會少了一些什麼。根據托爾特克智慧，大部分人的問題根源於無法原諒自己不完美的事實，想要符合其他人的規則，而不是自己的規則。

魯伊茲說，好消息是，藉由覺知到自己的約定，我們可以開始掌握自己的人生。我們可以宣布一場「獨立戰爭」，決定我們要如何看待世界。在薩滿傳統中，他寫道，個人會被稱作「戰士」，不是因為他們運用武器的技巧，而是因為他們打擊心裡的寄生蟲。

讓言語真實純正

第一項我們必須遵守的約定是，讓我們說出的話真實純正，無可挑剔。魯伊茲指的不僅是信守承諾，而是明白我們所說的話（不論是說給世界聽，或是說給自己聽），都會決定我們是誰，以及我們所居住的世界。我們說的話是具創造力的，意思是，我們可以用我們的話語製造出憤怒或嫉妒，或者用它們來療傷。我們的話語是種籽，它們會進入世界，然後以長成的現實返回到我們身上。沒有其他動物能像我們一樣說話，也沒有其他動物具有相同的能力，能夠製造出一種美妙的，或者是恐怖的現實。

經由我們對言語的錯誤使用，我們會讓彼此陷在恐懼或懷疑的狀態。魯伊茲宣稱，說閒話是一種言語的不當使用，他將之比喻成惡意的電腦病毒。藉由遵守第一條約定，我們較能避免別人可能會投射在我們身上的「言語魔咒」，但更重要的是，我們能清除心中的情緒毒藥。

不把事情個人化

我們為什麼會被激怒？魯伊茲將某人為小事惱怒，以及某人認為他們是每件事的中心，這兩件事連結起來。把事情個人化的問題是，你覺得需要回擊，為自己防衛，證明對方是錯的。當然，這樣只會製造更多衝突。

然而，魯伊茲說，對我們說的話，或者是關於我們的話，很少能反應真實的我們。批評所呈現出來的比較是對方的心態與狀態，不是關於我們。因此，第二項約定「不把事情個人化」甚至也包括明顯是直接針對我們的批評。

我們不想變成魯伊茲稱為「黑色魔術師」的獵物，這種人能用他們的言語對我們造成傷害：

「你吃下所有他們的情緒垃圾，如今這些變成你的垃圾。但如果你不認為它是針對你，你便對地獄深淵免疫了。」

不要自作假設

人類心智中的「米托塔」會導致我們看事情不正確，妄作假設，結果只造成更進一步的誤解。魯伊茲說，因為我們很快作出假設，所以無法看清事情的本質。人們害怕處於不知道的狀態，所以我們對所有的問題想出一堆答案，讓我們覺得安心——不論是對是錯。因此，第三項約定是：「不要自作假設」。

假設會在人際關係中製造很多問題，因為我們假設如果某個人喜歡我們，他們應該知道我們在想什麼。宏觀來看，問題的產生是因為我們假設其他人看世界的方式和我們一樣。魯伊茲說，與其妄作假設，應該要提問，若沒有來自提問而得到的澄清，你們的關係不會和諧，而你與世界的關係會不佳。他指出，許多人停留的「地獄夢境」是根源自他們一而再、再而三地作了錯誤的假設，而從來不提問。

時時刻刻全力以赴

第四項約定「時時刻刻全力以赴」聽起來很初階，那麼，為什麼魯伊茲把它提出來，認為它是美好人生的核心？我們主要的問題之一，是我們不斷根據某些外部的度量尺，嚴苛地審判我們自己。但如果我們總是全力以赴，就很難批判我們自己，甚至是產生罪惡感與遺憾。全力以赴能讓我們自由。

在時時刻刻全力以赴時，我們會單純因為採取行動，做出努力而快樂。我們陶醉在行動本身，不思考報酬。若我們完全投入此刻所做的事，我們會感到全身充滿活力，變得沒有時間錯過任何人或任何事。

魯伊茲說，第四項約定是前三項約定的關鍵，雖然我們無法總是說好話、不把事情個人化，或者妄作推斷，但我們總是能全力以赴。

這四項約定代表了找回真正自我的一種方法，並且堅定我們是誰，以及我們相信什麼。魯伊茲說，這個世界傾向讓人打破這些約定，但我們必須堅持下去。要解放我們的心靈、解放我們奠基於錯誤約定的米托塔（世間的迷惘），就好像攀爬一座高山。剛開始很困難，然而，當四項約定變成一種習慣，要遵守它們就比較容易了。

總評

在卡羅斯．卡斯塔尼達的《巫士唐望的世界》裡，作者被一位老薩滿唐望告誡說，對他的人生要有策略。如果沒有策略，他最後只會變成是社會的反照，原本的自我將完全被埋沒。《讓心自由》的前提也是類似的，不同的是，這個策略要成為一則我們告訴自己的故事，捍衛我們選擇的道路。魯伊茲的問題是：這個故事確實是我們的，還是某個其他人的？在我們對社會慣習的層層包覆下，隱藏了一個真正的人，而奇怪的事是，我們很多人想要讓它繼續包裹起來。魯伊茲的請求是：不論你對人生的策略是什麼，或者你告訴自己什麼故事，你必須確定那是有意識的決定結果。

《讓心自由》看似是對薩滿智慧非常基礎的解釋，然而，這本書對於自我從制約的泡泡中重新嶄露出來的訊息，是非常有力的。雖然這本書不是偉大的著作，但對於許多第一次堅持他們真正的自我身分，而且需要保持堅定不移的人，是一份很棒的禮物。

唐・梅桂爾・魯伊茲

魯伊茲從一九八七年開始，和她的母親薩莉塔（Sarita）在美國教課。隨著他的聲譽蒸蒸日上，他的教學與演說也一帆風順，但在二〇〇二年一次心臟病發作後，他較少露面。他的兒子唐・荷西・路易（Don Jose Louis）如今繼承他擔任薩滿的衣缽。

魯伊茲的其他著作包括《托爾特克愛的智慧之書》（*The Mastery of Love*）、《讓夢想覺醒的四項約定》（*The Four Agreements Companion Book*）、《祈禱者》（*Prayers*），以及《自我的幻象之聲》（*The Voice of Knowledge*）。《讓心自由》銷售超過兩百萬冊。

1976

奇蹟課程

A Course in Miracles

「凡是真實的，不受任何威脅，
凡是不真實的，根本就不存在，
上主的平安即在其中。」

「當你看你自己時，你有充分理由覺得害怕。這是為什麼只有當你明白你並未、也無法創造你自己時，你才能逃避恐懼。」

「祈禱是奇蹟的媒介。它是受被造物與造物主之間的交流管道。愛必須透過祈禱，才接收得到；愛也必須透過奇蹟，才會具體呈現。」

總結一句

奇蹟能揭開誤解、真理與愛的面紗。

同場加映

《聖經》（《一次讀懂自我成長經典》4章）
瑪麗安．威廉森《愛的奇蹟課程》（《一次讀懂自我成長經典》50章）

36

海倫・舒曼&威廉・賽佛

Helen Schucman & William Thetford

《奇蹟課程》是現代心靈文本的里程碑，它的起源很不尋常。一九六五年，海倫．舒曼博士當時擔任紐約哥倫比亞長老教會醫學中心（Columbia-Presbyterian Medical Center）的心理學研究員。她的工作場所與其他在某種政治氛圍下的數百萬人沒什麼差別，同事間為了爭取名位，往往形成一種緊張的氣氛。有一天，她的部門主管威廉．賽佛突然說，他厭倦了這裡的一切，應該要另有出路，舒曼同意幫他一起尋找，不久後她開始做奇怪的夢，然後聽見一個聲音，似乎希望她寫下這些被說出的話。她在她的草稿紙記下的第一個句子是：「這是闡釋奇蹟的課程。」賽佛把這句話打字下來，開啟了一場長達七年的過程，成品即為我們今日所知，長達一千兩百頁的《奇蹟課程》。在《奇蹟課程》的社群團體中，舒曼與賽佛被認為是這本書得以問世的媒介，而不是作者。

這本書是個幻相嗎？你也許會這麼認為，然而，文本本身如鑽石般澄澈，而且，已於一九八一年過世的賽佛公開聲明為無神教者，也從來未從《奇蹟課程》普及與形成社團的現象中獲利。

這本書有著醒目的藍皮裝訂與金色字體，包括一本給學生的習作和給老師的手冊，至今已銷售超過一百萬冊，而且在全世界的自學團體中流傳。瑪麗安・威廉森的《愛的奇蹟課程》讓這本書的訊息更加普及，也是《奇蹟課程》的極佳引言；而蓋瑞・R・瑞納爾德（Gary R. Renard）的《宇宙的消失》（*The Disappearance of the Universe*）更進一步讓其教誨發光。

真正覺知的課程

「這是闡釋奇蹟的課程，是一門必修的課程。只有投入時間的多少是隨意的。隨自己的意願並不表示你可以自訂課程。」

這段古怪的開頭呈現了《奇蹟課程》是一本在這個宇宙當個人類的「家規」，也是正確運作的原則，不論我們注意它們與否。

但我們為什麼需要一堂奇蹟的課程？一個奇蹟可以用許多種形式表現出來，生理的或心理的，但它最重要的特質，是從錯誤認知中突然的解放。用這本書的話說，奇蹟只是「在清除使你感受不到愛的那些障礙」。當這一刻發生時——稱為「神聖時刻」——我們感覺到上帝的平安，因為我們見到了它們的本相，而不是透過一般自我的傲慢與忽視的薄霧。這件事是個奇蹟，因為它是恆久的，我們也許會忘記它發生過，但只要我們提醒自己，便能感覺到相同的效果。

這本書強調真相（reality）與幻覺（unreality）（或者真知〔knowledge〕與知見〔perception〕）的區別。真相／真知是指上帝是什麼，以及什麼是從上帝而來的：「它可能未被意識到，但它是不能改變的。」它也是超越時間的。相對的，幻覺／知見是我們通常以為的世界，所涵蓋的解釋超過事實。我們以為是真實的，但它只是透過我們的鏡頭來看是真的。另一方面，上帝所賜予的，不是被認知，而是被明白。它不可能有錯，因此是可信賴的。

神聖關係

《奇蹟課程》廣受歡迎的原因也許大多要歸因於書中對關係的洞見。令人記憶深刻的區別之一，是「特別的」（special）關係與「神聖的」（holy）關係。特別的關係是建立在自我的渴望，而許多人只會有這種基礎的關係。《奇蹟課程》說，這種關係是一種將上帝摒除在我們的人生之外的一種方式。相反地，另一種神聖的關係是當我們讓上帝參與時才會發生：「神聖的關係是舊式的、特別的關係的轉化。」在這個議題上，這本書讀起來也許不那麼愉悅，因為也許會發現我們的關係有多麼大的比例是出自於自私，而不是對於建立真實的、愛的關係的渴望。

當我們邀請上帝，或者更確切地說是「聖靈」，來進入我們的關係，改變會發生得很快：「祂的目標立刻會取代你的。」在非神聖的關係中，是我們對關係的目標，使關係變得有意義。在一個一般的關係中，如果我們沒有得到我們想要的，我們通常會試著結束它，因為那種關係的重點是放在我們想要的（也就是自我〔ego〕）。這種關係的問題是，我們總是會對它覺得有一點不安，因為它沒有堅實的基礎。我們以為知道什麼是對自己最好的，但事實上，自我對於我們的關係，除了利用它們尋求自己的利益，並不總是有一個目標。

相反地，上帝對於關係有明確的目標，所以這個目標的揭露是信念的問題。聖靈經驗的出現，在一開始時是給我們信心，但這股信心會轉成堅信。我們被給予這個機會，從我們的自我當中，挽救這條關係。《奇蹟課程》說：「與上帝合而為一的人，自我不可能支離破碎。」

《奇蹟課程》的主旨之一，是寬恕的需要，不是因為寬恕是一件好事，而是因為寬恕能讓我們揚棄錯誤的知見，再次看到真相：

「我們必須謹記寬恕之道，唯有寬恕能扭轉俗世的觀點。」

寬恕是看穿一個人原本的天真無知、表面背後的真相。當我能做到這一點，而不是不斷地覺得需要批評或攻擊，我們便會有一種療癒的關係。

奇蹟的回應

《奇蹟課程》重覆出現的概念是，「只有愛是真。」邏輯上，這意味其他每件事——整個世界——都是一個幻覺。祈禱與冥想的目的是讓我們對這件事實的錯誤知見得到療癒。當一項錯誤認知被信以為真，絕對不會是我們的自我（ego）允許我們見到光，而只有是來自自我以外，對真相的理解。《奇蹟課程》說，在衝突中，要得到正確答案是不可能的，因為答案的成形會受到那場衝突的影響。我們嘗試只靠思考解決問題，但這只會得到與自我相關的問題與解答。

另一方面，一個誠實的問題「會詢問某件你不知道的事。」而一個真實的答案今天是正確的，明天也會是正確的，它來自「神聖的一刻」，也就是來自上帝的禮物，一刻間的覺悟乍現。當你體驗到真理，它似乎是一種奇蹟，它不是來自我們目前所知的自己，而是來自一直與上帝同在的自性（self）。與上帝的分離是幻覺。

為了領受這一類的指引，我們必須忘卻思考，只要沈靜下來：「在安靜中，每件事會得到解答，每個問題會安靜地被解決。」

誰在掌控？

當我們對於我們是誰，或者我們是什麼感到迷惘，這意謂著我們正輾轉於自我的渴望，以及什麼是自然屬於我們的。自我喜愛忙碌、製造與持續問題，這可能是一種徵兆，表示這些問題也許不如我們想像中真實，而是由我們心中想要保留本身的那一部分製造出來的。

《奇蹟課程》說，認為自己是在世間浮沈的孤獨個體的這種想法是「瘋狂的深淵」，因為實際上，我們是與創造我們的上帝同在，而且一直都是。「atonement」（贖罪，at-one-ment拆開來的意思是「合一」）意謂著記住這項事實，而且當我們承認它，就不會有懷疑與不安的空間。如《奇蹟課程》宣稱的：

「萬事彼此效勞。絕無例外，除了依自我的判斷。」

這本書進一步指出為什麼許多人甚至不願意思考上帝或是靈性的事：因為任何對上帝的承認，便指出「自我（ego）本身的不存在」，而大部分人是認同他們的自我的。因為自我相信它們本身是自我創造的實體，它無法接受上帝的完整性。基督第二次回來的概念是什麼意思？《奇蹟課程》說，這裡指的不是基督本人實際回到地球，而是指自我主宰的終結。聖靈是上帝的使者，帶來這則訊息，要醫治自我要我們信以為真、卻令人折磨的錯誤知見。

總評

「導流式」(channeled)的作品不勝枚舉，但《奇蹟課程》一直是當中的黃金範本。它被形容是千禧年的聖經，這種比喻並非空穴來風。像《聖經》一樣，這本書包含了給每一種問題的解答，而且它如此厚重，你不可能從封面讀到封底。這本書也運用了聖經的語言與參考資料，與其使用寓言故事，這本書使用平鋪直述的邏輯與嚴謹的風格，來改變讀者的思想，其文字大致優美。

有些讀者可能會因為當中的基督教術語而遲疑，但這只是用來表達宇宙真相的形式，在各種宗教書中都可以發現。即使書中提到了基督教參考資料，基本教義派仍不喜歡這本書，認為它是褻瀆神明的新時代思想之混合體。主流宗教急著譴責這類書籍，因為他們聲稱這是透過一位凡人作者寫出的上帝智慧，但是，幾乎所有的宗教不都是這樣開始的嗎?換言之，當一位特別心領神會的個體接受到神聖的話語，後來追隨者將它轉化成一種有組織的體系。

不論它的源頭是否與神明有關，如果你有一顆開放的心，那麼，在閱讀《奇蹟課程》時，便很難將視線從鼓舞人心的段落中移開。若你曾經感覺過頓悟或開大悟的奇蹟，你將看見它來自何方。所有的宗教都教導分離是一種幻相，而重新覺知到我們與上帝的合一，使所有事都變得可能。《奇蹟課程》只確認了當我們與更高的力量一致時，奇蹟的「正常性」，並且告訴我們一個很棒的概念：生命不過是去認識讓我們幸福的心靈法則的一堂課。

1968

蘇菲之路

The Way of the Sufi

「被問到為什麼外界看不見某位蘇菲謝赫(sheik)[1]過著一個宗教的虔誠生活?尼拉穆丁．歐里亞(Zizamuddin Awliya)[2]說:『國王把他們的寶藏藏在兩個地方。第一個明顯的地方,是在銅牆鐵壁的房間裡,可能遭盜竊、被清空,或者被攫取。另一個,也是較耐久的地方,是在泥土裡,在沒有人想要翻找的廢墟裡。』」

總結一句

靈性不只關乎情緒的安定,也是關於找到真理。

同場加映

安薩里《幸福的煉金術》(14章)
G．I．葛吉夫《與奇人相遇》(16章)
鈴木俊隆《禪者的初心》(39章)

1 阿拉伯語中的尊稱,指「部落長老」、「伊斯蘭教教長」或「智者」。
2 印度蘇菲派聖人。

37

伊德里斯・夏
Idries Shah

莎士比亞、喬叟和但丁的共通點是什麼？是否有任何東西串連起印度哲學、卡巴拉知識、玫瑰十字會（Rosicrucianism）[3]、共濟會，以及日本禪宗故事？在《蘇菲之路》中，伊德里斯・夏指出，這些都受到如今被稱為「蘇菲主義」（Sufism）的教義影響。蘇菲主義通常被理解為伊斯蘭教中，較為神祕與個人領域的一部分，伊德里斯・夏提供充分的證據顯示蘇菲智慧可遠溯至默罕默德的年代之前，很可能在古代埃及赫米斯（Hermes）的時期。

夏的許多本書提高了西方對蘇菲哲學與著作的關注，而《蘇菲之路》也許是當中最為人所知的作品。這本書深入淺出介紹該主題，包括對知名伊斯蘭人物中他認為的蘇菲大師之簡短描繪，如波斯的安薩里（Ghazzali of Persia）、《魯拜集》作者奧瑪伽音（Omar Khayyam）、內沙布爾的亞塔（Attar of Nishapur，《鳥族的會議》〔*Conference of the Birds*〕作者）、西班牙的伊本・阿拉比（Ibn El-Arabi）、薩迪・設拉茲（Saadi of Shiraz，《玫瑰園》〔*The Rose Garden*〕作者）、哈金・薩納伊（Hakim Sanai），以及魯米（Jalaludin Rumi，著名的《瑪斯納維》作者）。書中也描述了蘇菲主義的四大教團：

契斯提（Chishti）、卡迪里（Qadiri）、蘇拉瓦爾迪（Suhrawardi）與奈克什班迪（Naqshbandi）。

然而，這部作品真正的力量，在於它是集數百則蘇菲或托缽僧的傳說、謎語與名句的精選集，足夠花一輩子的時間欣賞與理解。因為這則評論無法納入這些，我們將焦點放在蘇菲派廣義的心靈倫理與靈性自由。

失調的心

「蘇菲」（Sufi）這個字有幾個可能的源頭，從阿拉伯語、希臘語或希伯來語，但夏認為它的字源不是與某種語言相關，而單純是從這些字母——SUF——的聲音，與它們在大腦中的作用而來。這給予蘇菲大師對於大腦如何運作的深刻理解一些提示，而且確實，他們對於心理學與人類處境的洞見，是我們今日認為最珍貴的。早在十二、十三世紀時的蘇菲派著作中，便已談及二十世紀時才被佛洛伊德與榮格這樣的心理學大師「發現」的某些心理狀態與過程。

夏寫道，在帕夫洛夫（Pavlov）[4]之前的八世紀，安薩里便已強調制約或灌輸的問題——真正靈性

3 中世紀末歐洲一個祕傳教團。

4 Ivan Pavlov (1849-1936)，俄羅斯著名的心理學家與醫師，以對狗的研究首先提出古典制約的理論而聞名。

的敵人。大部分的人不是獨立的，因為他們在沒有太多質疑的情況下，接受了被灌輸的想法；在宗教裡，他們不尋求真正的覺悟，而只求安全感。針對這個主題，夏也引用了七世紀的蘇菲導師阿布杜爾－阿濟（Abdul-Azzie）的名句，他說：「給驢子一顆沙拉，他會問你這是哪一種薊。」如果我們只認識薊，便絕對不會想到任何其他東西可能也是好的。沿用到人的身上，我們的大腦總是傾向現存的知識之薊，從來不知道世界上還存在著其他什麼絕妙的智慧。

蘇菲之路不是困於相信某種宗教或哲學是真理，而是培養一種開放心態，讓我們可以自由與敵對的陣營與理念調和（夏寫道，蘇菲學者經常是國王的顧問，在後勤單位協調不同族群與宗教的差異）。然而，大多數人對宗教感到安心，因為宗教將他們保護在自己的思考與習慣圍牆之中，從來不嘗試圍牆之外的自由。

知的層次

夏寫道，嘗試把蘇菲主義當作一種文化或宗教運動來研究，但卻一無所獲，這是有可能的。他引用了蘇菲大師薩迪．設拉茲所說的：

「只會書空咄咄的學者，將永遠不能穿透人類的內心。」

蘇菲的智慧無法單靠學者研究而獲得，這是為什麼蘇菲教派的教義形式一直是透過故事、傳說、謎語和笑話來演繹。如同日本禪宗的「公案」，其目的是驚醒心靈，進入一種突然開悟的智慧。

偉大的神祕家與詩人魯米說，相較於個人實際的自我成長，他的詩實在是垃圾。學院派對於藝術、文學與宗教的欣賞都很好，但對於獲得蘇菲智慧這項偉大任務，這些只是輔助而已。

伊本・阿拉比告訴追隨者，世界上有三種知識：智識的知識，或者說是事實的集合；狀態的知識，或者說是擁有「靈性的感受」；以及通體適用於萬事萬物的真理的知識。關於第三種形式的知識，他寫道：

「關於此，世界上沒有學院派的證明；因為這是隱藏的、隱藏的，而且隱藏的。」

謝赫阿布・納許・撒拉吉（Abu Nasr Sarraj）區別了三種文化：世俗文化——傳統的見解與知識；宗教文化——教養與道德行為；以及蘇菲文化——引領你到真理大門的自我成長。夏也寫進了伊本・艾爾—賈拉利（Ibn El-Jalali）的話，總結了這種智慧超越宗教、超越學院的本質：「蘇菲主義是沒有形式的真理。」

貫穿《蘇菲之路》的概念是，人們假裝尋找神，但其實只是尋找失望的慰藉與問題的解決。夏寫道，薩迪．設拉茲是個天才，而因為他是天才，人們想要他成為英雄。然而，薩迪比較關心的是讓這些人處理他們自己。他說：

「求道的人很多，但他們幾乎全是求個人的利益。我只看到極少追求真理的人。」

蘇菲之道

今天，在伊斯蘭世界有許多蘇菲主義的組織，但蘇菲教義向來不重視正式的組織，包括有組織的宗教，而是將個人的成長置於所有一切之前。就是這種將真理置於形式之前、將個人置於組織之前的理念，讓蘇菲概念在歷史上屢次突然崛起。

蘇菲主義承認人們在了解罕見與神祕知識方面，能力不盡相同，而蘇菲著作一般有不同層次，以便不同的讀者可以學到適合他們水平的部分。魯米知道人們喜愛詩歌，所以他美妙的詩就像是吸引蜜蜂的花蜜，但他在詩裡嵌進了深層的意念。他寫道：「你會從這裡得到裡面要給你的東西。」

夏寫道，天才蘇菲主義者不尋求在他所處的文化中超越該文化，而是透過一個地方的語言、習俗、偏好，甚至是宗教來下工夫，得到最大的效果。這種掩護式的指導方法，確保了蘇菲主義歷久不衰的影響力。

總評

許多蘇菲故事試著傳達，一個人能夠擁有的真正財富是他們的知識與智慧，其他都是瞬間即逝的。蘇菲學者的願望不是與教義結合，而是尋求他們能開大眼、見證到真理，不論它是以什麼形式出現。蘇菲主義的弔詭是，雖然它經常被描述為神祕的，但它的目標卻是增進世界上理性真理的容量。

蘇菲主義試著向我們展現：我們以為重要的，也許只是一個假像。從另一個思考的水平來看，我們生命的基本原則可以輕易地被清掃一空。對某些人來說，這使得蘇菲理念既危險又不正統。然而，蘇菲的理想是「完成的」人，他能看見真理的核心，而從這個優勢觀點，能看出大多數人的虛榮與被遮掩的視野。雖然這些蘇菲著作看似晦澀難懂，即使只是蜻蜓點水的讀者，也能從中發現數個世紀之前人類智慧的寶藏。它們打開了更高的覺知形式，降低用夢遊度過一生的機率。

伊德里斯・夏

伊德里斯・阿布塔比爾・夏（Idries Abutabir Shah）是一位一生遊走在東方與西方的爭議人物。夏於一九二四年出生於印度的西姆拉（Simla），他成長於父親遜尼派的穆斯林信仰中，據稱他的家族可以遠溯至穆罕默德，母親則是父親在英國愛丁堡求學時認識的蘇格蘭女子。夏年紀還輕時，他們舉家搬到英格蘭，他就讀牛津的中學。一直到三十歲時，夏才真正接觸到蘇菲教派托缽僧，之後，他寫了《東方魔法》（*Oriental Magic*）與《目的地麥加》（*Destination Mecca*）。

夏博聞多學，積極參與多種社會與文化議題，並成立了「文化研究所」（Institute for Cultural Research），他在許多國家演說。因為夏的機智與智慧，讓他在社交圈廣受歡迎，也吸引文學家如多麗絲・萊辛（Doris Lessing）與羅伯特・格雷夫斯（Robert Graves）。他六十多歲時，在俄國占領期間潛入阿富汗，並且建立一個救援組織來幫助阿富汗人。

夏出版超過三十五本書，當中許多是暢銷書，包括《蘇菲派》（*The Sufis*）、《主宰的自我》（*The Commanding Self*）、《傻瓜的智慧》（*Wisdom of the Idiots*）、《東方思想家》（*Thinkers of the East*），以及《學習如何學習》（*Learning How to Learn*）。他於一九九六年去世。

1979

螺旋之舞

The Spiral Dance

「我們所謂古老的宗教，並不是建立在教條或一組信念，也不是一個偉人所揭示的經文或聖經裡。巫術取法於自然，在太陽、月亮、星星、鳥類的飛行、樹木的緩步成長與季節的循環中讀取靈感。」

「現代巫術被認為是怪誕邪教的一員，主要與用別針戳蠟像來詛咒敵人有關，而且缺乏深度、莊嚴，以及一個真正宗教對使命的嚴肅性。但巫術是一種宗教，也許是西方現存最古老的宗教。」

總結一句

對神聖女性與自然靈性的信仰，是最古老的宗教。

同場加映

黑麋鹿《巫士詩人神話》（4章）
卡羅斯．卡斯塔尼達《巫士唐望的世界》（7章）
約翰．多諾修《凱爾特智慧》（32章）
克萊麗莎．平蔻拉．埃思戴絲《與狼同奔的女人》（《一次讀懂自我成長經典》25章）

38

星鷹

Starhawk

雖然《螺旋之舞》（*The Spiral Dance: A Rebirth of the Ancient Religion of the Great Goddess*）寫於米莉安・西蒙斯（Miriam Simos，我們所知的星鷹）二十五歲左右，但這本書的種籽，在星鷹十七歲時就已播下。高中畢業升上大學的暑假，西蒙斯搭便車沿著加州海岸上上下下，露營或睡在海灘上，第一次感受到與大自然近乎情欲般的連結。大學的第一年，她修了人類學的課，也開始參加巫術方面的研討會，為自己的專案計劃準備。

雖然西蒙斯在猶太家庭長大，但她對女神的靈性與對大自然和女性身體的崇拜深深著迷，於是開始沈浸於威卡教（Wiccan）與異教傳統。在一個幾乎所有宗教人物——神父、牧師、古魯、拉比——基本上清一色為男性的時代，她驚覺，父權式或男性中心的宗教——包括猶太教、伊斯蘭教、佛教、印度教與基督教——出現之前，歷史上大部分的時期，人們是活在以女性為主的宇宙觀裡。

她的母親原本希望巫術只是她過渡時期的一項興趣，但西蒙斯多年的閱讀與修習，最後成就了這本暢銷導讀，使她成為對一個重生宗教具有影響力的人物。她以來自塔羅牌中結合了鷹與星的夢境，為自己取了一個新的名字，從此星鷹藉由關注西方文化裡的神聖女性，展開賦權給女性的使命，並且讓巫術被認可為一種正當的宗教。

古老宗教

依據星鷹的研究，巫術起源自三萬五千年前的北歐。當時冰帽向南延伸，部族需要一點優勢才能存活，他們當中恰好有些人——薩滿——具有與動物通靈的力量。藉由進入某種動物的心，他們的行動可以被預期，因而有助人類狩獵。這個宗教的名字（Witchcraft）取自「wicce」這個字，這個字在盎格魯—撒克遜語中的意思是「折彎」或「形塑」，而這些人具有特殊的力量能夠隨心所欲地改變他們的意識，使他們周遭的世界成為該部族需要的樣子。他們對無止境的生、死與再生循環的象徵，是一個雙螺旋，而宇宙整體被理解成一個「螺旋之舞」。每一個部族或團體有他們智者的團體或「女巫聚會」，他們都是精通少數人才懂的知識的人。

這些部族的宗教圍繞著神聖的女性，他們包括皮克特人（Picts）和精靈（Faeries）。女神是生命的賜予者，不是天父。雖然不久後這些部族被逐出位於低地的家園，由父權的戰士文化取代——例如凱爾特人——這個「古老宗教」的神話與儀典並未隨著基督教的推進而消亡，而是改變了形式。星鷹寫道，基督教裡聖母與聖嬰的故事，與古代神話中母性的女神與犧牲後重生的聖嬰，兩者極為類似，許多中世紀天主堂的興建是為了崇拜瑪麗亞，她的形象吸納了傳統對女神的崇敬。另一項遺蹟是十二與十三世紀的吟遊詩人，他們將對女神的愛假託在獻給個別女子的詩歌之中。

被迫轉入地下

十四世紀時，教會開始積極地將巫術與邪惡連結，而在一四八四年，教宗英諾森八世（Innocent VIII）開啟宗教法庭，目標是消滅任何古老宗教的殘留儀式。被加上牛角的威卡傳統男性神祇，意味狂野但非暴力的男性，他們成為純粹的惡魔，而由兩位道明會神父所撰寫的惡名昭彰的《女巫之鎚》（*Malleus Malificarum*），是巫術被視為正當信仰與儀式的概念封棺的最後一根釘子。基於中世紀基督教根本上對女性的貶抑，一個圍繞女神的宗教對教會是莫大的威脅，而女性的形象也從備受尊崇的生產性別，變成是帶有情欲之罪的象徵。星鷹寫道，女巫大審成為村民趕走傲慢自大或外表難看的女人的機會，而且穩固了男性在工作與政治上的主導地位。有多少人因此受難死亡？至少好幾萬人，也許多達數百萬人。

星鷹指出了古老宗教被如此妖魔化的另一個更深層的原因：除了是以女性為核心，巫術基本的政治願景與架構也是反體制、非教條、分權的，專注於個人的真理，當中沒有一項與父權的教會相容。

她發現一項諷刺：十九世紀時，對巫術的迫害被純粹的不信教所取代。在理性的科學時代，巫術成為另一種迷信。經過數個世紀的人格謀殺後，巫術依然很難擺脫與邪魔的連結，然而，回復巫術為正當宗教的行動已經開始了。「女巫」與「女巫聚會」這些字眼對大部分人仍然帶有恐怖與不恰當的意涵，但是星鷹說，「重申女巫這個字詞，是重申我們身為女性且握有力量的權利。」巫術不應該再躲藏起來或者易裝自己，只為取悅大眾觀感。

女巫聚會

如同教會有信眾，巫術也有女巫聚會。最初，女巫聚會是一群領導較大部族或部落的長者。今天，星鷹說他們是「巫術的核心」，是支持團體，也是訓練學校。

女巫聚會通常包括十三個人（通常是女人，但有很多也包括男人），聚會時，他們手牽著手，形成一個圓圈。成員會著「天衣」（裸體），象徵裸露的真理。透過召喚、吟誦，或者儀式，一個靈性會被召喚出來，製造一個比個體總合更大的能量場域。巨石圈也是以相同的法則運作的——若能量被控制住，它的力量會增加。有一項重要的儀式是重覆「叫喚（每個人的）名字」，目的是確認強烈的身分認同。另一項重要儀式是吟誦「妳是女神」，迴向給每一位成員。

有鑑於現代生活製造出破碎感，而導致身分認同危機，這類儀式想當然爾極具力量。星鷹寫道，大部分儀式的目的是要激起「內在的力量」，這是相對於潛藏在父權社會下、外在凌駕他人的力量。女巫聚會一般給人一圈圈妖魔的印象，但這些聚會其實主要是為個人成長而存在。女巫聚會領導者的產生，只透過同儕對他們某些特質的認同，例如自制、勇氣、誠實與信守承諾。

曾經參與過多場女巫聚會後，星鷹承認，他們像家人一樣，也會有口角爭吵。有些聚會是為了某個特別的目的，例如療癒儀式，而其他則較一般。在他們的膜拜儀式中，有些獨尊女神，有些則包括長角的男性神祇。所有聚會的目的都是回歸成員到人類初始的神祕，並且與自然的力量重新連結。

伴隨著這種力量的是責任。星鷹花了一些篇幅釐清迷思，例如大家以為女巫會花時間施魔法和下符咒在他們不喜歡的人身上。女巫聚會確實會教一些魔法，但比較是吸引我們需要的東西，而且是一種增能的形式。任何的力量或科技都可能被運用在惡意的事情上，但負面的用法被認為是對巫術的不敬。星鷹說，魔法就像是《魔戒》裡索倫（Saron）的至尊魔戒——若是用在錯誤的地方，這只戒會摧毀它的所有者。

女神宗教

星鷹一再強調巫術不是一種智識或神學的宗教——沒有聖經或是一組要遵守的教規，然而，它需要在生活與感官中縱情作樂。與一般的看法不同，巫術不是嚴肅的一回事，巫術反而認為歡樂與喜悅是通往神聖的道路，性愛被認可為驅動宇宙的生命力之根本，因此是神聖的。

星鷹寫道，不像其他的宗教，巫術不要求克己、貧窮、貞潔或順從，刻意「禁絕」的想法在他們的想法中是怪異的，因為它認為宇宙實際上是豐沛的，不是該超越，而是該享受。

巫術精神的另一項特徵，是對神格的見解。基督教裡「天父」的地位高高在上，但在威卡女神中沒有什麼是分離的。她並未統治一個王國，而是表現在我們所能見到的、聽到的、感覺到與聞到的每樣東西上，她在石頭的圓潤上、在葉片的色澤上、在月亮的光華中、在太陽的溫暖裡，使得巫術這種宗教兼具詩意自然與生態科學。

星鷹發現，宗教史大多是一位「偉大男性」接著另一位偉大男性為廣大感恩的大眾揭露偉大真理的歷史。威卡教還給女性不再是仰賴順從或揭露真相的心靈體系，而是讚美內在的狂野與智慧。女神再次喚醒如此強烈的女性力量，不應再被推進傳統的地位。

總評

如果你對巫術傳統一無所知，這本書會讓你大開眼界。星鷹在二十周年版的前言中，回顧了巫術的演變，也寫道她初版中對巫術歷史的簡介，沒有好好寫進歐洲以外地區的強烈巫術傳統。她意指的是，一般的女神崇拜不只使其成為古老宗教，也是世界的宗教，後來的信仰試圖掩蓋、借助，或者摧毀的古代遺產。批評家說，異教或自然宗教永遠無法如基督教或伊斯蘭教一樣，提升人們的靈性高度，因為它缺乏神學的精密性。沒錯，威卡教沒有出現過神學家阿奎那或安薩里，但它在儀式經驗的強度上補足了這一點，而主流宗教在生態敏感或女性賦權的焦點上，也難望巫術之項背。

雖然巫術是一種廣義的心靈傳統，但《螺旋之舞》是一本介紹其核心元素的精練概觀，而且也有豐富的註釋與參考書目支持。對大部分人而言，這部作品是一本實用手冊，包含了豐富的咒語、儀式與練習——許多內容都相當吸引人。

星鷹

星鷹的原名是米莉安．西蒙斯，生於一九五〇年，她曾就讀加州大學洛杉磯分校，修習心理學、藝術與人類學。在電影研究所時，她寫了一篇得獎小說，雖然不曾出版，但奠定她寫作技巧的基石。在紐約住了一段時間後，星鷹回到舊金山，潛心研究當地快速發展的巫術圈。

一九七九年，在美國宗教學院（American Academy of Religion）會議發表了一篇論文之後，她為《螺旋之舞》成立了一家出版社。她也籌辦了第一次公開的螺旋之舞儀式，後來這個儀式成為舊金山的年度慶典之一，並與其他人合組一個稱為「取回」（Reclaiming）的組織，後來轉變成一個參與政治、環境與其他抗議行動的全球性非暴力行動團體。

她的其他著作包括《夢見黑暗》（*Dreaming the Dark*）與《真理或挑戰》（*Truth or Dare*）。

1970

禪者的初心

Zen Mind, Beginner's Mind

「如果你的心是空的，它就會隨時準備好要去接受，對一切抱持敞開的態度。初學者的心充滿各種的可能性，老手的心卻沒有多少可能性。」

「初學者不會有『我已經達到了什麼』的這種念頭，所有自我中心的思想都會對我們寬廣的心形成限制。當我們沒有功成名就的想法，沒有自我的想法，我們是真正的初學者。那麼，我們可以真正學一些東西。」

總結一句

只要透過靜坐與呼吸，就能得到一顆平靜與智慧的心。

同場加映

佩瑪・丘卓《轉逆境為喜悅》（9章）
克里希那穆提《人生中不可不想的事》（24章）
丹・米爾曼《深夜加油站遇見蘇格拉底》（29章）
羅伯特・M・波西格《禪與摩托車維修的藝術》（33章）
艾克哈特・托勒《當下的力量：通往靈性開悟的指引》（43章）
邱陽・創巴仁波切《突破修道上的唯物》（44章）

39

鈴木俊隆

Shunryu Suzuki

「禪」已經成為我們熟悉的一個字，但它是什麼？當佛教傳至日本，有了它自己特別的風格與作法，成為眾所皆知的佛教禪宗。其修行法之一，坐禪，是一種靜坐與呼吸的沈思姿勢。

鈴木大拙是第一位將禪學帶到西方世界的人，但禪學大師鈴木俊隆於一九六〇年代在舊金山建立禪修中心，才穩固了禪在西方的影響力。《禪者的初心》（*Zen Mind, Beginner's Mind: Informal Talks on Zen Meditation and Practice*）是他唯一的一本書，其優美的闡釋與足以改變人生的見解，受到極高的讚賞。

他所謂的「禪者的初心」是什麼意思？鈴木俊隆解釋說，禪行的目的是為了擁有簡單、清淨的心，對可能性保持開放態度。一般人的心會因為達成特定的事而沾沾自喜，但這種自我中心的想法阻礙了我們真正的學習與看見。禪者的初心超越「我」，明白這只是更大的宇宙心靈的一種呈現，而這樣自然會產生慈悲心。它會停止二元的思考方式，避免極端的方式，如善與惡、可接受的與不可接受的，因而能夠專注於完整的當下，如其本來面貌。

如果你覺得你的人生是混亂的，缺乏任何真正的平靜，這本書也許會有深刻的影響。

井然的心，井然的生活

坐禪不是為了「達到」某種心境。當我們這麼做時，心思只會遊盪。這本書簡單開示坐禪核心的放鬆坐姿。這種姿勢提供穩定性，讓我們擺脫雜念的肆虐，進入一種自由的心境。

呼吸是這種修行的核心。當我們這麼做的時候，隨著呼吸的吸入與吐出的模式，大腦會開始放開它對「我」的專注——那個通常會製造雜念的小自我。姿勢就位時，我們的宇宙天性，也就是「佛性」會成為專注點。如鈴木所描述的，我們會從一顆「小心」，變成「大心」。

為什麼呼吸如此重要？專注呼吸時，會提醒我們是完全依賴周遭世界的，依賴我們正在呼吸的空氣。它也提醒我們，如果我們呼吸，那麼，我們就活著，而且是獨立的。如果你明白依賴／獨立的事實，你便自由了。這不是什麼高深的想法，是一個非常真實、實際的事。

透過坐禪，我們明白世界基本上是失去平衡的，它一直在變動，而且經常是混亂的。這項特徵為世界以及我們身在其中的人生帶來苦難的滋味。然而，這個世界不可見的背景，製造這個世界的王國，它是完美的，而對於這種完美和諧的覺知，我們能夠在坐禪中體驗到。很自然地，這種經驗讓我們能以不同的觀點看待這個世界，以及它所有的創造物，這讓我們去想：「是啊，那是世界唯一的本質。」

然而，這並不意味我們永遠不能採取正向的行動。相反地，坐禪後，當我們與完美和諧時，我們採取的行動，必然也會是正確的行動。通常，我們的行動不是發自平靜的時刻，它們會因企圖心而扭曲，製造更多的混亂。因此，我們花愈多時間靜坐，我們的心就會更井然有序。如果擁有一顆平靜的心，碰觸真實與穩定的事物，我們的人生便能謀定而動。這是一種明智而且自然的存在方式。

禪修

雖然聽起來是很顯而易見的，鈴木說，要柔化心中的極端最好的方法，就是坐下來、如如不動，然後呼吸。把你的思緒看作是波浪，隨著連續的呼吸，波浪漸漸變小，直到心如止水。把你的心留給它自己，這種情況就會發生，「我」的心會變成一顆大心，或者是純粹存在的領域。

靜坐與呼吸會為我們帶走自我（ego）的想法——以為自己是某個特殊人物。我們以為想要特別事物的那一部分的我們代表自己，但我們真正的本性，亦即來自於禪行的本性，實際上比這個更有力量。它與更大的心靈心神領會，所以當我們與它接觸，我們能超越我，而且弔詭地能使自己更慈悲、更法喜。當每件事都以「我」為基礎時，我們總是在痛苦掙扎。

鈴本提醒我們不要期待從坐禪獲得任何東西，應該只要為了坐禪而坐禪。他用一個類比來說：「煮飯不只是為了某人或你自己準備食物，它也是為了展現你的誠意。」靜坐則是自我表現的最高形式。

然而，坐禪的修行需要紀律。重覆、持續、同一是禪修之道。不是為了尋求刺激或狂喜，這些隱含了我們本性的失落，而坐禪是讓我們看見「如其所如」以及每一刻的美。鈴木用青蛙來解釋禪行，青蛙坐著的時候，不會想著他們正在做任何特別的事，而且他們的坐姿完全不影響他們的身分，他們依舊是青蛙。鈴木提到禪行的純粹性，他的意思不是想讓我們變得純潔，把某樣不好的東西變成好的，而是看見事情的本來面貌——它們的「本質」。

什麼是開悟？

我們往往把開悟想成是某一種恍然大悟，是經過數十寒暑的心靈修行才能達成的。在禪宗的術語裡，確實有一個「悟」字來描述對佛性的突然領悟，然而，鈴木說，在大部分的情況下，開悟是相當平淡無奇的——它其實只是對簡單事實的理解。首先是明白事實，然後修行提醒我們這些，之後呈現在我們的思想與行動之中。

什麼是事實？每件事都是來自空，無形、無色的「空」，不斷地生出我們世界的顏色與形式。因為萬事萬物都來自「空」，「空」必定是某樣東西，它是一種不能抗拒的屬性。

要保持清淨，我們需要相信這個潛在的創造領域在所有它創造的形式後面，是人生的基本現實。在日常的修行中，我們必須能夠穿過這道「空門」，清除我們習慣引以為真的幻相之心。每個人都以為形象——我們所認識的世界——是「現實」，但它們只是創造源頭的呈現。鈴木說，每個人都表現得似乎他們有某種東西，因為他們具備呈現的一部分，但是當我們把這些想成是永遠的，以及是「我們的」，就會產生問題。

鈴木指出，我們思緒中的百分之九十九是關於自己和我們的問題。他也把我們在心裡經歷的痛苦算進去。然而，承認人生的本質是變動與困境的人，認為在這些之前、在所有的核心之中，有一種完美存在的人，他們會看出不斷焦慮擔心人生接下來如何，其實於事無補。唯有重新體驗一切的源頭，生命才能以其本來面貌被完全接受，並且以不同的觀點看待。

能夠自在承認人生充滿困境的人能得到自由，因為他們承認人生的本質不可能差太多。而且在這麼做的同時，我們忘卻自己是人生的中心，也忘卻自我中心的痛苦。鈴木說，我們是「真理暫時的附身」，涵蓋在「空」裡的真理的短暫表現，如果我們能欣賞這一點，我們的問題就失去了殺傷力。正如他充滿力量的闡釋：

> 「因為你認為有身體或大腦，你有孤獨的感覺，但是當你明白萬事萬物都是宇宙間的一瞬，你會變得非常堅強，而且你的存在變得非常有意義。」

鈴木警告我們，不要期待他的修行法能展現宏大的價值。記住，你所做的只是靜坐與呼吸，沒有任何特別的。他暗示說：「只要持續平靜、日常的修行，你的性格就會建立起來。」也許你不會體驗到任何偉大的靈性覺醒，但這樣的修行會對你的生命產生影響。它讓你了解事物的本質，其他的「只是幻覺」，這本身即是開悟，而且能對於你該如何生活，引進一種寧靜的革命。

總評

《禪者的初心》粉碎了我們可以透過外求、超越我們本性與處境的限制，而得到救贖的想法。我們想要離苦得樂，但是鈴木說，在生命瞬變的本質中——我們往往將之標示為苦難——尋找快樂，是能成功活在世界上的唯一方法。這種面對、甚至享受苦難為人生的一部分的想法，是一種極端的思考方式，但比起認為我們只有在一帆風順時才能快樂，難道不是更接近事實嗎？平靜或許是最大的心靈禮物，但不是從命定的角度來看，而是確認人生所有不完美之美。

部分鈴木的思想也許不容易領會，但《禪者的初心》不是一本智識的修行。如果你受到它的啟發，也許你也會想讀古代老子的《道德經》。無色、無味、無名的道，或者說宇宙的能量，鈴木試圖把我們的心靈牽引到的地方——好像空、看似空的「如實」，卻是這個世界連續不斷的發電機。認識它並與之心神領會，提供一個永遠準備好的平靜。

鈴木說，我們經常透過搜集資訊以得到知識，但在佛教裡，真相是倒過來的。它的目標是清淨心的「雜物」，讓心保持空的狀態。這不是當傻子，而是我們如何接通宇宙無限且完美的智慧。

鈴木俊隆

鈴木俊隆於一九〇五年生於日本，十二歲時成為玉潤祖溫禪師的弟子，這位禪師也曾經是鈴木俊隆父親的弟子。大學時，鈴木俊隆就讀於一所佛教大學——駒澤大學，之後到永平寺與總持寺修行。他的師父入寂後，鈴木俊隆接下寺院住持的工作，承擔起相關的責任。

一九五九年，鈴木俊隆到美國參訪，卻成為永久住民，並以舊金山為根據地。他建立了三座禪修中心，包括美國第一座禪修院。

《禪者的初心》是由鈴木俊隆的弟子瑪莉安・德比（Marian Derby）構想，依據的是他在洛思阿圖斯（Los Altos）對弟子的談話。圖魯迪・狄克森（Trudy Dixon）與理查・貝克（Richard Baker，被指定為鈴木俊隆的法嗣）編輯這本著作，並予以付梓。

鈴木俊隆於一九七一年於舊金山禪修中心入寂。

1758

天堂與地獄

Heaven and Hell

「天使很訝異地聽說，真的有人將每件事歸因於自然，完全和神明無關，或者有人相信他們由如此多天上的驚奇組成的身體，不過是由自然的元素組合起來的——他們甚至相信自然是人類理性的源頭。然而，如果他們能夠稍微抬起他們的心，會看見這一類的東西是來自神明，不是來自自然，看見自然只是被創造出來包圍靈性，支持它成為最低一階的通信員。天使把這樣的人比喻成貓頭鷹，他們在黑夜才看得見，在亮光中看不見。」

總結一句

天堂的世界與世俗的世界一樣真實。

同場加映

黑麋鹿《巫士詩人神話》(4章)
麥可・紐頓《靈魂的旅程》(30章)

40

伊曼紐・史威登堡

Emanuel Swedenborg

伊曼紐・史威登堡的大半人生是以他的科學與工程著作聞名，他寫了多本冶金學、數學、生理學、解剖學與航海方面的書籍。但在他五十多歲時，這位「北方的亞里斯多德」（他是瑞典人）經歷了一次深刻的宗教覺醒，使他從一位科學家轉變成為一位靈異家。從這一刻後，他的人生便投入他在靈異狀態時所見到的，並且揭露對《聖經》的全新解釋。

史威登堡令人感興趣的一點是，即使他有了靈性的知識，他並未揚棄自己原本科學觀察家的本領，只是把它移轉到非物質的世界。他實事求是的語調似乎快速看穿基督教在其教義上所建立的迷信與神祕，結果他的名字在十八世紀的基督教世界經常被視為不信神與警示。當你拾起他的《天堂與地獄》來閱讀，你會很驚訝發現，當中沒有任何你以為會從那個時代的書中看到的神學推測。相反地，你會得到一種對天堂疏離的、相當有說服力的描述、旅行指南般的回憶。因為這個原因，《天堂與地獄》出乎意料地易讀（尤其是喬治・F・達爾〔George F. Dale〕從拉丁文翻譯的優質英文版譯文），任何對死後理論感興趣的人都應該閱讀。

天堂的結構

史威登堡的部分目的，是要探索天堂充滿變幻萬千的滾滾雲霧與靈魂的這種迷思。他的通靈旅程透露，來世是一個井然有序的王國，有不同的地區、級別和社群。身為一位科學家，他對於精準的描述感興趣。他提出以下幾點：

- 天堂有兩個國度：屬天的國度（heavenly kingdom）與屬靈的國度（spiritual kingdom）。屬天國度（上帝居住的地方）是較高階的國度，本能地接受上帝的真理，因此享受到屬天的愛，他們與天主的連結非常緊密。在屬靈國度的天使比較關心對鄰舍的愛，他們對上帝的愛來自於思想與記憶，他們與上帝的距離隔了一步。
- 其實有三個天堂：內層的（或中央的）、中間的與外圍的天堂。一個人的心與靈魂也是依同樣的方式安排，因此我們是天堂結構的呈現。在死亡的時候，我們會視接受真與善的程度，受到外圍或中間天堂的天使的迎接。對中央的天使而言，他們對於真理的直接欣賞與實踐之間，毫無隔閡。
- 天堂的光依不同的社區而不同。與天堂的核心愈接近，光愈純粹。距離核心愈遠，東西就愈粗糙，但它仍舊沐浴在天堂的光裡，與地球上的截然不同。

●整個天堂形如單一個體，每一種元素集合起來成為整體，但每一個元素也是整體的代表。如史威登堡所說：「每一個社區都是天堂的縮影，每一天使是天堂最小的組成。」「多數成為一」的原則，是上帝的原則。

●天堂之間有清楚的分野。發現自己在某一個天堂的人，無法真的進入另一個。如果你勉強進入另一個你不屬於的位階，你只會體驗到進入那裡的痛苦。

●由於這裡是純粹愛的國度，靈魂無法彼此隱藏：「在天堂，你無法戴上一張與你情感不同的臉。」在物質的層次，天堂是一個團體，每件事都是互相分享的。

●天堂有許多住所與建築，和地球一樣，因此耶穌說：「在我父的家裡有許多住處。」（〈約翰福音〉14:2）。

天使的生活

史威登堡對天堂的認識，其實得自與天使的交談，他們說地球上的人們對於靈性世界「盲目無知」。他很驚訝許多人，尤其是聰明有才智的人，他們的信念是基於感官資訊，不相信天使的存在。然而那些純樸的人，他們的信念是基於內在對真理的感覺，他們是對的。史威登堡確認天使和地球上的人類一樣真實。一些重點包括：

●天使有自我（ego），就和人類一樣，而他們對自我的愛有時可能會悖離上帝的愛。天使也會面臨情境或狀態的改變——喜悅、不悅等——視他們曝露在天堂之愛與光的程度而定。當天使處在自我狀態時，他們會相當沮喪：「對他們而言，天堂從他們的『自我』離開了。」

●天使具有力量，但是他們的力量大小，端視他們承認那股力量來自於上帝，而非他們自己的程度。

●在天堂裡，天使的衣著與他們的才智程度呼應：愈有才智的天使，光芒愈多。在地獄的人則衣衫襤褸。

●天使居住在社區裡，而他們也是物以類聚。

●天使住在漂亮的房子裡，而且有花園。這解釋了為什麼地球上的花園一直是天堂平和與美麗的象徵。

●天使對於空間與時間沒有什麼概念，因為這些向度在天堂並不存在，與地球上不同。對人類而言，每件事的發生都是依時間，有順序，但是在天堂裡，重要的是條件：「天使了解的永恆是一種無限的狀態，不是無限的時間。」我們的思考受限，因為這些思考包括了時間與空間，但是天界的個體在心靈上與精神上都是無限的，因為他們超越了時間與空間。

良善與真實

發現自己在天堂的人是那些被良善與真實吸引的人。愛自己甚於良善與真實的人，則會發現自己身陷地獄，這即是《馬太福音》6:33 所說的：「你們要先求他的國和他的義，這些東西都要加給你們了。」

史威登堡發現，地球上的每個人在他們內在都有一個通往身體的入口，上帝是從那裡流入。只有人類具有這項特點。就看我們是否要接受流進這個更高自我的愛、聰明與智慧。我們以為意圖是自己的，但上帝幫助我們植入意圖，讓它能夠形塑思想與行動。再一次，我們可以選擇追隨這些善意，或者拒絕它們。

在《天堂與地獄》裡，我們多次發現強調意圖的部分，因為天使告訴史威登堡，比起任何其他東西，我們的意圖決定我們是誰。如他所稱的這個「統治的愛」（ruling love）是最重要的，因為是它決定了我們生命的質素，以及我們在靈界將會居住在哪一個社區。

他說出一個重要的分野：有些人尋求良善與真實，有些人在良善與真實的掩護下自私自利。前者很自然地、不顧一切地為整體的良善而行動。

天堂的寶藏

人們以為苦行者或隱居者的生活是通往上帝的道路，但史威登堡被告知，這種人往往太憂傷，不真的關心他人。相反地，有很多人在商場上活躍，過非常世俗的生活，經營他們的生意，而且飲食無忌。這些人如果過著良知的生活，首先承認上帝，並且與其他人相處融洽，他們要進入天堂是沒有問題的。史威登堡的結論很有趣：「人們只有在世界上能為進入天堂做準備。」靈性特質的人也許希望能跳脫喧鬧的人生，與上帝獨處，然而，我們擁有世俗人生真正的理由，是要將自己投入大騷亂之中，並在當中盡我們所能。

《聖經》說：「駱駝穿過針的眼，比財主進神的國還容易呢！」史威登堡是闡釋《聖經》的天才，他評論說，這裡的駱駝代表的是認知與一般的訊息，而針的眼指的靈性的真理。由財主所代表的傲慢與自愛（self-love），從來不受上帝青睞，而懷抱單純信仰與信任的人，能輕易過渡到靈界。

總評

《天堂與地獄》只是一本栩栩如生的想像故事書嗎？若假設為是，你就低估了史威登堡，要記得他是一流的科學家，而且在他有過靈異經驗之前與之後，都沒有精神失常的徵兆。由於受到正常五官的限制，很難接受一個成人與天使對話、與西塞羅（Cicero）和路德（Luther）的靈魂談話（他也如此宣稱），然而，他的書應該放在古代傳統裡具有特異功能，或者「第二隻眼」的人來看，這些人能轉述他們穿越時空的旅行。對史威登堡的能力，在一次事件後更獲得證實：有一次他與朋友於古騰堡的聚餐上，他驚嚇地宣稱（距離三百哩遠的）斯德哥爾摩發生了大火。幾天後，一位使者果然帶來火災的消息，而且與史威登堡描述的一模一樣。

《天堂與地獄》包含了許多挑戰教會官方教義的陳述，然而史威登堡的科學背景，加上他的覺知，促使他如實地陳述他所見到的。他發現的是，信仰單純的人——一直相信天堂，而且嘗試依這個信仰提升他們人生的人——是對的，而基督教的知識份子，已經「擺脫」這種概念的人，是錯的。

伊曼紐・史威登堡

史威登堡於一六八八年生於斯德哥爾摩，父親是一位牧師與神學教授。他就讀烏普薩拉大學（Uppsala University），畢業後到英格蘭、荷蘭、法國與德國旅行多年，自學多領域的科學。一七一六年，瑞典國王指派他擔任皇家礦產學院的顧問。三年後，他在瑞典立法機構的貴族之家（House of the Nobles）找到一份職位，開始他半個世紀的公職生涯，包括為許多工程計劃提供諮詢。一七二九年與一七三四年之間，他出版了三冊的哲學與礦物著作。

一七四三年與一七四五年之間，史威登堡在荷蘭與英國經歷了越界經驗。一七五八年出版的《天國的奧祕》（*Arcana Coelestia*）是他第一本重要的神學作品。

一七六九年至一七七一年之間，因為教會控告他的神學理論，他在古騰堡以異端邪說遭到審判。他最後的重要神學著作是兩冊的《真實的基督宗教》（*True Christian Religion*），於一七七一至一七七二年之間在荷蘭出版。

一七七二年，史威登堡於倫敦去世，享壽八十四歲，他作品的追隨者於一七八七年成立了新耶路薩冷教會（New Jerusalem Church）。威廉・布雷克、愛默生、杜斯妥也夫斯基、海倫・凱勒、約翰・衛斯里（John Wesley）與榮格等人，都受到史威登堡的啟發。

1577

聖女大德蘭的靈心城堡

Interior Castle

「我的女兒們，如果一個人被問到他是誰，卻答不出來，也不知道他的父親母親是誰，或者他來自哪一個國家，這不是一種完全無知的徵兆嗎？雖然這是很大的愚昧，若我們不試著發掘我們是什麼，只知道我們活在身體裡，有一些模糊的概念，我們自己的愚昧也是無與倫比，因為我們已經聽過，而且我們的信仰也這麼說，說我們擁有靈魂。」

「如我所見，我們永遠無法成功認識我們自己，除非我們努力認識上帝：讓我們先想想祂的偉大，然後回到我們自己的根本；看見祂的純潔，我們將看見自己的污濁；藉由沈思祂的謙卑，我們將看見我們距離謙卑有多麼遙遠。」

總結一句

內在的靈性成長能夠激發偉大的世間成就。

同場加映

聖奧古斯丁《奧古斯丁懺悔錄》（2章）

G．K．切斯特頓《阿西西的聖方濟各》（8章）

瑪潔麗．坎普《瑪潔麗．坎普之書》（23章）

德蕾莎修女《一條簡單的道路》（42章）

蓋瑞．祖卡夫《新靈魂觀》（50章）

41

大德蘭

Teresa of Avila

在十六世紀的天主教國家西班牙，德蘭．桑切斯．德．塞佩達—阿烏馬達（Teresa Sánchez de Cepeda y Ahumada）這位少女喜歡盛妝打扮、閱讀騎士與浪漫小說。她生性活潑，有著雪白的皮膚和烏黑的亮髮，喜歡調情和小小的浪漫，但必然得暗中進行，以保守家族的名譽。

當德蘭進入成年，她對未來的選擇僅限於婚姻或成為修女兩條路。在亞味拉（Avila）郊外，加爾默羅會（Carmelite Order）的降生修道院（Convent of the Incarnation）是一個讓修女可以擁有自己的房間，可以接待訪客與閱讀的地方。這樣的自由很吸引德蘭，雖然父親希望她結婚，她仍然違背了他的願望，加入修道院，成為見習修女。原本她對上帝沒有任何使命感或特殊的親近感，但她發現修道院生活頗為投她所好。

憑藉她的聰穎和待人接物的態度，德蘭應該可以升到修道院長的職位，卻過著寂寂無名的生活。然而，她開始經歷了狂喜與異象，這些神祕經驗使她成為一個神聖的名人。西班牙當時處於宗教法庭的控制之下，而德蘭聲稱她的狂喜讓她能繞過教會的權威，與上帝直接交談。很多人認為這些對話不是與天主的對話，而是與撒旦，她必須小心翼翼。德蘭轉向告解人和有學識的宗教人士，他們有權正確診斷她的狀態為真實或想像。幸運地，他們探聽的結果，一致同意她的體驗確實是來自上帝的真正天分。

德蘭努力改革加爾默羅會（朝更嚴格的奉行），並且建立了十七座新的女修道院和兩座修道院。這些事蹟紀錄在她受歡迎且具影響力的《生活》（Life）一書中。儘管如此，《聖女大德蘭的靈心城堡》仍被認為是她的代表作。

這本書描述了德蘭靈魂成長的階段，原本只是要給加爾默羅會的修女們看，讓她們在靈性磨煉的過程中感覺比較不孤單。大德蘭的靈感起自她對靈魂的想像，「像是由單顆鑽石或是明亮的水晶建成的城堡，當中有許多房間，就像天堂裡有很多宅邸一樣」。

這本書的西班牙文版書名為「Las Moradas」（意思是「宅邸」）。現在我們來簡單拜訪這些住所。

第一重住所

靈魂生命的最初水平是連結到圍繞城堡的庭院，庭院裡潛行著罪惡的「有毒生物」。在這裡，藉由惡行的後果，靈魂慢慢學會了謙卑。靈魂被迫超越本能衝動，找到行動所需要的紀律。雖然上帝希望靈魂充滿期望，但靈魂識別與愛慕上帝的能力並不高，因此自我認知也受到限制。

大德蘭談到那些不斷忙於自身事務的人，他們從未意識到內在的寶藏。有些人確實透過祈禱和冥想，懷抱進入城堡大門的誠心願望，但他們的禱告次數太少而且薄弱。他們大多關注於他們的想法和依戀。

大多數人都符合這幅圖像，但大德蘭說，即使這些對你的幫助不大，然而單是試圖進入城堡的一樓，就是很棒的一步。

第二重住所

我們現在明白定期禱告的需要，以阻斷我們的舊習，並因此感受到與上帝親近的安慰。上帝很努力地招呼我們靠近，即使我們仍然糾纏於世俗的「消遣、商業、歡愉和斤斤計較」。魔鬼繼續試圖讓我們相信，物質與關係的本質是永恆的，而是非常重要的。大德蘭談到這個關鍵點：「惡魔為可憐的靈魂帶來多麼大的迷惘，而這是多麼令人沮喪，不知道它應該繼續前進，還是回到以前那個房間！」在這裡，我們心中必須牢記，所有世俗的事物都會結束，而上帝的愛是永恆的，因此我們才會明白，在靈魂城堡之外的生命，永遠不會帶給我們足夠的安全或我們渴望的平靜。

在第二重住所中，靈魂開始變得更能掌控自己，並尋找與上帝有關的事物，使其保持在靈性的道路上。透過祈禱，靈魂變得更能抵擋誘惑。雖然在對神聖國度真愛的第一次洗禮中，我們傾向於尋找靈性的益處。然而，我們應該樂於受更多的苦，並將我們的苦難奉獻給上帝。

第三重住所

到這個階段，我們也許已經被其他人認為是良善或具宗教性的人，然而這種曲高合寡的情況對尋找上帝的人是危險的位置。不論我們到目前為止，到達什麼信仰或虔誠的地步，在靈魂的第三重住所，他們正承受因為傲慢與遺忘敬畏上帝，而可能蒸發消失的風險。大德蘭建議我們保持謙卑，因為「我們從祂那裡得到愈多，我們欠祂的債愈深」。當我們未感受到強烈的愛與信仰時，可能會經歷一陣乾旱的感覺，但我們必須熬過它，不能躁動不安。

在心靈城堡內的這一個階段，我們站在大門口：要完成臣服於神明——或者回頭仰賴自己的理智。

第四重住所

這是心靈城堡的第一個神祕階段，較少仰賴自己，而是仰賴於上帝，帶著信任投入祂的懷抱。與其總是想著上帝，我們開始領受自然理解的禮物。大德蘭告訴讀者「不要想太多，但要有很多的愛。」這裡的住所如此美麗，我們無法向不能看見它們的人形容出來。我們開始得到自然的福祉或撫慰，甚至不需要額外祈求。這是我們覺知過程中期待已久的起飛點，恩典從此取代了受苦。

第五重住所

在這些圍牆之中，達成了與上帝的合一。我們可以祈求所有我們想要的，但是靈性的結合是一個謎。當它發生的時候，是絕對不會錯的。大德蘭在這裡運用了她著名的蠶的寓言。靈魂就像是以上帝的支持為食物的蠶，當我們到達完全信任的狀態，便被包覆在神明之愛的蠶繭中。只有從這個虔誠的包覆中，我們可以破繭而出成為蝴蝶，獲得前所未有的輕盈。大德蘭寫道：「他完全不具有還是一條蟲時的特質——也就是說，藉由逐步地編織蠶繭，他現在有翅膀了：當他能飛的時候，怎麼會滿足於緩緩地爬行呢？」

第六重住所

這時靈魂與配偶（上帝）訂婚了，但上帝想要在神婚前再做一點測試。靈魂會得到更大的獎賞，但也會得到更大的試煉。這時是我們對「靈魂的黑夜」最脆弱的時刻。

在這一重住所的靈魂因為上帝的聖顏而狂喜，油然而升起一股謙卑。經歷了之前所見所感，回到人間似乎是一種折磨。我們想完全地揚棄世界，除非在世上時仍能繼續為上帝奉獻。

第七重住所

最終，帶著完美的平和與平靜，與上帝神婚。隨著靈魂死去，這個人成為上帝在世間的完美代表：一位聖人。雖然事件與試煉仍不斷發生，但它們的發生彷彿是圍繞這個人，而不會真正影響他們。

前進的中介

對大德蘭而言，靈魂之旅分成兩個階段，從第一重到第三重住所是個人努力要接近上帝，之後的進展是來自上帝的恩典。

然而她警告，只有透過祈禱與冥想，我們才能開始進步。祈禱不是為了獲得什麼，而是為了接近上帝與祂的意旨。承認我們有所不知的這個舉動中，會有一股更高的力量幫助我們，如果祂被允許插手某個問題。我們在祈禱中愈想到上帝，經歷恩典或神明獎賞的機會就愈高。大德蘭鼓勵祈禱，即使你不認為那是有效的。神明的時間尺度與人類的是不同的。

上教堂、祈禱、讀宗教著作、原諒他人——這些如今看起來很老派，但這類的事能將我們抽離心中不間斷的絮語，提升我們到更宏大、更恆久的事。簡單的崇拜與冥想使我們保持正直坦蕩，提供一條清楚的道路，穿越心思的叢林。

總評

《聖女大德蘭的靈心城堡》通篇中，大德蘭表明她在「博學之士」面前的無知，描述她自己像是「一邊折翼的小鳥」，完全不擅長寫作，自認沒寫出什麼新東西。但是這幅知識淺薄的端莊修女圖像，大體而言是錯誤的。因為當她寫這本書時，大德蘭是一位權威人士，對愚昧之人沒什麼耐心。她專心致志，甚至有點自以為是，同時也是一位很好的協調者，學得一些財務與法律知識，她喜歡談論書籍，與社交人物建立關係，喜歡美食和談笑。她曾經說過一句名言：「悔罪有時，美食有時。」

無宗教信仰的心靈很難理解一個人如何可以把他們的愛，導向某種看不見的東西，但是在大德蘭的例子中，它只用來喚醒她的個體性與力量。如果她結婚了，她的人生不太可能有那麼多收穫，但身為「基督的新娘」，她開出了一條道路，在興奮度或目的感上，是她少女時期閱讀的騎士浪漫小說無法比擬的。確實，有一尊著名的義大利貝尼尼（Bernini）大德蘭塑像，雕刻的正是她沈浸於祈禱的狂喜中，她的神情彷彿正經歷高潮。這種熱情激勵了聖人在人世間的偉大成就。

大德蘭

大德蘭（Teresa of Avila，即「亞味拉的德蘭」）生於一五一五年。她的父親是一位改宗天主教的猶太人，一生活在被供出為非基督教貴族的恐懼中。大德蘭於一五三三年加入加爾默羅會，並在兩年後決定奉獻給教會。一五六二年，她離開住了將近三十年的女修道院，在亞味拉的一間小房子裡建立了聖喬瑟夫修道院（Covent of St Joseph）。一五六七年，加爾默羅會的會長要求她擴大她的女修道院改革。

大德蘭於一五八二年於阿爾巴（Alba）修道院去世，但她的遺體在幾個月後被掘出。由於遺體完全沒有腐壞，顯示她是一位聖人，她部分的遺體被分送到不同的女修院作為聖物。據說，她出土的身體散發出「神聖的氣味」。大德蘭於一六二二年被冊封，並於一九七〇年成為第一位獲得梵蒂岡教會博士學位殊榮的女性。

《聖女大德蘭的靈心城堡》只花了三個月完成，由她的友人帕德瑞・葛拉西安（Padre Gracian）編輯，他是赤足加爾默羅會的大主教。今天我們大多讀到的是未經編輯的版本，而作者參考的經典英文譯本是由艾德格・艾利森・皮爾斯（Edgar Allison Peers）完成的。

1994

一條簡單的道路

A Simple Path

「西方的貧窮是另一種貧窮——不只是孤獨的貧窮，也是心靈的貧窮。」

「沉默的果實是祈禱
祈禱的果實是信仰
信仰的果實是愛
愛的果實是服務
服務的果實是和平。」

——德蕾莎修女

總結一句

除了實質的幫助，也要將心靈的撫慰給予有需要的人。

同場加映

G·K·切斯特頓《阿西西的聖方濟各》（8章）
穆罕達斯·甘地《我對真理的實驗：甘地自傳》（13章）
大德蘭《聖女大德蘭的靈心城堡》（41章）

42

德蕾莎修女

Mother Teresa

關於德蕾莎修女的一生，其中一件鮮為人知的事，是她辭世的時間在一九九七年與黛安娜王妃車禍去世同一個星期。她們是我們這個時代最重要的女性中的兩位，各自以不同的方式受到愛戴，許多人認為，她的過世被一位比她更有名的人掩蓋過，是德蕾莎修女典型的謙卑。但對於她本人與她留下來的成就，我們真正知道多少？

儘管坊間已有許多傳記，德蕾莎修女並未寫下一本自己完整的書，《一條簡單的道路》算是很接近的作品。這本書是由宗教作家露辛達・瓦爾迪（Lucinda Vardey）匯編，從德蕾莎修女的角度撰寫，而且是根據與德蕾莎修女和她的仁愛傳教會（Missionaries of Charity order）修女、修士的訪談，以及他們在全世界的志工。

雖然是一幅不加批評的描繪，你閱讀完本書之後，對德蕾莎修女的工作只會充滿敬佩。對某些人來說，這本書有點太宗教性，因為文中穿插了祈禱文，許多段落提到耶穌的力量，但這本書也許最能清楚表現德蕾莎修女所代表的價值，當中描述諸多被賦予尊嚴的悲傷生命，將使許多讀者忍不住落淚。

德蕾莎修女的基本故事是這樣：本名雅妮・龔哈・波雅舒（Agnes Gonxha Bojaxhiu），一九一〇年出生於阿爾巴尼亞的司科別（Skopjet），是三個孩子中最小的。她生長在一個中產家庭，父親是建築承包商與進口商。她的父親英年早逝，母親經營小生意，以賣布和刺繡養家，建立了女性堅韌特質的有力典範。

十八歲時，雅妮來到愛爾蘭，成為羅瑞托修女會（Loreto Sisters）的修女，她知道她們在印度從事傳教工作。被派遣到加爾各答後，依法國著名修女小德蘭（St. Therèse of Lisieux）之名，改名為德蕾莎（Teresa），她在羅瑞托學校教書多年，後來成為校長。多年疾病纏身使她有時間思考，一九四六年，她接收到「第二次召喚」：去幫助加爾各答「最窮的窮人」。雖然修女會需要她繼續教書，她仍然於一九五〇年建立了自己的會社，即「仁愛傳教會」（Missionaries of Charity），穿著如今一般人所熟知的藍白長袍。

仁愛傳教會成長非常快速。到了一九六〇年，全印度已有二十五處會社，一九六六年更成立了仁愛傳教修士會（Missionaries of Charity Brothers）。一九七〇與一九八〇年代，德蕾莎修女在印度以外的地區建立許多分支，包括臨終醫院，為吸毒、酗酒、妓女興建收容所，也在美國與歐洲城市成立中心，照顧愛滋病患。她也為受虐或遭遺棄的孩童、痲瘋病人、結核病人，以及罹患精神病的人們成立收容之家。傳教會的工作還包括家庭計劃診所與讀經班。

雖然人們對德蕾莎修女最普遍的印象，是走在加爾各答街上的知名修女，但仁愛傳教會如今已廣布在一百個國家，從東京到波哥大到洛杉磯，全世界有超過五百個會所。最近五十年，天主教會的工作呈現穩定衰落，但仁愛傳教會卻大幅成長，即使在德蕾莎修女辭世後亦然。

德蕾莎修女的動機

在《一條簡單的道路》書中，德蕾莎修女回憶一次在倫敦造訪一間為遊民備膳的施膳房。她走近一位一直住在紙箱裡的人，這個人說：「我已經好久不曾感覺到手的溫暖了。」

德蕾莎修女經常提到許多人來到傳教會的會所，不必然是因為飢餓；他們想要被接受，想要獲得平靜，想要喘息。她說，仁愛傳教會的工作不是解決無家遊民該怎麼辦和告訴他們為什麼，而是讓人體驗到尊嚴，尤其在他們即將死亡的時刻。她有一句名言：「世界上有很多人為一片麵包而死，但有更多人為一點愛而亡。」

傳教會修女奉行貧窮，是為了能夠完全仰賴上帝的供給。她們只能擁有兩套衣服、一個水桶、一雙涼鞋、一個盛飯的金屬盤，以及基本的被褥。德蕾莎修女解釋說，少了苦行，他們的工作只是社會服務。傳教會的初始動機一直以來都是宗教性的，他們的工作是奉獻給耶穌。她很喜歡一句話：「愛，直到成傷。」因為修女們讚美苦難導致的弔詭喜悅，這個苦難直接導向一個目的，透過解救他人，他們也解救自己，這是傳教會的志工支持的信念。

自願的人生改變

《一條簡單的道路》中談及志工經驗的部分是最有力量的。很顯然地，擔任一段或長或短的志工時間後，對你的人生不可能沒有任何改變，而許多人明白了在一般的世俗生活中，他們過得不開心卻不自知。

斐妮（Penny）是一位美容治療師，無意間來到位於加爾各答的「垂死之家」，在這裡當了六個月的志工。她的工作包括為赤貧的人洗澡，雖然她所見到景象和從事的工作都是令人恐懼的，但這次的經驗成為她改變生涯，成為心理治療師的觸媒。德蕾莎修女說，收容院的部分理念是單純讓人們接觸窮人，如此一來，「他們就不只是那『數百萬』人，而是某個你真正接觸過的人。」

《一條簡單的道路》確實會讓你思考追求財富與世俗事物的價值。另一位志工彼德（Peter）說：「我想自己終於了解到，你擁有的東西愈少就愈快樂。當你見到修女們簡單生活的生活方式，那將會令你的生命全然改觀……我相信最簡單的路就是最容易接近天主的路。」另一位志工明白了他在老家的辦公室工作，不是真正的世界，與仁愛傳教會一起工作似乎更真實。每天見到生與死，讓我們全新看待芝麻瑣事。

富裕國家的生活可能讓人覺得孤獨與脆弱，但德蕾莎修女帶領的無私工作專注於情緒整合的層次，是一般世俗生活做不到的。傳教會的指導準則之一是「服務的果實是和平」。

禱告作為燃料

一九七六年，德蕾莎修女在紐約成立仁愛傳教會的默觀分會，名為「聖言修女」(Sisters of the Word)。這些女子的使命，只是在一天大部分的時間裡安靜地禱告。德蕾莎修女指出，如果你能緘默下來，上帝就能對你說話：「祈禱滋養靈魂——一如血液之於肉身。」

這本書寫了很多篇故事，是關於對的人在正確的時間出現來幫助傳教會，這是祈禱的結果。由於他們急需要幫助一貧如洗與生病的人，對許多修女與修士來說，禱告提供了用靈性動機成為他們充電的機會。如德蕾莎修女自己說的：「若沒有禱告，我甚至無法好好工作半小時。我透過禱告，從上帝那裡得到力量。」

在這本書中，禱告與原諒是每一種困境的解答。藉著去除我們的情緒，我們能讓上帝利用我們做最好的事，而這要從禱告開始。

擔任領袖的德蕾莎修女

許多修女被訪問到對於德蕾莎修女成立仁愛傳教會之前，在羅瑞托學校教學十九年的印象，她們一致沒有注意到特別的事，除了她羸弱的身體。然而，露辛達·瓦爾迪評論說，同一個人後來成為「典型的活力充沛的開創者，她看出了一種需要，並付諸行動，突破重重困難建立了一個組織、形成一個機構，在全世界廣設分支」。

是什麼使她如此具有靈視？從《一條簡單的道路》中，我們得到一幅畫像，是一位結合最堅強的意志與對上帝完全臣服的一個人。她強烈混合了務實與神聖性，讓她能建立一個在複雜度上幾乎與大企業匹敵的機構，同時啟發每一位見到她對於良善與希望，充滿純粹熱情的人。然而，德蕾莎修女必然具有某種程度的企圖心與慧黠才讓她的夢想成真，而且，當她認為符合傳教會或教會的利益時，她不會吝於取悅國王與總統。

總評

雖然德蕾莎修女的宗教名是取自單純而且像孩子的小德蘭，她自己的一生比較像大德蘭，這位建立十七座西班牙修道院，虔誠且坦率的修女，如同大德蘭面對權勢人士一樣辯才無礙（見前一章《聖女大德蘭的靈心城堡》）。和四十歲才建立她的第一座女修道院的大德蘭一樣，德蕾莎修女的起步也相對較晚。大部分的人不知道她曾當了二十年的教師，然後是校長，最後才參與眾所皆知的加爾各答貧民窟工作，當仁愛傳教會完全上軌道時，她也四十歲了。從這時開始，她成為二十世紀重要的「上帝的開創者」，在每一個洲大陸廣布她的組織。它的成長類似成功企業的加盟，其堅定不移的原則，使它得以成長快速，又不失去其堅強的身分認同與使命。

在麥爾坎．蒙格瑞奇（Malcolm Muggeridge）一九六九年的紀錄片《獻給上帝的美好事物》（Something Beautiful for God）上映後，廣大的世界才開始注意到德蕾莎修女。從那時起，大部分對她的評價都是美化主角，但最近幾年，批評者暗指我們需要檢視德蕾莎修女背後的迷思。作家克里斯多夫．希金斯（Christopher Hitchens）是其中抨擊最力的，他的指控包括以下數端：

- 德蕾莎修女是一個狡猾的人，總是與她的傳教會所在國家最保守的政治勢力為伍。例如她曾讚美阿爾巴尼亞的獨裁者恩維爾．霍查（Enver Hoxha），也是海地杜瓦利埃（Duvalier）家族的友人。
- 她是天主教基本教義派，反對梵蒂岡一九六〇年代的議事改革，而且試圖干預愛爾蘭對墮胎的公投。天主教會接受她，只因為她能吸引新的信眾。
- 雖然有大量的財務捐款，她管轄的醫療照護設施依然相當原始，呼應對她的指控，認為她的傳教會目標不是拯救生命，而是給予人們一個「好的天主教式死亡。」

雖然這些指控有可能是真的，兩相權衡，德蕾莎修女所做的善事仍超越這些負評。成千上萬的痲瘋病人、受虐兒童、吸毒者，因為傳教會的修女，命運大為改觀。任何大型組織都有其缺失，也有它要推廣的議題，仁愛傳教會也不例外。若沒有他們傳布耶穌的訊息，那麼，他們與紅十字會便幾無差異。

醫療照顧的水準顯然是重要的問題，但如德蕾莎修女在整本書中提到的，人們最渴望的是有人能直視他們的雙眼、對他們伸出溫暖的手。誠然醫院要修復人們的身體，仁愛傳教會則提醒人們，出了錯的生命和任何一個生命一樣重要，人類畢竟是一個靈魂。

1999

當下的力量：通往靈性開悟的指引

The Power of Now

「不用尋找你當下狀態以外的任何其他狀態；否則，你將建立內在的衝突與不知覺的阻力。原諒你自己的不平靜。你完全接納自己的不平靜的那一刻，你的不平靜便徹底變得平靜了。你完全接納的任何事會帶你到那個境界，會到你進入平靜。這即是臣服的奇蹟。」

「對生命不提出抵抗，即是處在優雅、放鬆與輕盈的狀態。那麼，這個狀態仰賴事情要以某種方式呈現，不論好或壞。它似乎很弔詭，但是當你內在對形式的仰賴消失了，你生命的總體情況、外表的形式，往往會有很大的進步。」

總結一句

要轉化你的人生，只要一個簡單的開悟：此刻即是你所擁有的唯一時間。

同場加映

聖奧古斯丁《奧古斯丁懺悔錄》（2章）
拉姆．達斯《活在當下》（11章）
一行禪師《正念的奇蹟》（31章）
鈴木俊隆《禪者的初心》（39章）
尼爾．唐納．沃許《與神對話》（45章）

43

艾克哈特・托勒
Eckhart Tolle

現代心靈書寫的傑作《當下的力量：通住靈性開悟的指引》（*The Power of Now: A Guide to Spiritual Enlightenment*）最初於加拿大出版。在美國發行後，它成為黑馬作品，使艾克哈特・托勒成為一位熾手可熱的心靈導師。

當大部分的心靈與新時代運動的寫作包含「到達越境狀態」的空靈概念，《當下的力量》將焦點集中於我們今天遇到的問題，以及此時此刻的我們。它也許是任何勵志書、成功書、心靈書經典中最務實的一本，因為它反對我們一般想像某個光明未來的傾向，而不曾真正認識當下。

這本書也是一本綜合佛教、基督教、道教與其他傳統的大作，滿足我們二十一世紀人們希望跳脫傳統宗教思維的渴望，並且承認最終所有宗教說的是同一件事。

托勒對心靈文本的浸淫，發生在他二十九歲突然開悟之後。在書的前幾頁，他回憶起這一幕，令人想起某些偉大的心靈自傳，然後帶我們進入作品，這本書是以問答形式呈現的。他突如其來從自我厭惡轉化到永恆的內在平靜與喜樂，起初也許很難令人相信，但這本書絕對值得往下讀。

你不等於你的心智

托勒寫道，我們的文明建立在心智的成就，而許多人確實成就非凡。我們自然地傾向混淆這個不斷處於思考狀態的心智，以為它就是我們。然而，在心智背後的「存在」，才是真正的「我」；藉著與它和諧一致，我們能夠控制我們的想法，從新的角度看待情緒。

直到我們能掌控心智之前，它掌控著我們。心智與它自己不停地絮語，很難將它關掉。它有很多意見，但都是根據過去發生的事。這使得要好好全新體驗當下發生的事，變得很困難。今天從來不會和即將到來或過去的美好時光一樣好。

也許，你已經相信這連續不斷的思考聲音是「你」，但其實這只是部分的你。托勒說，我們對思考上癮，因為藉著不停地思考，小我（ego）給予我們一種認同感。然而，連續不斷的思考使我們無法單純地享受此刻。

我們如何從強迫性思考中解放自己？從另一種眼光看待心智開始，我們看它說什麼？想什麼？改當一個見證人，觀看我們每天所經歷如海浪般來回捲動的思緒與情緒。當然，你會繼續使用你的思考之心解決問題與求生，但是托勒說，藉著保留一段客觀的距離、擁抱那背後真正的你，你就踏上開悟最重大的一步。當你能靜下來，關起思考的心智，即使只有短短的一刻，你不會因為這樣就進入夢囈或不省人事的狀態。相反的情況會發生：頃刻間，你能欣賞當下以及你周遭的每一件事，突然感覺更沈穩。

當下的新人生

有鑑於我們的心智一般的運作方式，要達到「當下」的狀態心看似非常困難。然而，單是承認它的存在，就能幫助我們增加許多完全「覺醒」的時間。例如，我們可以對自己承認，前一個小時裡，我們完全被擔心或悔恨的情緒或雜念橫掃，我們可以承認我們無法停下來。每次指出自己並未活在當下時，未來可以這麼做的機會便增加了。

托勒建議我們透過日常例行公事來進入「當下」：洗手、坐在車裡、爬樓梯、呼吸——覺知所有這些動作。如果這些動作是機械式而且自動的，我們便沒有全然地體驗當下。

托勒的基本法則是，我們愈抗拒目前情勢，便愈感到痛苦。很顯然地，如果我們總想著「這不可能發生」，木已成舟的事實會更難以承受。舉例來說，翹首盼望幸福快樂或飛黃騰達的一天，只會讓我們對目前情境的抗拒更加強烈。夢想我們是在某個其他的地方、和某個他人在一起、做某件其他的事，這些都有可能使我們的生活變成活地獄。這有解決的方法嗎？作者提供了一個弔詭的解決之道：

我們必須原諒眼前的情況，接受它可以是這樣的權利；即使我們憎惡這種情況，也要接受我們的憎惡是其中的一部分，但不能一直對自己說：「沒有這樣，不可能。」

托勒也談到人們對當下基本存在的不滿。他描述了正常狀態的思考心智為「幾乎持續的低水平不安、不滿、無聊或緊張──一種背景干擾」。我們總是努力地想遠離眼前這一刻的粗糙狀態，不論是透過緩解它，或是用飲酒、毒品來振奮它，或者是作未來的大夢、對過去的懷舊。當我們無法欣賞唯一擁有的當下時刻，懊悔或期盼的感覺就會產生。然而，藉由向它臣服，我們會找到面對正在發生的事的方法。我們可以開始見到自己的人生，亦即我們根本的存在，其實與我們的人生處境並不相同。

托勒刺激我們思考，當下實際上是沒有問題的。問題需要存在於時間裡，所以，我們愈活在當下，就分給它們更少的生命。他要我們收回對情勢的評斷，如此一來，與其認為某個事件是好是壞，它就只是原本的樣子。忍住恐懼與憎惡一秒鐘，我們將會發現解決之道正冒出頭來。

當我們的反應是出自深層的存在感，而不是馬不停蹄地努力成為某個樣子，我們便從恐懼中解脫了。弔詭的是，這種放鬆的狀態使我們在人生的處境中更容易成功。事情來到眼前的時候，我們接納它們的樣子，並很快適應它，而不是在事與願違時感到崩潰。

臨在的關係

書中談到開悟的關係那一章裡，托勒寫道，「大部分的『愛情關係』不久就變成愛恨交織的關係。」把愛情與鍾愛突然轉成兇惡的恨意，然後再回心轉意，我們認為這樣的反覆是正常的；如諺語所說的，無法和一個人相處，沒有他們又活不下去。我們以為如果可以擺脫負面的狀況，一切都會很順利，但托勒說，這是絕不可能發生的。愛與恨的兩極仰賴於彼此，而且只是「同樣機能失調的不同兩面」。

當我們相戀時，另一個人讓我們覺得完整，但缺點是對於對方的上癮，以及任何可能失去他們的恐懼。小我（ego）對完整有需求，然而浪漫愛情不是尋找完整的地方，因為這種關係給我們一種仰賴自身之外的某件事或某個人的那種自我感。我們全都帶著內心有著痛苦的身軀，但這個痛苦在愛情之中時，似乎被療癒了；然而這個痛苦依然存在，而且會在蜜月期結束後再次萌生。

托勒說，真實而且長遠的關係，不是讓我們覺得快樂或圓滿，而是帶出我們內在的痛苦，以便能夠脫胎換骨。它們會讓我們更有覺知，如果我們可以接受它，我們便可以前進到另一個境界，關係將自然地開花結果，擺脫不實際的期待。

如果你目前的關係像是一齣「瘋狂戲碼」，與其嘗試逃離它，不如深深地走進它，並接納事實。托勒宣稱，親密關係從來不會比它們現在更困難，而且它們也許是提供心靈成長的最大機會。

總評

與其長篇大論成功的計劃，《當下的力量》要我們更活在日常生活當下的每一分鐘，看看是否能讓每一刻都有意義。除非我們沒有在某個情境中完全臨在，或者在某個已經失去的關係中更「在場」，否則怎麼會悔恨？

某些形式的心理疾病包括無法關掉內在的對話。相反地，身心完全健全的人具有使心智安靜下來的能力，這種靜止能接通存在的真正狀態，對我們的問題提供完美的解決方案。

雖然《當下的力量》個人覺悟的風格在許多心靈經典中很常見，但這本書更新穎、更具革命性，而且是能實質改變人生的最實用書之一。

如果你拿到這本書，務必去讀它，而且不止一遍。這本書的寫作風格清晰明快，所以讀第一遍時，你可能以為你已經「收到訊息」了，但只有當這部作品的啟示付諸實踐時，它才能完全被了解。

艾克哈特・托勒

托勒出生於德國，曾就讀倫敦大學與劍橋大學，並在劍橋大學擔任研究學者與導師。最近十年，托勒經常擔任歐洲與北美一些團體與個人的心靈導師，目前則定居在加拿大卑詩省。《當下的力量》這本書已經被翻譯成十七種語言。托勒的其他著作包括《修練當下的力量》（*Practicing the Power of Now*）以及《當下的覺省》（*Stillness Speaks*）。

1973

突破修道上的唯物

Cutting through Spiritual Materialism

「『我』為了自利，經常企圖獲得和利用修道之法。」
「傳統的想法是，慈悲就是親切和溫暖……但真正的慈悲，從『我』的觀點來看是無情的，因為它不考慮『我』力求自保。真正的慈悲是『狂慧』，徹底聰明，但也狂放，因為它不跟『我』那一心一意求取自身安適的企圖打交道。」

總結一句

有時追求靈性的渴望，其實是渴望心理的安定。

同場加映

佩瑪・丘卓《轉逆境為喜悅》(9章)
G・I・葛吉夫《與奇人相遇》(16章)
鈴木俊隆《禪者的初心》(39章)

44

邱陽・創巴仁波切

Chögyam Trungpa

《突破修道上的唯物》是根據佛教大師與學者邱陽・創巴於一九七〇年與一九七一年發表的談話寫成的。當時他在科羅拉多州成立了靜坐中心，發現很多弟子帶著對靈修不切實際的期待而來。他們似乎對於真理的渴望非常殷切，但他們真正的動機是想要感覺好一點。

對於經年累月追求各種靈性修行的人來說，這本書可能很震撼。它無情地指出自我（ego）如何躲在試圖靈修的個人背後，而應該清楚有這種渴望其實正是自我的標誌。

這本書的前半部分探討的是我們相信自己正走在開悟之路的陷阱；第二部分，創巴描述了經由諸如四諦、空性與菩薩道的真正靈性道路。這篇評論主要的焦點在第一部分。

唯物三王

什麼是「修道上的唯物主義」？修道和唯物顯然很難被聯想在一起？

在藏傳佛教中有「唯物三王」：「身王」、「語王」、「意王」。創巴說，「身王」代表的是我們想要創造「可控制的、安全的、可預測的愉悅世界」的努力。在回應人生的不可預測時，「這是自我想要安住與娛樂自己、試著逃避所有煩惱的企圖」。

「語王」指的是我們想要將每件事情歸類、轉化成概念的努力，如此一來，我們便不需要直接體驗真實。每件事都經過我們建立的觀念形式來篩選。如身王一樣，這種形式物質主義的目的，是想要牢固我們周遭的世界，以及我們在當中的位置。

「意王」代表的是我們不要失去獨立自我覺知的努力。也許看起來不是如此，任何形式的瑜伽、禱告或靜坐冥想都可以被用來保守我們的自我感，進入某種更大的狀態，維持自我意識。有人想要離群索居，住在山區的洞穴裡，以遠離所有人生的煩憂、親近神明，這是典型意王運作的結果。

創巴寫道，自我的穩固感阻絕它吸收任何新事物，因此，它將只想模仿心靈修行，而不是被它改變。畢竟，自我為什麼會誠心想要參與一件也許會讓自己被淘汰的事？它自然只想尋求能確認自己身分地位的事；而如果變得「宗教性」能符合這個目標，它會被視為自我意識的另一個層次。這就是修道上的唯物主義。

相反地，真正的修道包括抽絲剝繭，削弱自我對我們行為與覺知的掌管。

紮實的幻相

創巴的區別使我們再次檢視我們以為的靈性。我們只是試著強固自己以為良善、靈性之人的認同感？或是我們已經準備好自剖，看看到底裡面有什麼？也許裡面真的有一個堅實的自我，我們不惜任何代價在保護它。

驚訝地承認這一點後，也許你會很有智慧地歸結說，其實你沒有真的想走上靈修之路以及學習與它相關的事，你不想在某種廣大的宇宙心靈中失去自己。不管怎樣，在滲透你的思想每一個層面、甚至滲透到看似冠冕堂皇的靈性生活渴望後，你也許得到結論，認為自我不可能放棄它對你的存在的掌控。你成了一艘三王無助的法船。

然而在這個時點，創巴說，你可以打開你真實的知見，因為只有當你看見自己不過是一個自我保護的人，你才有可能有一點機會成為別的樣子。我們愈思考，愈被說服我們即是我們的思想。有了這麼多煩惱和焦慮，似乎沒有什麼比思考的自我更真實。自我想要我們相信，我們的思想之外別無其他，這麼做的時候，我們的自我心成為一個堅硬如石、無可逃脫的現實。

相對地，靜坐的目的是讓我們所有的屬別與固戀蒸發，讓牢固的幻相如是觀。當我們看見沒有必要頑抗以證明我們的存在，我們便有了清明與開悟的開端。

開始真正的修行

創巴寫道，自我偏好靈修壯舉，例如閉關一星期，或者成為素食者。這種經驗可能使我們興奮，因為我們拋棄了舊的、未開悟的自我，但是我們總是會回到原點，再次面對自己。我們可以「丟掉西裝進入靜修處，」如創巴所說，但這樣浮誇的改變，只會更牢固我們的認同感，亦即將改變我們人生的「我」的意識。

只有當我們看出自我甚至控制了我們想要放鬆自我的企圖，我們才能停止極力朝向偉大開悟經驗的行動，讓事情順其自然。我們可以停止靈性的採購，決定與原本的我一起努力，而不是那個以為這些經驗將成就我們且得意洋洋的自我。

當我們能自嘲自己的偽裝，便能夠走在真正的靈修道路上。而加入某個邪教的狂熱改宗者或個人，往往失去所有的幽默感。因為他讓每件事都變得黑白分明，宣稱他們「找到了路」，他們的喘息來自於把世界變簡單了：不再需要接受現實的本來面貌，活在支撐他們的某些信念之中。他們不會承認他們尋求的是安穩，但這是他們所得到的。如創巴所寫的，這全是自我的傑作，想讓事情更牢固與更確實，甚至讓它自己更百毒不侵。

真正的靈性比較日常，甚至是乏味的。我們必須放棄我們的希望，認識失望。創巴說，失望是智慧的標誌，因為「它沒有確認我們的自我及其夢想的存在」。相反地，它讓我們知道有某種東西能超越自我的控制，世界上存在著非自我欺騙的自我意識。我們需要對自己說：「我願意睜開眼睛看看生活中實際的情況。我不願意把它們看成是心靈的或神祕的。」

這是《突破修道上的唯物》的弔詭之處，呼應了鈴木的《禪者的初心》——一旦你走在禪行的路上，便知道禪行不是什麼特別的事。它只是看著如實的生活，沒有那麼多的心理架構——信仰、理論、救贖幻想是建立在它上面。

救世主的神話

創巴評論說，如果人們只是在街上或餐館碰到他，沒有人會聽他說話，但是當他們知道他來自西藏，並且是創巴祖古（Trungpa Tulku）的第十一輪轉世時，他們突然蜂湧而至。他討論了一個常見的模式，就像有人發現了一位心靈顧問，對於這位即將開啟宇宙神祕大門的傑出老師大感興奮。但是，經歷過這個大費周章的階段後，他將驚訝地現，在真正靈修的道路上，沒有人會為你做任何事；你必須通過無聊的此刻。

創巴的另一個祕密是，我們不應該「尋找善」或者「專注於光明」。真正的靈性意味著接受一切，善與惡、黑暗與光明，都是整體的一部分。努力行善，努力避惡，是一種二元性。在靜坐中，我們不會用二元論來思考——這是一種天真的存在方式。我們想要全然體驗。

總評

大量而且高品質的著作，以及身為美國與全世界諸多靜坐中心與研修機構的創始人，創巴是二十世紀佛教中重要的人物之一。

然而，他不是典型的西藏僧侶。創巴棄戒還俗、結婚，而且還是重度飲酒者與吸煙者（他的早逝是因為肝硬化），而且他與女弟子有性關係。然而，他顯然不認為這些事實與他作為一位靈修教導者的工作有任何牴觸，而且把這些說成是「狂慧」，或者說自然反應。

不論你對創巴為人的觀感為何，《突破修道上的唯物》不只在東方哲學上是一部里程碑之作，在一般的靈性思想上亦然。不像鈴木俊隆與尤迦南達這一型將東方宗教帶到西方，但仍維持東方風格的人物，創巴身為現代（非常自由思想派）美國人的生活型態，也許促使他對於世俗的心靈有更深廣的見解，能將靈性獨立分開而且被獲得。

創巴警告說，尋求靈性的人最後有可能只是收集到有趣的文化經驗，而不是能真正拿出什麼。相對地，我們比須帶著「根本智」來接近靈性的事物，對過於虔誠或具個人魅力的古魯保持謹慎。言之有物的方式對任何想要真正解答，而非只是啟發的人，極具吸引力；而在這個充斥著成千上百種誘人的靈修道路與經驗的世界裡，這本書就像一座燈塔，讓你免於撞上靈修的大石塊。

邱陽·創巴仁波切

創巴於一九三九年生於西藏東部，是第十一世的創巴祖古，或者說是藏傳佛教噶舉派轉世傳承的持有者，噶舉派特別注重靜坐冥想的修行。不到二十歲，他就被指派為蘇芒寺系的總住持；一九五九年，當中國入侵西藏，他靠著騎馬和步行，千辛萬苦逃到印度。接下來的幾年，他在達賴喇嘛的指派下，在達爾豪斯（Dalhousie）一所為年輕喇嘛成立的學校服務。

一九六三年，創巴拿到一筆獎學金，赴英國牛津大學修習比較宗教學、哲學與藝術。一九六七年，他在蘇格蘭成立了西方第一座藏傳佛教修行中心三昧耶林；但不久後他遭遇一場嚴重車禍，導致身體的左側部分麻痺。他後來棄戒還俗，結了婚，並移居美國，在佛蒙特州建立一座靜坐中心。一九七〇年代，他陸續成立多座靜坐中心，大量寫作，並且建立了那洛巴學院（Naropa Institute），這是一所位於科羅拉多州的藝術學院。他的教義與靜坐組織「香巴拉訓練」（Shmbala Training）在很多國家都有分支。

創巴於一九八七年辭世。他所使用的字彙「無我」（egolessness）被收錄在牛津英文字典裡。

1995

與神對話

Conversations with God

「你與上帝是夥伴。我們分享一座永恆的修道院。我對你的承諾，是永遠給你你所要求的。你的承諾是詢問；去了解詢問與回應的過程。」

總結一句

上帝的想法也許比你想像的更容易接近。

同場加映

聖奧古斯丁《奧古斯丁懺悔錄》（2章）
海倫・舒曼&威廉・賽佛《奇蹟課程》（36章）
大德蘭《聖女大德蘭的靈心城堡》（41章）
艾克哈特・托勒《當下的力量：通往靈性開悟的指引》（43章）

45

尼爾・唐納・沃許

Neale Donald Walsch

尼爾・唐納・沃許習慣把他的思緒用書信形式寫下來，而在他人生非常困頓的一段時期，他草草寫下一封憤世嫉俗的信給上帝。他要求知道：他的人生為什麼總是困苦掙扎？為什麼他的婚姻總是失敗？為什麼他總是沒有足夠的錢財？

然後，一件奇妙的事發生了：他感覺到他的筆幾乎是有了自己的意志地動起來，答案開始如江河而下。他說，他開始「和上帝對話」，一個問題接著一個，直到有了足夠的素材可以出版一本書。這本書即使是草稿的形式，便足以對人們產生巨大的影響，當他出版時，更一舉成為暢銷書。

人們很容易對《與神對話》（這篇評論是關於第一部）抱持懷疑。這些確實是上帝的思想透過一個人寫出來的，或者是沃許在追求靈性過程中學到的精彩合成？即使你相信後者，也很難否認書中部分答案的深度與強烈本質。例如，沃許質疑上帝為什麼之前沒有提供人生的明確指引？上帝反駁說他確實提供了，但大部分的人充耳不聞，而其中一個原因是，我們不想聽自己以為不對的話。

「向前進，以你所有知道的來行動。但要留意你從一開始就一直在做的事。並且看看世界的形貌。」

尤其是談到人類靈魂、與上帝的連結、自由意志等這一類深度的議題時，這本書能為讀者啟發反思，甚至敬畏之心。問與答的段落橫跨各式主題，諸如戰爭、性、輪迴、婚姻與身體。這裡我們把焦點放在人生的主題，如創造、個人力量與富足。

自我力量的覺醒

大部分的人認為人生是一連串的試煉，或者是發現的過程。《與神對話》裡一再強調，人生其實是關於創造。畢竟上帝是一位創造者，而作為上帝的呈現，我們的工作是把人生花在創造上，而不是無意識地根據別人的規則走，或者根據傳統宗教的期待。

當沃許絕望地問到：「我的人生何時才會起飛？」上帝回答說，當他對於他想要成為什麼、想要做什麼、想要擁有什麼，這些想法變得像水晶一樣透明時，他的人生就會起飛：

「因為在你大部分的人生中，受到的是你的經驗的影響。現在，我邀請你成為這些經驗的理由。」

無論有意識或無意識，我們全都遵照思考的創造公式而活，而這些想法接著變成語言，接著變成行動，我們從來沒想過有多少漫無目的的想法真正創造了我們的世界。由於雜亂的或不正確的思緒，我們很難擺脫平庸。當然，上帝比較不關心我們的世俗成就，比較關心我們存在的狀態，然而，最佳的存在狀態自然能輕易地導向傑出的成就與結果。我們本身愈完整——也就是清楚我們的立場以及我們選擇要創造什麼——我們的成功將會愈真實、愈持久。

偉大的必然性

對人們來說是好高騖遠的事，從上帝的角度來看，是被期待的。我們必須以上帝創造的方法來假設我們擁有的力量，對我們自己有更寬廣的認知：

「你不斷選擇較小的思維、較小的想法、對你自己與你的力量最小的概念，完全沒說到我與我的（想法）。」

由此看來，上帝不是令人畏懼、要求服從的天主，反而在我們心中植入「夢想遠大」的概念。我們的錯誤在於相信我們並不偉大，必須用我們的生命尋求進步。這是掙扎困苦的人生，但實際上，上帝想要我們明白我們是具有物質形體的神，已經是完美的，已經是絕妙的。藉由認可我們的偉大，我們可以擺脫因為懷疑自身是否值得而導致的人生痛苦。

沃許學到，人類的幻相是，偉大的結果從來都是不確定的。上帝說：

「幾千年來，人們不相信上帝的應許，因為最不可思議的原因：它們太美好，不可能是真的。」

換言之，對我們有限的認知來說太美好；若擴大對於我們與上帝能耐的理解，我們宗教文本上所有的聲明開始聽起來都是真的。

共同創造的默契

《與神對話》拋出的想法是，我們每一個人都被賦予完美的神聖計劃，如果我們錯過它，將會被懲罰。我們被賦予自由意志，字字屬實。那麼照道理，上帝與我們的關係就不是主人與僕人，而是平等地參與創造世界。

上帝告訴沃許，宇宙中存在著建立好的法則，如果遵循它，就會賜予一個人他所選擇的。我們遵循這些法則或是違抗它們，但是不能無視它們，因為宇宙是依它們運行的。上帝的法則之一是，不論一個人要求什麼，他們就會得到（「你們祈求，就給你們」〈馬太福音〉7：7）；相對地，我們的任務是了解這個過程實際上如何運作。

在我們與上帝的傳統關係中，我們祈禱願望，希望我們的請求得到應許。然而，禱告、希望、下跪、懇求——這些與合作創造的夥伴關係一致嗎？當他發現為什麼他經常得不到他祈求的東西時，他突然恍然大悟：他的懇求與願望是對宇宙發出他缺乏的聲明，而我們的現實會完美地反應我們的心境，結果他發現自己所處的實際情況，便是缺乏的狀態。

因此，祈求某件東西往往有相反的效果：這會把願望推向更遠的地方。懇求式的祈禱意味著與上帝的關係是微弱的，所以結果也會相對應的微弱與微小。要表達事情的方法，是感謝已經存在的東西，不論是物質形式與否。上帝，或者宇宙，會獎賞那些對於任何事物能輕易產出而感恩的人；如果我們能認出神明的力量，突然間，它就變得更容易接近。上帝告訴沃許，當選擇擁有某件事時，主人（進化的人類）「事先知道這個動作已經做了」。

富足的機制

沃許被告知，如果他想要在財務上成功，他必須改變他對金錢根深蒂固的想法。如果這些潛在的想法是他很少得到他想要的，他永遠不會有足夠的錢生活，那麼，這樣的情況一定會持續。

思想會成為文字，文字會成為行動。上帝告訴他，這不過是因果法則。例如，開始自然地對你的金錢慷慨，你將會發現你活在一個富足的世界。宇宙會反射我們的話到我們身上成為現實，所以，如果你缺錢或缺乏成功，你兩個都不會擁有。你只是製造缺乏的狀態，而不是存在的狀態。如果你投射到宇宙關於金錢的感覺是混雜的訊息，至少你想要獲得更多的企圖也會混雜其中。

因此，上帝建議，對宇宙與自己發出聲明時，不僅要包括你想要的，也要包括你感恩已經擁有的——例如：「謝謝你，上帝，為我的人生帶來成功。」

總評

從傳統基督教重視犧牲與受苦的觀點，這本書的訊息也許看似自私。沃許的上帝命令我們首先思考自己在人生旅程上的個人成長。傳統宗教將上帝承奉在上，我們在下，但這本書說，我們與上帝可以是共同創造的夥伴。

這也許看似是褻瀆神明的概念，但試著敞開你的心。至少，你可以體驗到沃許跳過禱告，直接與一個他相信是造物主的聲音交談的興奮。這個系列儼然成為許多人的新聖經，因為它的語言如此直接，而且經常提到現代生活。誠然寓言故事與神話曾經是傳遞心靈概念最好的方式，《與神對話》迎合了現代人對「問與答」和「常見問題」的喜好。雖然這本書移走了一些我們對神聖關係的神祕感，但它也使我們擺脫了心靈智慧只能透過神聖的自我奉獻或神祕知識而來的想法。

尼爾・唐納・沃許

沃許在威斯康辛州密爾瓦基的一個羅馬天主教家庭長大，他的母親鼓勵他成為一位神學的自由思想家。中學畢業後，他就讀威斯康辛大學，兩年後便輟學，去追逐他對電台工作的夢想。他後來成為一位電台總監，之後擔任報社記者，然後是公立學校的公關。搬到美國西岸後，他成立了自己的公關行銷公司，但在工作上一直無法穩定下來。在私生活方面，他結婚又離婚了四次。

事情一波未平一波又起。在一場車禍中，他摔斷了脖子，之後的復健使他丟了工作。他發現自己無家可歸時，只好回去找全職工作。一九九二年，沃許四十九歲時，他開始撰寫《與神對話：第一部》。《與神對話：第一部》在《紐約時報》的暢銷書排行榜上蟬聯兩年半，而《與神對話》系列已經被翻譯成二十七種語言。他最近的一本作品是《與神對話之新啟示》（*The New Revelations*）。

2002

標竿人生

The Purpose-Driven Life

「人生的目的不單是追求個人的實現、心靈平靜，或是你的喜樂，它遠比你的家庭、事業，甚至比你最瘋狂的夢想與抱負意義更重大深遠。若要知道你活在這世上的原因，你必須從神開始。」

總結一句

上帝創造我們有其理由。如果我們認識上帝，這個理由將被揭露。

同場加映

安薩里《幸福的煉金術》（14章）
C·S·路易斯《地獄來鴻》（25章）
伊曼紐·史威登堡《天堂與地獄》（40章）

46

華理克

Rick Warren

華理克的書發表了一項重要聲明：最終，你將知道你人生的目的。如耶穌在曠野中待了四十天後徹底改變了，摩西在西奈山上待了四十天徹底改變，作者告訴你，藉由每天讀一章《標竿人生》，四十天後，你的人生也將徹底改變。

這本書是狂銷暢銷書（銷售超過一千萬冊），原因不難看出。它強而有力的理念、有權威的《聖經》支持，而且整本書都是引人的版面、對話形式以及革命性的口吻，彷彿是個人樣式。華理克的基本概念是，人類由上帝設定去尋找他們人生的意義，因此，只有在我們明白我們是神聖的後裔，才能實現我們的潛能，或者成就任何真正的圓滿。

明確的原因

一開始華理克便強調，他的書與一般勵志類中關於人生目的的書不一樣。那些勵志書讓讀者自問他們想從人生得到什麼？去設定目標、釐清目標，但華理克認為把焦點放在「我」，永無法揭露我們真正的目的。他的極端論點是，世俗的成功和依目的而活，即使我們對兩者都駕馭自如，仍是兩件相當不同的事。他說：「人們沒有了解的是，所有的成就最終都會被超越，紀錄會被打破、名聲會消退、貢獻被遺忘。」你以為會持續永遠的事，最終都會淪落到歷史的廢物堆。

想要知道你在人生中所做的事是否真正值得，唯一的方法是確定這是上帝的計劃中的一部分。這本書第一章的第一行字寫道：「生命的重心不是在你。」因為上帝創造了你，只有上帝知道祂對你的人生有什麼目的安排，要發現它，不是透過世間的智慧，而是要透過上帝的話。與其依賴「通俗的心理學、成功—動機，或是勵志故事」，華理克說，人生必須建立在永恆的真理之上。我們不是靠計劃、思考或哲學思辨發現我們的目的，而是透過直接的揭露。當你敢問你為什麼存在，你可以確定得到一個答案。

降服

華理克寫道，在我們以權力為基礎的文化裡，向任何事或任何人降服，都可能被認為是失敗者的標記。我們想要成功、勝利、克服——不投降或讓步。然而，基督教的方式確實要求我們要降服於上帝，「將我們的雙手從方向盤移開」。我們認為這樣會毀了我們的人生，但華理克說，讓上帝接手能帶來自由。

降服並不是要我們放棄我們的性格，事實上，它也許會帶出我們的性格，及其他許多沈睡中的能力。我們擴展成更偉大的人，而回首以往的人生，還會納悶為什麼我們浪費了這麼多時間。我們崇拜權力，但卻小心翼翼地猶豫是否該走上能使我們比現在更強大的路。我們真的相信自己了解的比上帝還多，因此，只會在需要的時候召喚他，但是我們將無法看見我們真正的潛能，除非我們全心全意降服於上帝的方向。

如華理克所說：「降服不是最好的生活方式，乃是唯一的生活方式，其他沒有一個行得通。所有的其他方法都只會帶來挫折、失望與自我毀滅。」降服是有道理的，因為這承認了我們能夠擁有世界上所有的計劃這個真理，然而，如果這些計劃與上帝的計劃不同，只會徒勞無功。降服不僅是信仰上的一大躍進——而且是我們可以用人生所做的最明智的一件事。

關係

華理克說，上帝最想做的一件事，是當我們的朋友。這是所有發生在我們身上的事、將我們帶往上帝的最終目的。他想要我們將祂納入我們的思緒，甚至與我們激烈爭吵。上帝不想要「虔誠的老套」，而是要真實的關係。很多人認為，當我們談到上帝時，一定要必恭必敬，但是當上帝能一眼看穿我們的思緒，不管好或壞的思緒，這樣的想法便不符合邏輯。真實的神聖關係的基礎是誠實，通常包括坦白的質疑與懇求，也許包括憤怒。華理克寫道，當我們說出情況很絕望的想法，上帝並不會覺得被冒犯，只要我們打心底相信上帝依然存在，無論如何都這麼相信。

最重要的是，我們被要求的只有信仰，即使被要求做的事毫無道理。華理克用一章來寫諾亞，他遵循上帝的命令，開始建造一艘方舟，因為上帝告訴他未來一定會發生一場大洪水，即使他居住的地方降雨稀少，而且距離海洋非常遙遠。

華理克給了這條警告：「你會受到種種試煉，包括重大改變、延遲的承諾、不可能的問題、禱告沒有回應、殘酷的批評，甚至毫無道理的悲劇。」與上帝建立關係並不意謂我們從此離苦得樂，而是認知到事情的發生是有目的的，而部分的目的是試煉我們的性格、忠誠與愛。當人們憤怒地說：「這些事是要來考驗我們的」，他們是對的，因為在人生中大大小小的事件中，我們有無數的機會展現信仰。如同在婚姻關係中，沒有信任就沒有婚姻關係的基礎；有了信任，上帝能透過你完成的事，便無可限量。

敬拜

時下有許多書籍探討如何發現人生的目的，但華理克道出它們幾乎缺少的部分，甚至基督教的書也不例外。他說，我們的目的只是部分展現我們的能力，以及從生涯或家庭生活的角度做出一些貢獻。

我們存在更根本的原因，是透過敬拜，榮耀上帝。身為一間大型教會的牧師，華理克自然對此有所偏袒，但他也指出，榮耀與取悅上帝的渴望是人性的一部分，所以，我們不可能實現我們真正的潛能，除非我們承認我們是服侍上帝的被創造物。

許多人上教堂解決他們的問題，或者想要得到社群感，但上教堂是為了敬拜，它本身就是喜悅的。馬丁路德有一句名言：「擠牛奶的女孩可以透過擠牛奶來榮耀上帝。」華理克提到這句話來支持他的想法，認為我們有無數的機會來讚美與榮耀上帝，而上教堂提供了美妙的焦點，讓這件事發生。我們必須轉換焦點，從關心我們從人生得到多少快樂，轉換成關心上帝從我們身上得到多少快樂。

為永恆而活

華理克的標竿人生之核心概念是，我們需要活在永恆的脈絡裡。我們在地球上的人生是為死後的生命做準備，就如同我們在子宮裡的時期，只是為子宮外的人生做短暫準備。用另一個比喻來說，他指出，雖然我們無法了解天堂是怎麼一回事，就像一隻螞蟻無法理解網路，我們能夠知道的——《聖經》告訴我們的——是我們在人間的生命會大大影響我永恆生命的品質。對永恆的覺知必然會改變我們如何看待日復一日的生活。我們的廉價娛樂、趕流行的人生，與我們和上帝的關係相較，突然間變得膚淺，相形見絀。如華理克所說：「我們與上帝愈親近，其他的東西看起來愈微不足道。」

華理克寫道，《聖經》中多次提到我們在地球上的人生就像是住在異國他鄉。我們也許會對這個新的地方有所依戀，但我們應該永遠記得我們是從哪裡來，將回到哪裡。為什麼大部分的我們會一直對人生有不滿的感覺？華理克說，這是上帝要我們明白一件事的方式，這件事就是：這個世界永遠不會真正滿足我們，我們真正的家是永恆。

總評

許多讀者會被這本書的基督教基本教義本質而敬謝不敏。華理克經常提到，只有透過對耶穌的信仰，我們才會「得救」，這樣的論點是有一點嚇人。華理克從頭到尾沒有一次提到基督教以外的信仰或傳統；宗教狂熱是一件事，但拒絕其他信仰的真理在某些地方使《標竿人生》似乎相當狹隘。世界上其他宗教有這麼錯誤嗎？許多讀者也會被華理克對於傳教，或者到海外宣教給予如此多的關注而感到驚訝。

儘管如此，《標竿人生》依然是一本傑出的當代心靈著作，而且未來還有很長一段時間會被廣泛閱讀。一部分的原因是，它為一般的消費社會提供了另一個選項，而且對於已經衣食無虞的人來說，缺乏意義與心靈連結成為一種徘徊不去的飢渴，必須被滿足。華理克有一次使用了「反文化」這個詞來形容心靈取向的人生。不信教者看待上教堂的信眾時，認為他們被洗腦了，卻看不出也許是他們自己被通俗文化的價值觀洗腦了。有意識地避免採納流行的態度，在每件事上維持與上帝的連結，這是對世界發出的強有力聲明。相較於現代倫理要我們設定自己的議程、達成我們的目標，華理克要我們讓上帝接手人生。在一個「爭取你想要的」文化裡，華理克的訊息是很極端的。

這本書成功的另一個原因，是他使用了成百上千的聖經引言，它的論點很難加以駁斥。華理克並沒有試圖讓讀者成為一個基督徒仿製機，他不斷強調每一個人的獨特性（利用基因科學來支持他的論點），以及為什麼我們每一個人生存在世都有一個特別的理由。雖然《標竿人生》完全不是撫慰人心的淺薄故事，它著墨許多個人的黑暗面，而只有當我們決定降服的時候，才能脫胎換骨。華理克寫道，上帝「擅長給人們全新的開始」。大部分的我們只是隨緣地考慮要改善我們的人生，而徹底改變是可能的。

華理克

華理克生於美國加州的聖荷西（San Jose）。他是一位浸信會牧師，擁有加州浸信學院（California

Baptist College）文學士、西南神學院（Southwestern Theological Seminary）碩士，以及福樂神學院（Fuller Theological Seminary）教牧學博士學位。

華理克與她的妻子凱（Kay）於一九八〇年在加州的森林湖（Lake Forest）成立馬鞍峰教會（Saddleback Church），是全美最大的教會之一。他的前一本書《直奔標竿》（*The Purpose-Driven Church*）銷售超過一百萬冊。

1951

等待上帝

Waiting for God

「就如同一個人必須學習認字或是作生意，他也必須學習感覺所有的事物，第一件而且幾乎是唯一一件事，是宇宙對上帝的服從。這真的是一種實習。像實習一樣，需要時間和努力……完成實習的人會認識事情與事件，不論在任何時間、任何地點，就像是同樣神聖與無限甜美語言的震動。」

「友誼有其普世的特質。它包括了愛一個人，如同我們應該喜歡每一個靈魂，尤其是所有那些組成人類的靈魂。」

總結一句

摒棄集體的思維方式，創造你獨特的靈性。

同場加映

G・K・切斯特頓《阿西西的聖方濟各》（8章）
愛比克泰德《手冊》（12章）
道格・哈馬紹《路標》（17章）
大德蘭《聖女大德蘭的靈心城堡》（41章）

47

西蒙・韋伊

Simone Weil

一位左翼的知識份子如何變成一位二十世紀最知名的神祕家之一？這是西蒙・韋伊短暫一生的謎。

她出生在巴黎一個中產階級猶太家庭，本身是不可知論者，也是一位從中學到大學一帆風順的天才學生。一九二八年到一九三一年，她就讀師範大學，成績全班第二，排在西蒙・波娃（Simone de Beauvoir）之前。她喜歡希臘的斯多噶派哲學，喜愛翻譯荷馬和索福克勒斯（Sophocles），而且也會撰寫關於畢達哥拉斯的評論。韋伊很欣賞英國形上學詩人，閱讀《薄伽梵歌》、學習梵文，而且從阿西西的方濟各與十字約翰（John of the Cross）找到靈感。然而，她只把靈性視為文化有趣的一部分，直到生命晚期，她從來沒有禱告過。

二十歲到三十歲間，她在不同的學校擔任教師，但她的熱情所在是法國勞工的福祉。有一年，她請假到雷諾車廠與工廠黑手們一起勞動，有好幾個暑假，她與農夫一起在葡萄園工作。後來她染上了疾病，一九四〇年時與父母一起搬到馬賽。她在那裡遇到了天主教培漢神父（Father Perrin），這位神父在她生命的晚期成為她的朋友與心靈導師。

《等待上帝》包括了許多韋伊寫給培漢神父的信，加上幾篇散文。這本書從來就沒有成書的計劃，是在她去世後才出版的，但是這本書對她的思想提供了絕佳的入門。你可以找一個有收錄雷斯里・A・費爾德（Leslie A. Fielder）獨到見解作為引言的版本。

門外的聖人

在「心靈自傳」這一章裡，韋伊說到自己曾經是一個情緒化、缺乏安全感的青少年，活在她天才哥哥的陰影下。她說，她不擔心缺乏外在的成功，卻很在意自己被隔絕在「智慧與真理王國」之外。然而，她突然有一個領悟，明白如果你的心意堅決，你不必然要成為天才才能發現真理。

前後身為哲學系學生、哲學老師，然後是社會改革的策動者，韋伊一心想透過知識的方法來解決世界上的問題。但是幾次參訪天主教會所與教堂，包括阿西西的聖方濟各禱告過的教堂，她經歷到一種心靈崩潰，之後，她認為自己是「上帝的奴僕」。

雖然韋伊知道她有一項天職，但是，受洗成為修女就從來不是她的選項。她一生都不相信任何一種機構，所以她還沒準備好要簽賣身契，即使那是天主教會。她覺得，成為某個團體的一員便意味被其他團體排拒在外，雖然她現在已經是一位信神者，但她不想要把自己與廣大的人類分別；這些人不相信，或者不想被認為是某個有宗教崇拜的傻瓜。甚者，韋伊太喜愛其他的信仰與文化，無法把自己局限在基督教裡。身為一位古典主義者，她無法忍受基督教對希臘斯多噶派如馬可．奧理略的高傲態度，她認為他們的心靈層次至少與基督教是不分上下的。而且她無法忘懷宗教法庭以教義之名，殺害與折磨成千上萬人，她也無法忽略教會在歷史上對於支持戰爭的熱衷。

在一封給培漢神父的信裡，韋伊控訴說，他應該說「非正統」的時候，他說了「錯誤的」。她無法接受知識份子的不誠實，或是教會為了方便行事，透過教義讓人們不需要思考。雖然韋伊幻想教會可能帶給她的歸屬感，但她知道她更高的召喚是在宗教的範疇之外尋找真理。

她不相信人們覺得他們同屬某一個信念的「愛國主義」，也恐懼集體意識可能造成的破壞，她認為，自己是會被振奮人心的納粹戰爭歌曲清理的人。由於對這些和大德蘭一樣心靈狂喜的傾向，她知道她必須對心靈概念保持客觀，就類似她對物質主義和無神論一樣。

以下簡要介紹她在《等待上帝》中的三大主旨，以及韋伊大致的思想。

對世界的愛

韋伊寫了三種愛，有點像是上帝之愛的代表（「不直接的愛」），但我們可以在活在地球上時體驗到這些愛：宗教儀式、對鄰居與對世界之美的愛，以及友誼。

她指出，我們對於豐收、奢侈與美的愛，不是為了事物本身，而是為了它們背後的意義。我們喜愛物品和藝術，因為它們開啟了宇宙之美的大門。韋伊說，對許多人來說，看見美往往是上帝能找到他們內心的唯一途徑：「靈魂喜愛美麗事物的自然傾向，是上帝最常用的陷阱，用以贏得你的靈魂，並向它開啟來自天堂的呼吸。」這個世界的美麗事物是上帝真實美麗的代表，而且支撐所有的美。

同樣地，鄰居之愛不是自我意識的道德行為，它是我們認同每個人背後的神聖愛的方法。見義勇為的人停下來幫忙，不是因為這樣讓他們好過，而是因為鄰居之愛是公義的，它認同了由愛轉動的宇宙正確秩序。

磨難的奧祕

韋伊寫道，磨難（affliction）相對於尋常的各種受苦（suffering），是生命難解的謎之一。人們被奴役、在洪流中被沖走，或者受到折磨，這些並不令人意外，但是如果一個顯然沒有做過壞事的人遇到一個「靈魂的黑夜」、一場心理或精神崩潰時，確實令人驚訝。

韋伊認為磨難與受苦的另一個不同是，磨難幾乎像是生理上的痛苦：它感覺像是被勒住呼吸，或是極度飢餓。對一個靈性的人來說，它帶來令人驚愕的感覺，彷彿上帝遺棄了你。然而，如果你可以浴火重生，你的信仰會更深，而且你將經歷生命最大的奧祕之一。

她對真正鄰居之愛的概念，指的是能夠對某人說：「你經歷了什麼事？」不應該有高傲態度或是憐憫，而是認同磨難發生在每個人身上的樣子。

自然的順從

韋伊發覺到一個有趣的現象，認為我們無法順服上帝是愚昧的，因為宇宙間的萬事萬物都以幾乎機械的方式遵循著神聖的法則。我們能選擇喜歡或不喜歡順服，但是我們最後全都得遵從，因為心靈法則如同重力法則一樣亙古不變。她說，罪犯就像是「從屋頂被吹落的瓦片」。也許它們從屋頂鬆開，得到了自由，但重力必然使它們掉回到地面上。

她說，一位奴僕對他的主人愈順服，他們兩者之間的隔閡愈大。但是一個人對上帝愈順服，這個人愈能成為上帝的表徵。

總評

就像古代的斯多噶教派人士一樣，韋伊是一位普世主義者，太愛這個世界，以至於無法將她自己限定在某個信仰或是某種對神的解釋。這種對組織性宗教的謹慎，如今是現代觀點中認為理所當然的一部分，但在她那個時代，韋伊能堅守這個立場，是非常有勇氣的事。她對於是否應該受洗（她最後終身未受洗）的苦惱，現在看起來似乎有些奇怪，但是她保持她靈性的私密，正是我們現在敬佩她的原因。

韋伊對生命不妥協這一點，往往走得太過，包括她死時的情況。第二次大戰期間，她生了病，為了與法國占領區的同胞同甘共苦，她違逆了醫師的指示，拒絕在基本配給之外，多攝取其他的食物。顯然韋伊在食物方面一直有困擾，而且也把握機會將她的原則置於健康之前。這一次害死了她，但殉道者之死也許正是她求仁得仁的體現。

《等待上帝》是一本內容高深的作品，但若你深入閱讀，會有很大的收穫。你知道你面對一位原創的思想者。韋伊對天主教神學問題的質疑，對大部分讀者也許不感興趣，但是當她說到自己時，我們會想讀到更多。她認為自己的歷史無足輕重，但她如何成為她自己的樣子，使得她的思想引人入勝，即使對非基督徒而言亦然。她的力量在於她跨越無神的現代性到古代信仰，但是當談到假設的教會權力與權威，她從來沒有失去她的審慎態度。

西蒙・韋伊

韋伊於一九〇九年出生在巴黎。她的父親是一位醫生，她的哥哥安德里・韋伊（André Weil）是著名的數學家。踏入社會後，她於一九三一年先在勒皮（Le Puy）擔任哲學老師，接下來的幾年在教職之餘，穿插了不同的勞動工作，表現出對勞動階級的同情。

一九三六年，韋伊加入了西班牙內戰中共和黨人這一邊，但在一次意外中被熱油燙傷，便離開西班牙，前往義大利。在阿西西，天主教信仰開始吸引她，並且也愛上喬治亞歌謠。一九四二年，她與父母前往美國，然後去英國，在英國時，她從事支持法國反抗軍的工作。在診斷出肺炎後，她在一間英國療養院度過人生最後的歲月，於一九四三年八月辭世。

韋伊的著作包括《重力與恩典》（*Gravity and Grace*），當中有節錄的日記；《根的需要》（*The Need for Roots*）、《超自然的知識》（*Supernatural Knowledge*）、《壓迫與自由》（*Oppression and Liberty*）與《哲學演講》（*Lectures of Philosophy*）。

2000

萬物論

A Theory of Everything

「希臘人有一個美麗的字彙『Kosmos』(大宇宙),指的是所有存在的有秩序性的整體,包括物理的、情感的、心靈的,與靈性的國度……但我們可憐的現代人把Kosmos降級到『cosmos』(宇宙),把物質、身體、心智、靈魂和靈性都降級到物質一項,而在這個科學物質主義沈悶與乏味世界,使我們誤以為結合物理向度的理論,即是萬物的理論。」

總結一句

接受一種涵蓋意識與物質的宇宙解釋觀。

同場加映

理查德·莫里斯·巴克《宇宙意識》(5章)
弗里喬夫·卡普拉《物理學之道:近代物理學與東方神祕主義》(6章)
詹姆士·雷德非《聖境預言書:邁向生命新境界的起點》(34章)
蓋瑞·祖卡夫《新靈魂觀》(50章)
亞伯拉罕·馬斯洛《動機與人格》(《一次讀懂自我成長經典》39章)
德日進《人的現象》(《一次讀懂自我成長經典》48章)

48

肯恩・韋爾伯

Ken Wilber

我們經常聽到物理學上的最新發展，宣稱向完整解釋我們的宇宙往前更近一步。但哲學家肯恩・韋爾伯驚訝地發現，這些理論只處理物質世界。那麼真正滲透我們的身、心、靈，以及關於人生意義的事究竟如何？難道我們無法欣賞一個涵蓋意識的宇宙嗎？

他認為在人類發展的這一點上，發展出一套不只涵蓋物質，同時也涵蓋身、心、靈、自我與文化的宇宙學，是我們的責任——讓藝術、物理學、社會學、政治、醫學與商業，以及粒子的移動和行星的軌跡都變得有意義。這種「萬物論」一向有點難以捉摸，但是他認為，有鑑於這個世界片斷與分裂的本質，「一點點的完整總比完全沒有要好」。

他的旅程重點之一是，他發現希臘人對「大宇宙」的概念，囊括了所有的面向——物理的、情緒的、心理的、靈性的——全在一個宇宙的觀點裡。「大宇宙」的理論覺知到生命的內在與外在經驗同等重要，而這顯然對於我們目前如何看待這個世界提出一些論點。第一個論點是，個人成長是歷史開展的主要因素；第二個論點是，科學與靈性的世界觀能重歸於好。

意識的螺旋

一九六〇年代，亞伯拉罕．馬斯洛提出「自我實現」的人的概念，指的是一旦人滿足了他的基本生理與心理需求，便開始專注於心理與靈性的圓滿。最近克萊爾．格雷夫斯（Clare Graves）與珍妮．韋德（Jenny Wade）等研究人員發展出一種模型，將人類發展視為一連串未展開的波浪或階段。在這類模型中，人類經過特定的心理「全子」（holons），它會在你的人生中提供某種展望，而且每一個必須要完整活過，才能前進到下一個。一個人的道德觀、價值觀、動機與教育，全都應該依據他們在發展中的階段來理解。我們無法跳級，因為每一個階段都包含在下一個階段中。

韋爾伯開始對些發展模型感興趣，因為它們對他喚醒人類意識的「大宇宙」概念提供了科學支持。在《萬物論：對於商業、政治、科學與靈性的整合觀》（*A Theory of Everything: An Integral Vision for Business, Politics, Science and Spirituality*）中，他對其中一種螺旋動力理論特別著墨，這個理論成功地被應用在南非解除種族隔離政策時所面臨的難題。這個由丹．貝克（Don Beck）與克里斯多夫．考恩（Christopher Cowan）發展出來的概念，在觀看個人與社群時，超越了一般種族、性別或教育的分類，而是深入到他們看待世界的基本方式。每一種看待方式都被賦予一種顏色：

●米色（原始的—本能的）——生存模式、基本需求的滿足。
●紫色（魔法的—萬物有靈的）——部落的、儀式的、親屬關係的、信仰靈魂的。
●紅色（權力之神）——神話的英雄主義、封建主義、「叢林世界」、權力永遠得勝。
●藍色（神話秩序）——對社會階級的嚴格奉從主義、只有一種對或錯誤的方式、法律與秩序、強烈的愛國主義、宗教基本教義主義。
●橙色（科學成就）——個人主義、理性科學啟蒙、注重經濟上的成功。
●綠色（敏感的自我）——對生態與情緒敏感、建立關係、超越教條與傳統的普世人道主義、政治正確、人權。

貝克在南非寫這部作品時寫道：「沒有黑人和白人；有紫色人、藍色人、橘色人、綠色人……」要解決社會與政治問題，強加根據種族、性別或其他舊式分類的解決方式，是沒有用的——最重要的是人類內在的心理狀態。

韋爾伯自己的結論是，世界上出問題的地點——不單純如主流所以為的——不是文明衝突的結果，而是意識層次衝突的結果。

螺旋的健康

這個螺旋的重點是，沒有任何一個某種顏色的人，能夠真正欣賞另一種顏色的人。如韋爾伯寫的：

「藍色類型對於紅色類型的衝動性與橙色類型的個人主義觀感很差。橙色類型的個人主義認為藍色類型是容易上當的傻子，而且認為綠色的平等主義是軟弱與唱高調的人。綠色的平等主義無法輕易容忍優秀與價值排名、縱觀、階級，或者任何看似權威的事物。」

綠色人相信他們的思考與存在方式是最高尚的，而且往往希望將之強加在世界的其他地方。他們想要世界多元且有多元文化，不受傳統的束縛。他們不承認階級制度，因為他們想要平等，但是，藉由否定藍色人與橘色人的展望，綠色人也否定了整個發展的螺旋。因此，他們與宗教基本主義者相差無幾，認為他們自己的世界觀才是正確的。

然而，螺旋概念的整體重點是，在一個人或文化前進到下一個階段之前，每一個階段必須被完整經歷過，而綠色態度本身，還必須被「第二階」的思維所取代；第二階思維能夠超然地看待整個人類發展的螺旋。第二階思維有兩種觀點：

- 黃色（統整的）——融合每一層顏色最優秀的特質，創造一種有彈性而且功能正常的個人／文化。
- 青綠色（完整的）——情感與知識真正完整的個體，對存在的每一個面向都能感知與欣賞，包括物質上與心靈上的。

在黃色與青綠色的層次，我們可以宏觀地看見每個顏色扮演重要角色的個人成長與人類演化。在這個層次，我們尋求整個螺旋發展的健康，而不是追求自己的利益。隨著第二階思維，我們不再活在以某種心態壓抑另一種心態的人以獲取勝利的世界。

韋爾伯對於第二階思維的案例包括了超個人心理學、德日進的「精神領域」（noosphere），以及曼德拉與甘地，他們的統合哲學超越了個人與政治運動，追求更大整體的健康。

硬幣的兩面

韋爾伯說，傳統看待科學與宗教的方式，很像是建構多個故事來呈現真相。我們讓科學告訴我們下層的事，而把上層的事留給宗教。然而，統合或是大宇宙的模型說，所有的現象也許都有科學與靈性的解釋。韋爾伯舉的例子是用腦波圖來檢測一個靜坐的人。腦波儀器顯示腦波模式的改變，而靜坐的人本身則表示意識的擴大與對愛和慈悲更大的感受。這兩項事實都是真的。

科學從來都無法駁斥心靈經驗，而韋爾伯也指出，「深層的靈性是更廣泛針對人類潛能研究的一部分」。換言之，靈性愈先進，就愈科學（佛教裡人類情緒與發展的精細分類——有時候被稱為「科學宗教」——便是這種說法的一項指標）。同樣地，走到科學邊界時，你必須處理形上學的問題。

最終，科學與宗教兩者皆是對於宇宙完整統合了解的真理表現。否定其中一項，就像是嬰兒的想法：嬰兒無法超越他們小小的心靈，因此認為現實只是他們眼前所見的。有了大宇宙的整合觀點，兩者的觀點不僅能互相容忍，也都被認同為真理的元素。

總評

韋爾伯是當代重要的思想家，他的概念往往很複雜，但《萬物論》是他整合哲學的最佳入門，因為這本書提到了他其他多本著作。雖然篇幅不長，書中納入了許多觀念，而這篇評論只嘗試描述當中數端。

《萬物論》繼續陳述貫穿韋爾伯著作的觀念：人類的意識有三個基本層次，直到「超越個人」的層次，亦即不受自我（ego）與一般的自性（self）遮蔽，一種對宇宙的覺知。韋爾伯將人類發展定義為「一種自我中心主義的連續消退」，意思是我們的未來端賴於移開眼罩、宏觀看待歷史的能力。以這種觀點來看，有一小群人可能成為抬起世界意識重力中心的領頭羊。然而，如彩色螺旋所顯示的，除非大多數尚未到達如此高度的人能全面覺醒，我們不會達到任何新的目標。

閱讀韋爾伯有如搭乘一艘太空船。身為船長，他邀你俯瞰地球，並且解析人類心理與靈性發展的軌跡。這趟由韋爾伯帶領的旅程令人屏息，讓有些人暈眩、有些人產生時差感，但對於一個宏觀的視野而言，極少數作者能出其右。

肯恩・韋爾伯

韋爾伯生於一九四九年美國的奧克拉荷馬市，在內布拉斯加州的林肯市（Lincoln）就讀中學。他在杜克大學（Duke University）修醫學系學位，然後回到內布拉斯加研讀生物化學，但最後決定休學，將時間花在閱讀意識方面的文本和寫作。

他的第一本書於一九七七年出版，是經典的《意識光譜》（*The Spectrum of Consciousness*）。隨後是一系列具影響力的書目，包括《沒有疆界》（*No Boundary*）、《阿特曼計劃》（*The Atman Project*），以及《出伊甸園》（*Up from Eden*）。其他的作品包括《靈性復興》（*The Marriage of Sense and Soul*）、《性、生態、靈性》（*Sex E, Ecology and Spirituality*）、《恩寵與勇氣：生與死的靈性與療癒》（*Grace and Grit: Spirituality and Healing in the Life and Death of Treya Killam Wilber*，韋爾伯的妻子譚雅〔Treya〕在他們於一九八三年結婚後不久被診斷出乳癌，於一九八九年過世）、《萬法簡史》（*A Brief History of Everything*）以及《整合心理學》（*Integral Psychology*）。

韋爾伯定居在科羅拉多州。

1946

一個瑜伽行者的自傳

Autobiography of a Yogi

「『奇蹟』通常被認為是不依法則，或者超乎法則的效力或事件。但是在我們這個精密校準的宇宙，所有的事件都是依法則編製，可用法則解釋的。所謂大師的奇蹟力量是一種自然的伴隨物，來自於他對內在意識宇宙細微法則的精確理解。」

總結一句

將瑜伽帶到西方之人的故事，以及他對靈性奧祕的揭露。

同場加映

弗里喬夫・卡普拉《物理學之道：近代物理學與東方神祕主義》(6章)
拉姆・達斯《活在當下》(11章)
穆罕達斯・甘地《我對真理的實驗：甘地自傳》(13章)
G・I・葛吉夫《與奇人相遇》(16章)

49

尤迦南達

Paramahansa Yogananda

當尤迦南達寫完這本傳記的最後一個句子時，據說他說了一句話：「這本書將會改變數百萬人的生命。這是我不在人世後，留下的訊息。」

確實，這本書於一九四六年出版時，立刻大受好評，成為長銷的暢銷書。但這本書的起源其實有點神祕，已被十九世紀印度聖人拿希里・瑪哈賽（Lahiri Mahasaya）預言了。他預言他往生後的五十年，會有一本書撰寫關於他的事，而且將有助於將瑜伽的訊息散播到全世界。尤迦南達的古魯上師聖尤地斯瓦爾（Swami Sri Yukteswar，他本身即為拿希里・瑪哈賽的弟子）明白地告訴他，這項任務將由他來完成。很準時地，在這位聖人往生後恰好半個世紀，這本書問世了，雖然書名是「一個瑜伽行者的自傳」，但也納入了瑪哈賽與聖尤地斯瓦爾的生平故事。

《一個瑜伽行者的自傳》堪稱是有史以來最有趣、最具啟發性的心靈書之一。它具有印式英文特有的舊式詞語，還有許多有趣的場景為這本書帶入心靈書籍中少見的溫暖。這本書對印度本身也有精采的描繪，尤迦南達寫道，印度在過去兩個世紀雖然相對貧窮，但卻以偉大尊者與瑜伽行者的方式，出產了「人類靈魂活生生的摩天大樓」。

早年生活

尤迦南達於一八九三年出生在印度東北靠近喜瑪拉雅山的哥拉普（Gorakhpur，又譯「戈勒克布爾」），原名為慕空達．拉爾．高士（Mukunda Lal Ghosh），是八個孩子中的第四個，他的青少年時光大部分是在加爾各答度過。十一歲時，他的母親過世；他的父親在一間規模頗大的鐵路公司擔任要職，並且在貝拿勒斯（Benares）成為拿希里．瑪哈賽的弟子。這位聖人後來也成為他自己在修行上，或者說成就佛道上的第一位老師，瑪哈賽也鼓舞他的意念，相信靈性生活正等著他。

他的家人試著說服慕空達不要成為一位出家人，但他仍然跟了第二位上師級的古魯聖尤地斯瓦爾。聖尤地斯瓦爾同樣尊崇西方與東方文化，兼收男女弟子，對科學展現淵博的知識，雖然他本身似乎不識字。令年輕僧人覺得可怕的是，尤地斯瓦爾具有一種特殊的瑜伽力量，能夠與任何他選擇的人同心，不僅能讀出他們的思想，還能向他們的大腦輸入想法。尤迦南達描述他符合了神聖的《吠陀經》裡定義的神人：「比花朵還柔軟，最關心的是慈愛；比雷還強壯，連原則都不保。」

與他的心性相左，慕空達被要求到加爾各達就讀大學，原因是當他的命運帶領他到西方國家時，受過大學教育會使他較受敬重。因此，在聖尤地斯瓦爾的指引下，他的命運開始成形。他接受了法號尤迦南達（Yogananda），意思是「透過與神結合（yoga），得到無上的喜樂（ananda）」。

將東方帶至西方

「古魯」和「瑜伽」這類的字，現在已經是通行英語的一部分，但是當尤迦南達於一九三〇年代抵達美國時，東方靈性與哲學的世界依然帶有濃濃的異國情調。他到底怎麼旅行到西方的呢？

他在印度東北部的城市藍奇（Ranchi）建立了一所學校，將瑜伽與吠陀哲學結合傳統的學程。有一天，他在學校打坐時，他預視到美國人，並將此視為他前往美國的前兆。雖然他的英語能力不佳，而且經濟拮据（他的父親只給他一筆錢前往美國與生活），他仍然於一九二〇年啟程。他將他認識與鍾愛的每件事都放下了，再回到印度故土已是十五年後。

這趟旅程花了兩個月，抵達美國時，他在波士頓的一場國際宗教會議上演說。這是他成千上百場演講中的第一場，此後慢慢增進美國人對印度教的認識，並且向成千上萬人介紹瑜伽。到了一九二五年，尤迦南達在洛杉磯的華盛頓山（Mount Washington）成立了一座基地，開始小有名氣，甚至有幸晤見柯立芝（Calvin Coolidge）總統。

終於載譽回到印度時，尤迦南達最後一次見到他的古魯與他的父親、整理學校事物，並擴大了悟真會（Self Realization Fellowship）。[1]

遇見志同道合的人

這本書包括了尤迦南達拜訪印度與世界各地聖人的紀錄，通常是在偏遠的地區。這幾次探訪都有賴一台信徒捐贈的福特車（作者稱之為「底特律的驕傲」）的協助。他遇見的聖人包括可以無中生有的香氣聖人（Perfume Saint）、能和老虎摔角、擊敗老虎的老虎尊者（Tiger Swami），以及拋棄萬貫家財成為一位瑜伽士的飄浮聖人巴篤利．馬哈賽（Bahaduri Mahasaya）。飄浮聖人說，世俗的人才是真正的出家人，因為他們為了虛幻的事物，放棄了與神親密交流的極樂。

尤迦南達也遇見了年邁的女瑜伽士桑卡利．梅珠（Shankari Mai Jiew）、美麗而且經常充滿法喜的妮瑪拉（Nirmala Devi，即「歡喜之母」）。他寫道，這位懷有赤子之心的女人解決了人生一件重要的難題——與神明建立連結——而我們其他人依然「被三千煩惱所迷障」。

他旅行到孟加拉內陸尋找一位不進食的聖人吉利．芭拉（Giri Bala），她運用某種瑜伽技巧，讓自己數十年不需要進食，而且近距離觀察她，也沒有發現禁食對她造成任何不良的影響。奇怪的是，這位女子很喜歡為別人備餐食，當被問到禁食的目的，吉利．芭拉回答說，這是為了展現人類基本上是靈性，能慢慢學習如何像她一樣，吸取太空中陽光的能量而存活。尤迦南達也用一章的篇幅紀錄他去

1 今日在美國、印度與英國的悟真會仍持續推廣尤迦南達的工作。

拜訪德國神祕家德蕾斯・紐曼（Therese Neumann）的過程，她在好幾年的時間裡，每天只領一次聖餐（聖水），而且每星期劃破她的兩隻手和身體側邊（聖痕），與耶穌被釘上十字架的痛苦共鳴。

尤迦南達也描述了他與多位名人相遇的生動畫面與友誼，包括見到科學家加戈底斯・昌德拉・波西（Jagadis Chandra Bose）、偉大印度詩人泰戈爾、農業專家路德・貝本（Luther Burbank），以及來自阿魯納佳那（Arunachala）的聖人拉瑪那・馬哈希（Ramana Maharshi）。甘地迷將會很高興看到尤迦南達描繪他在甘地位於印度中部瓦爾達（Wardha）的隱居處停留的那一段。

瑜伽力量與奇蹟法則

《一個瑜伽行者的自傳》充滿了奇蹟療癒、起死回生，以及代人祈禱成真的傳奇故事。但這些事件的描述都是千真萬確的。尤迦南達花了很多篇幅討論這些看似不可能的事如何成為瑜伽士的日常。他寫道愛因斯坦的相對論將宇宙歸結到純粹的能量，或者光。物質只是聚集的能量，固體的事物在某種程度上是幻相。愛因斯坦告訴我們，物質永遠無法與光速相當，這也是為什麼我們把物質歸類為固體，光是瞬間即逝的。

這與瑜伽士和聖人的神奇力量有什麼關係？尤迦南達解釋說，他們能將自己放在不再認為他們與自己身體密切相關的狀態，甚至根本與物質不相關。從他們的覺知看來，物質世界基本上是幻相，他們確實能轉化他們身體分子的結構，從物質變成光能，例如，讓他們能同時出現在兩個地方。一位瑜伽士視他們自己為無所不在，「與宇宙合一」，結果能不受重力原理的限制，讓東西突然出現或突然消失。

瑜伽士「變成光」——集中光能——的能力，是每一種宗教的顯靈往往被描述成一陣眩目閃光的原因。靈性大師所看到的宇宙，是像宇宙被創造時上帝所看到的模樣：一團無差別的光團。與光合一後，印度聖人與基督教聖人一樣，都擺脫了物質的桎梏，讓奇蹟發生。事實上，這種事的發生與宇宙法則是完全一致的，只是對大部分的人類行不通。當尤迦南達拜訪德蕾斯．紐曼時，她告訴他，她只靠光和空氣補充能量。如他所寫的，只有任何「明白創造的本質是光」的人，才有可能創造奇蹟。

雖然瑜伽士具有神奇的力量，他們不是要來娛樂其他人的。尤迦南達認為「大智若愚」這句話很適用在他的老師聖尤地斯瓦爾身上。他說話直白，但安靜地轉化了他周遭的宇宙法則，而且不引人注目。

總評

當你拿起這本書時，你以為你將讀到一位東方智者引人入勝的人生故事；但你獲得的將是一些宇宙神祕的入場券。書的一開始引用了《聖經》的一句話：「若看不見神蹟的事，你們總是不信。」（《約翰福音4:46-54》）尤迦南達寫下這一句，因為他知道人們有多麼固執於自己的認知，有時候只有奇蹟才能震醒他們思考關於神明的事。古魯們通常不喜歡討論他們的特異能力，因為那些會讓學習者從真理的道路分心，但是尤迦南達知道，奇蹟的出現是蜜，能吸引蜂群來到靈性的甕。

然而，他更宏大的訊息是，透過瑜伽來控制身心所完成的自我實現，是任何人都可以學習的科學（自我實現的科學）。

雖然這本自傳提供印度心靈文學的引人入門——包括《吠陀》、《奧義書》、《摩訶婆羅多》——這本書令人驚訝的一點是，它也為我們提供《聖經》的新觀點。尤迦南達是一位熱衷《聖經》的學者，這本書富含許多從印度教經文與《舊約聖經》和《新約聖經》在概念與說法上的比較註釋。他提到耶穌就如同是「加利利的大師」，和偉大的瑜伽士一樣，具有類似對物質的力量。

讀完整本《一個瑜伽行者的自傳》卻完全不信，並非不可能，但看看你的懷疑論是否禁得起（英文版）最後一頁的考驗，在這一頁裡截取了洛杉磯森林草地（Forest Lawn）殯儀館館長撰寫的一封信，這座殯儀館是尤迦南達於一九五二年涅槃後停柩之處，不像其他人的遺體自然腐敗，尤迦南達的遺體在移靈至此三個星期後，依然沒有任何腐壞的跡象。他涅盤時的實際情況也很特別，但關於這一點與其他成百上千的細節，你應該去讀這本書。

1990

新靈魂觀

The Seat of the Soul

「人的種種生活經驗，真正的目的就是靈魂的健康。」

「你所做的每一項決定，不是把你推向自己的人格，就是把你推向自己的靈魂。你每次問：『我要怎麼學習愛？』『我要怎樣學習真正的授權(authentic empowerment)，是由懷疑與恐懼，還是由智慧？』然後你的每一種決定都是答案。」

「只要你選擇的是靈魂的能量——決定用愛、寬恕、謙卑、明智這種意圖來創造——你就獲得力量。」

總結一句

由你的靈魂引導你的人生，獲得真實的力量，而不是由你的人格來引導。

同場加映

理查德・莫里斯・巴克《宇宙意識》(5章)
佩瑪・丘卓《轉逆境為喜悅》(9章)
卡爾・古斯塔夫・榮格《榮格自傳：回憶・夢・省思》(22章)
麥可・紐頓《靈魂的旅程》(30章)
肯・韋伯《萬物論》(48章)
詹姆斯・希爾曼《靈魂密碼》(《一次讀懂自我成長經典》32章)

50

蓋瑞・祖卡夫

Gary Zukav

祖卡夫針對哲學家威廉・詹姆斯、心理學家卡爾・古斯塔夫・榮格與科學家亞伯特・愛因斯坦這類人物的研究，使他得到一個結論：他們關於人類生命與宇宙的偉大觀念是來自「超越人格」的地方。他們有能力撥開自我的迷霧，接收到已經存在、但需要被接通的訊息或智慧。

但祖卡夫相信，這種能力不單純是靈性或宗教性，這是「真實力量」，或者說是能夠連結我們的靈魂與其對生命目的的能力。相對地，那個目的也精密地交織在不斷進化的宇宙更大的目標裡。

往真實力量進化

我們都知道有一種自然界的進化，然而，當我們說某個人非常進化，是什麼意思呢？舉例來說，是什麼造就了佛陀或耶穌與眾人的不同？

祖卡夫說，進化對我們的意義，反映在我們透過五官所認識的世界之知識。然而，如果我們探索五官以外的宇宙——成為一個「多官人」（multisensory being）——我們將對宇宙得到一個相應且更寬廣的理解。大部分的時間裡，如果我們無法透過五官察覺某件事，我們會懷疑它的存在。

在五官世界，適者生存的能力是演化的主要準則，因此，對於無法存活的恐懼，是人類關係與心理最主要的特質。控制環境的能力，不論是對大自然、其他人或經濟的控制，是力量的指標，因此，力量一向都是某種外部的東西。但是，如果你看看歷史上許多偉大的人物，那些轉化我們思考方式的人，他們當中許多人都不具備外部的力量。祖卡夫請我們想想，一位木匠（耶穌）的言行是否比羅馬帝國的權力還要有力。他寫道：

「視權力為外部的知覺，使我們的心靈（psyche）分裂——不論這心靈是個人的心靈、社群的心靈、國家的心靈，還是世界的心靈都一樣。」

相反地，《新靈魂觀：開啟真實力量之旅》（*The Seat of the Soul: An Inspiring Vision of Humanity's Spiritual Destiny*）是與真實力量有關，或者說是以愛、人道、慈悲、清晰的意圖為基礎的力量。

人格與靈魂

靈魂進入地球上的一個身軀之前，它知道它想達成什麼目的，但這個意圖在我們出生時被遺忘了。我們的人格跟著我們的身體一起出生，但我們的靈魂超越我們的身體。人格有喜惡，但靈魂具有它想要看著完成的意圖。它會嘗試導引我們的人生，讓這些意圖能實現，但是人格也許有欲望勝過意圖，最後成為我們人生真正的形塑者。因為不是很多人了解靈魂與人格之間的差異，大部分的人是依他們的人格而存在。但是智者學會讓他們的靈魂發光穿透，讓它展現它的目的。

只有人格能創造與體驗恐懼、憤怒、貪婪、悲傷、悔恨、冷漠、憤世嫉俗等等「不好的」情緒。然而，覺知到靈魂的人能夠看透別人與他們自己的這些狀態。當我們決定要服膺我們靈魂的意圖與目的，我們便獲得真實的力量。我們也許會抗拒它的要求，但我們的進化仰賴於傾聽與行動。

如果我們要獲得真實的力量，那麼，讓我們的人格與我們的靈魂立場一致，必須成為我們生命所關心的重點。

感覺與真實的力量

一個專注於外部力量的社會，會忽視情感所扮演的角色，但是，若沒有探究引發憤怒、傷心或歡愉的最終原因，我們將無法看見什麼是我們內在的真相，以及什麼只是人格的一時衝動。

我們這個科學與邏輯的世界將情感與主體性邊緣化了，然而，那些不尋求生命深層意義的人，往往最後會活在絕望與空虛之中。事實上，他們沒有覺知，只是像機器人一樣「活出他們的業」。但是，要活在一個較有覺知的層次是有可能的，辨識出我們的傾向，嘗試讓自己向上提升。

相對較少的人願意真正凝視他們感覺到的痛苦，但這麼做比較可能度過這個關卡。視而不見是比較簡單的作法，但這意謂著我們永遠不會成長。祖卡夫指出，「唯有透過情緒，你才能遇見你自己靈魂的原力場」。這是人生經驗對我們的要求。直抵核心，認清為什麼我們會感覺到你所感覺的，如此一來，我們就成為更完整的人。將我們不好的感覺投射到世界，較無法成為完整的人，而且會製造惡的潛力。

情緒會反應意圖，所以，當我們體驗到情緒上的痛苦，我們需要深究背後的意圖。也許我們意圖擁有一段有愛而且和諧的關係，但若我們同時有一個想要結束它的無意識意圖，較強烈的意圖會勝出。在關係的最後，我們也許會覺得事情不是我們想要的結果，但事實上它們正是意圖的結果。

直覺的理由

我們沒有被教導去相信我們的直覺。我們傾向只透過五官來體驗生命，因此忽略了預感與無法解釋的洞見。對於被五官統治的人來說，直覺不能真的被認為是「知識」，因而被棄置，被當成是奇事。然而多官人了解預知或突發奇想是他們與更有智慧、能說出真理的心智的連結。

為了能接收到直覺，我們必須清除含有心理毒素的心智，它們通常以未被表現出來的情緒呈現。留意我們自己的思想也能使心智平靜。祖卡夫指出另一件能夠讓我們較容易培養直覺的事：相信我們在人生中體驗到的每件事都是有理由的，而且相信它是為了一個美好的目的，這會使我們比較不帶評判心，對真理保持開放心態。

祖卡夫說，直覺就像是一個人格與靈魂之間的對講機。大部分的人不願意完全相信他們的直覺，因為有時候它為我們指出的，是我們不喜歡的方式，一條阻力較大的路徑。但如果我們不願意聽取靈魂的意見，將無法發揮我們真正的潛能。我們的人格會選擇適合它目的的路，但那些目的往往不如靈魂的目的那麼崇高偉大。

破碎的人格與療癒的靈魂

大部分的我們有不同的面：自私的一面、可愛的一面、生氣的一面、智慧的一面。這每一個面向都有它自己的意圖，當然，它們往往會相互抵觸。這種自我破壞是分裂人格的命運，也似乎帶著無止境的苦楚與悲痛。

我們能做什麼？首先，承認我們往往將自己撕裂。接著，承認我們的靈魂在地球上輪迴的部分目的，是為了體驗不同的存在狀態，並且改善或療癒任何需要療癒的那個面向本身。與其活在自我的晦暗深淵，不如將這些面向暴露在空氣中，檢視它們，看看它們對我們有什麼益處。想一想，如果我們在人生中沒有任何議題，那麼我們也許就不會被吸引到能賦予使命感的利益或活動之中。

祖卡夫對誘惑這個主題特別感興趣。他把誘惑描述為「一種思考方式，用來從人的能量系統引開惡業，卻不傷害他人」。靈魂了解誘惑，因為它顯示我們那些仍需要療癒、需要被平衡的渴望與期盼的部分。弔詭地是，誘惑也帶著更大責任的種籽，因為它讓我們選擇，而且，如果我們選擇正確，那麼我們就能成為真正想要成為的人。只有透過接受自己的多種面向，才有將它們融入自我感的機會，並且重新將自己投入人生目標。

我們常說偉大的聖人與瑜伽士有如人類靈魂的鏡子。在他們身上，我們可以看見自己分裂的本性。然而，這些人也給了我們希望，鼓舞我們可以成為完全有意識而且整合的人。如祖卡夫所說：

「當人格完全平衡時，你看不見它在哪裡終結，靈魂從哪裡開始。這是一個完整的人。」

總評

現代世界看起來混亂無章，因為它大多反映了人格所有的憤怒、情欲與不安。祖卡夫寫道，心理學（psychology）這個詞最初的意思是「靈魂的知識」，但是心理學作為學習的領域，變成指的是人格的科學。如果世界真的要進化，它需要圍繞著對靈魂更大的覺知而建立，而不是人格。

《新靈魂觀》這本書的目的之一，是重新定義力量，如此一來，我們不會不假思索地認為能操控外部權力的人，比沒有權力的人更有價值。具有真實力量的人，即是達到靈魂與人格一致的人——合一的力量。我們追逐名望、金錢與地位，因為我們感覺缺乏內在的力量，但少了靈魂的知識，真正的力量永遠會與我們擦身而過。

對許多人而言，這本書看起來似乎充滿了新時代運動的思想，沒有任何一點能夠被證實。然而，這正是祖卡夫的觀點：若我們只以五官人度過一生、只接受我們能看到、聽到、嘗到、聞到或摸到的東西為真實，我們便將自己隔離於其他形式的真實之外。

雖然這本書的寫作風格經常是嚴肅生硬，而且不總是一讀就懂（很多句子和段落你得讀兩次才能理解），《新靈魂觀》走在時代之先，是少數將改變你看待生命、宇宙與萬物的觀點的書。

蓋瑞・祖卡夫

祖卡夫一直是美國另類心靈學的先鋒，他的《物理之舞》（*The Dancing Wu Li Master*）是一本影響深遠的書，探討量子物理與靈性之間的連結。他擁有哈佛大學學位，現居住於北加州。

祖卡夫其他的書籍包括《靈魂故事》（*Soul Stories*）、《靈魂之心》（*The Heart of the Soul*）以及《靈魂之心智》（*The Mind of the Soul*）。

謝辭

我非常感謝以下這些人的協助：我的妻子塔瑪拉・巴特勒—鮑登（Tamara Butler-Bowdon）協助校閱這本書，並且在過程中提供寶貴的回饋。

感謝安德魯・阿爾森尼亞（Andrew Arsenian）、瑪麗安・巴特勒—鮑登（Marion Butler-Bowdon）、克里斯・荷蘭德（Chris Holland）、黛博拉・羅根（Deborah Logan）、諾亞與碧翠絲・魯卡斯（Noah & Beatrice Lucas），藉由他們的知識或提供重要書籍，協助形成數篇評論。

在尼可拉斯・布雷里出版社（Nicholas Brealey）方面，感謝尼克・布雷里（Nick Brealey）支持五十經典系列的概念、感謝莎莉・藍斯戴爾（Sally Lansdell）的編輯與版面、維多利亞・布拉克（Victoria Bullock）協助在英國的出版與行銷，感謝美國分公司的崔許・歐海爾（Trish O'Hare）、查克・崔斯內爾（Chuck Dresner）與艾瑞卡・赫爾曼（Erika Heilman）建議的經典書單，感謝卡爾蔓・米契爾（Carmen Mitchell）在北美地區的出版與行銷工作。

感謝艾倫與昂溫出版社（Allen & Unwin）的法蘭西絲・德瑞庫爾特（Frances Derricourt）協助這本書在澳洲與紐西蘭順利發行。

也感謝每一位閱讀完我的書後寫信給我的讀者——謝謝你們的時間，我很感激你們的每個想法與意見。

42. **魯道夫．史代納**（Rudolf Steiner）**《如何認識更高層的世界》**（*How to Know Higher Worlds*，1904–1905）
史代納是奧地利哲學家，也是人智學，或稱心靈科學的創始者，這本書是他的心靈之旅手冊。
43. **羅賓德拉納特．泰戈爾**（Rabindranath Tagore）**《吉檀迦利》**（*Gitanjali*，1913）
由榮獲諾貝爾獎的孟加拉神祕與博學詩人泰戈爾撰寫的優美心靈詩集。
44. **德日進**（Pierre Teilhard de Chardin）**《人的現象》**（*The Phenomenon of Man*，1955）
法國耶穌會教士兼古生物學者對於人類心靈演化的廣泛見解。見《一次讀懂自我成長經典》。
45. **里修的德蘭（聖女小德蘭）**（St Therese of Lisieux）**《靈魂的故事》**（*The Story of a Soul*，1898）
一本受歡迎的自述紀錄，講述一位法國聖人的人生，主題為對上帝的單純信仰。
46. **保羅．田立克**（Paul Tillich）**《存在的勇氣》**（*The Courage to Be*，1952）
一本哲學著作的里程碑，討論於現代生活中尋找意義的存在問題。田立克是一位在德國出生的神學家，因為反對納粹而移民美國。
47. **托爾金**（J. R. R. Tolkien）**《魔戒》**（*The Lord of the Rings*，1954–1955）
善與惡在托爾金的另一個宇宙中互相爭戰。
48. **艾芙琳．昂德西**（Evelyn Underhill）**《神祕主義》**（*Mysticism*，1911）
一位英國詩人與神祕主義者對神祕主義的經典研究。
49. **艾倫．沃茨**（Alan Watts）**《不安的智慧》**（*The Wisdom of Insecurity*，1951）
一位西方的東方宗教大師闡述如何全然接受缺乏安全的生命。
50. **《朝聖者之路》**（*The Way of a Pilgrim*，**十九世紀**）
一本俄羅斯的心靈經典，故事跟隨一位失去家人的朝聖者，學習不斷祈禱的藝術。

以上僅是更多經典中的鳳毛麟爪。如主文中的書單一樣，還可以列出其他五十本或一百本值得閱讀的書目。更多當代的心靈經典，可參見《一次讀懂自我成長經典》。

一位德國隱修士撰寫的靈修書籍，廣受讀者喜愛。

29. **傑克・凱魯亞克**（Jack Kerouac）《達摩流浪者》（*The Dharma Bums*，1958）
垮掉的一代作者追尋禪宗的成果，於《在路上》（*On the Road*）的隔年出版。

30. **古比・克瑞西那**（Gopi Krishna）《昆達里尼：人類的進化能量》（*Kundalini: The Evolutionary Energy in Man*，1970）
體驗「蛇王力量」覺醒的驚人紀錄，以及其對他生命的影響。「蛇王力量」也稱為「昆達里尼能量」。

31. **拉瑪那・馬哈希**（Ramana Maharishi）《拉瑪那・馬哈希的心靈教誨》（*The Spiritual Teachings of Ramana Maharishi*，二十世紀）
這位著名的南印度聖人（於一九五〇年辭世）強調自我認識為開悟之道。

32. **亞伯拉罕・馬斯洛**（Abraham Maslow Religions）《宗教・價值與高峰經驗》（*Values and Peak Experiences*，1964）
一位偉大心理學家依威廉・詹姆斯的傳統，嘗試心靈經驗。

33. **多瑪斯・牟敦**（Thomas Merton）《七重山》（*The Seven Storey Mountain*，1946）
一本暢銷自傳，敘述牟敦從一位美國學術界的知識份子蛻變成為天主教特拉普會修道士（Trappist）的過程，並在過程中對東方靈修的興趣日增。

34. **鄔斯賓斯基**（P. D. Ouspensky）《探索奇跡》（*In Search of the Miraculous*，1950）
俄羅斯數學家讓葛吉夫的思想普及化之作。

35. *Pirkei Avot*《祖先的倫理》（*Ethics of the Fathers*）
古老的猶太智慧與諺語，為米書拿（Mishnah，口傳妥拉）的一部分。

36. **普羅提諾**（Plotinus）《九節》（*Enneads*，三世紀）
古典時期最偉大的思想家之一普羅提諾，綜合了柏拉圖的思想，以及宇宙合一的初始概念，受到早期基督教與文藝復興時期思想家的讚賞。

37. **保羅・瑞普斯與千崎如幻**（Paul Reps and Nyogen Senzaki）《禪身禪骨》（*Zen Flesh, Zen Bones*，1957）
禪宗精神的精巧版書，包括故事、公案和圖片，在一九六〇年代相當具有影響力，至今仍受高度重視。

38. **索甲仁波切**（Sogyal Rinpoche）《西藏生死書》（*The Tibetan Book of Living and Dying*，1992）
是原本《西藏度亡書》（*Tibetan Book of the Dead*）的詳盡闡述，對死亡提供正面理解，深具啟發性。

39. **魯米**（Jalaludin Rumi）《瑪斯納維》（*Mathnavi*，十三世紀）
一位波斯詩人的偉大作品，心靈覺醒的著作。

40. **安瑪麗・史梅爾**（Anne-Marie Schimmel）《伊斯蘭的神祕向度》（*Mystical Dimensions of Islam*，1975）
史梅爾於二〇〇三年以八十高齡過世，她畢生致力於進一步理解伊斯蘭；這本書奠定她在伊斯蘭神祕主義與詩歌方面的權威地位。

41. **革舜・索倫**（Gershom Scholem）《猶太教神祕主義主流》（*Major Trends in Jewish Mysticism*，1941）
第一份從學院角度對卡巴拉的真正學術研究，引發了大眾對這個領域的興趣。

《天路歷程》（The Pilgrim's Progress）作者個人心靈經驗的經典紀錄。

14. 《不知之雲》（The Cloud of Unknowing，十四世紀）
關於基督教沈思禱文以及與神明合一的重要著作。中世紀作者佚名。

15. 舒亞・達斯喇嘛（Lama Surya Das）《喚醒內在的佛陀》（*Awakening the Buddha Within*，1997）
一位修行多年的美國喇嘛所撰寫的藏傳佛教完美入門書。對真實世界充滿啟發。

16. 鄧約翰（John Donne）《緊急場合的禱文》（*Devotions upon Emergent Occasions*，1624）
英國形上學詩人在病痛中與親人亡故後寫下的禱文作品。

17. 埃克哈特大師（Meister Eckhart）《埃克哈特大師文集》（*Selected Writings*，十三至十四世紀）
這位德國道明會牧師的神祕泛神作品對他那個時代的教會而言，內容太廣泛，但深受現代讀者的喜愛。

18. T・S・艾略特（T. S. Eliot）《四個四重奏》（*The Four Quartets*，1944）
揭露艾略特靈性理解深度的四首詩作。他認為這是他的代表作。

19. 拉爾夫・沃爾多・愛默生（Ralph Waldo Emerson）《精神法則》（*Spiritual Laws*，1841）
一篇由偉大的超驗主義者撰寫的散文，討論與推動宇宙的力量合一。

20. 理查・佛斯特（Richard Foster）《讚美紀律》（*Celebration of Discipline*，1978）
一本現代基督教經典，重新發掘心靈紀律的力量，包括節食、祈禱、獨處與敬拜。

21. 格雷安・葛林（Graham Greene）《權力與榮耀》（*The Power and the Glory*，1940）
一位「有道德弱點的牧師」逃離墨西哥一個視宗教為非法的州治。二十世紀最偉大的心靈小說之一。

22. 摩亨佐納特・格塔（Mahendranath Gupta）《羅摩克里希那福音書》（*Gospel of Sri Ramakrishna*，1942）
長達一千頁與偉大聖人的對話紀錄，被印度人認為是黑天神（Krishna）與佛陀一系的延續。

23. 麥可・哈納（Michael Harner）《薩滿之路》（*The Way of the Shaman*，1980）
這本書掀起一股對薩滿教感興趣的新熱潮，作者是一名人類學家，本身也主持薩滿活動。

24. 聖賀德嘉（Hildegard of Bingen）《認識主道》（*Scivias*，1151）
德國本篤會修女兼作曲家、詩人、藝術家、自然學家、牧師與神祕靈視者的第一本作品。在男性為主的時代，聖賀德嘉能為國王提供建議，並對教宗發揮影響力。

25. 厄爾尼斯特・荷姆茲（Ernest Holmes）《心的科學》（*Science of Mind*，1938）
以心理與靈性法則討論靈性的「科學」。

26. 十字若望（John of the Cross）《心靈的黑夜》（*Dark Night of the Soul*，十六世紀）
西班牙天主教神祕家，也是大德蘭友人著名的作品，詳述心靈連結的失落。

27. 諾里奇的朱利安（Julian of Norwich）《示現》（*Showings*，十四世紀）
一位英國修女對於神聖共融的優美呈現，亦名為《神聖之愛的啟示》（Revelations of Divine Love）。

28. 多默・耿稗思（Thomas à Kempis）《師主篇》（*The Imitation of Christ*，十五世紀）

再加五十本心靈探索經典

1. 愛奧那的阿多曼（Adomnan of Iona）《聖高隆的一生》（*Life of St Columba*，第七世紀）
   描述早期蘇格蘭愛奧那島修道院生活的著名傳記。
2. 安瑟倫（St. Anselm）《宣講》（*Proslogion*，1077）
   中世紀哲學家證明神的存在之著名論證。
3. 伊本・阿拉比（Ibn El-Arabi）《智慧珍本》（*Bezels of Wisdom*，十二世紀）
   伊本・阿拉比在伊斯蘭世界被稱為「偉大的導師」，在西方被稱為「最多聞的博士」（Doctor Maximus），至今仍是偉大的神祕哲學家之一。這本書寫於他的生命晚期，透過先知們的人生，揭露神明的真相。
4. 艾德溫・阿諾（Edwin Arnold）《亞洲之光》（*The Light of Asia*，1879）
   一位英國人描述佛陀生命的一部詩意作品。
5. 法里德・烏德・丹・亞塔（Farid Ud-Din Attar）《鳥族的會議》（*The Conference of the Bird*，十二世紀）
   一位蘇菲大師根據一隻能引領人類得到救贖的鳥，寫下的一部優美寓言詩。
6. 瑪麗・貝克・艾迪（Mary Baker Eddy）《聖經中的重要科學與健康》（*Science and Health with Key to the Scriptures*，1875）
   基督科學教會（Christian Science Church）創辦人談療癒的里程碑之作。
7. 努西亞的聖本篤（Benedict of Nursia）《聖本篤會規》（*Rule of St Benedict*，515）
   在這本書中，聖本篤規範了修士的日常生活，包括心靈活動與身體勞動，為後來數個世紀的西方修道院生活訂定了範本。
8. 海倫娜・彼羅夫娜・布拉瓦茨基（Helena Petrova Blavatsky）《揭開伊西斯的面紗》（*Isis Unveiled*，1877）
   出生於俄國的神智學協會（Theosophical Society）創辦人所撰寫，關於古老信仰的大作。
9. 雅各布・波墨（Jakob Boehme）《極光》（*Aurora*，1612）
   一位德國神祕家探討人類與上帝本質的重量級沈思作品。
10. 迪特里希・潘霍華（Dietrich Bonhoeffer）《獄中書簡》（*Letters and Papers from Prison*，1953）
    德國牧師於一九四三年遭蓋世太保逮捕，至一九四五年遭死刑期間的書信。在這本書中，他首次提出「非宗教的基督教」（religionless Christianity）。
11. 保羅・布魯頓（Paul Brunton）《印度尋祕之旅》（*In Search of Secret India*，1935）
    英國旅行家與心靈導師引人入勝的印度紀行，包括在阿如那查拉山（Arunachala）拜訪拉瑪那・馬哈希。
12. 馬丁・布伯（Martin Buber）《我與祢》（*I and Thou*，1923）
    極具影響力的神學著作，啟發了與神和人們新的溝通水平。
13. 約翰・班揚（John Bunyan）《慈恩滿溢》（*Grace Abounding*，1666）

《等待上帝》西蒙・韋伊（1979）
《深夜加油站遇見蘇格拉底》丹・米爾曼（1989）
《新靈魂觀》蓋瑞・祖卡夫（1990）
《卡巴拉精髓：猶太神祕主義的核心》丹尼爾・C・邁特（1994）
《靈魂的旅程》麥可・紐頓（1994）
《聖境預言書：邁向生命新境界的起點》詹姆士・雷德非（1994）
《一條簡單的道路》德蕾莎修女（1994）
《讓心自由：最平靜喜悅的靈性生活實用指南》唐・梅桂爾・魯伊茲（1997）
《凱爾特智慧》約翰・多諾修（1998）
《當下的力量：通往靈性開悟的指引》艾克哈特・托勒（1998）
《與神對話》尼爾・唐納・沃許（1998）
《萬物論》肯恩・韋爾伯（2000）
《轉逆境為喜悅》佩瑪・丘卓（2001）
《標竿人生》華理克（2002）

按照出版年代排序的書單

《莊子》莊子（西元前四世紀）
《奧古斯丁懺悔錄》聖奧古斯丁（400）
《手冊》愛比克泰德（西元一世紀）
《幸福的煉金術》安薩里（1097）
《瑪潔麗．坎普之書》瑪潔麗．坎普（1436）
《聖女大德蘭的靈心城堡》大德蘭（1570）
《天堂與地獄》伊曼紐．史威登堡（1758）
《宇宙意識》理查德．莫里斯．巴克（1901）
《宗教經驗之種種》威廉．詹姆斯（1902）
《阿西西的聖方濟各》G．K．切斯特頓（1922）
《流浪者之歌》赫曼．赫塞（1922）
《先知》卡里．紀伯倫（1923）
《我對真理的實驗：甘地自傳》穆罕達斯．甘地（1927）
《巫士詩人神話》黑麋鹿（1932）
《地獄來鴻》C．S．路易斯（1942）
《剃刀邊緣》威廉．薩默塞特．毛姆（1944）
《一個瑜伽行者的自傳》尤迦南達（1946）
《安息日的真諦》亞伯拉罕．約書亞．赫舍爾（1951）
《麥加之路》穆罕默德．阿薩德（1954）
《眾妙之門》阿道斯．赫胥黎（1954）
《榮格自傳：回憶．夢．省思》卡爾．古斯塔夫．榮格（1955）
《與奇人相遇》G．I．葛吉夫（1960）
《路標》道格．哈馬紹（1963）
《人生中不可不想的事》克里希那穆提（1964）
《麥爾坎．X的自傳》麥爾坎．X（1964）
《蘇菲之路》伊德里斯．夏（1968）
《天地一沙鷗》李察．巴哈（1970）
《禪者的初心》鈴木俊隆（1970）
《活在當下》拉姆．達斯（1971）
《巫士唐望的世界》卡羅斯．卡斯塔尼達（1972）
《突破修道上的唯物》邱陽．創巴仁波切（1973）
《禪與摩托車維修的藝術》羅伯特．M．波西格（1974）
《正念的奇蹟》一行禪師（1975）
《物理學之道：近代物理學與東方神祕主義》弗里喬夫．卡普拉（1976）
《奇蹟課程》海倫．舒曼＆威廉．賽佛（1976）
《螺旋之舞》星鷹（1979）

&威廉・賽佛，《奇蹟課程》）
Shah, I.（1990）*The Way of the Sufi*, London: Penguin.（伊德里斯・夏，《蘇菲之路》）
Starhawk（1999）The Spiral Dance: A Rebirth of the Ancient Religion of the
Great Goddess, New York: HarperCollins.（星鷹，《螺旋之舞》）
Suzuki, S.（2003）*Zen Mind, Beginner's Mind: Informal Talks on Zen Meditation and Practice*, New York: Weatherhill, Inc.（鈴木俊隆，《禪者的初心》）
Swedenborg, E.（1976）*Heaven and Hell*, trans. George F. Dole, New York: Swedenborg Foundation.（伊曼紐・史威登堡，《天堂與地獄》）
Teresa of Avila（1989）*Interior Castle*, New York: Doubleday.（大德蘭，《聖女大德蘭的靈心城堡》）
Mother Teresa（1995）*A Simple Path*, comp. Lucinda Vardey, London: Rider.（德蕾莎修女，《一條簡單的道路》）
Tolle, E.（2001）*The Power of Now: A Guide to Spiritual Enlightenment*, Sydney: Hodder.（艾克哈特・托勒，《當下的力量：通往靈性開悟的指引》）
Trungpa, C.（1987）*Cutting through Spiritual Materialism*, Boston: Shambhala Dragon Editions.（邱陽・創巴仁波切，《突破修道上的唯物》）
Walsch, N. D.（1997）*Conversations with God: An Uncommon Dialogue*, London: Hodder & Stoughton.（尼爾・唐納・沃許，《與神對話》）
Warren, R.（2002）*The Purpose-Driven Life*, Grand Rapids: Zondervan.（華理克，《標竿人生》）
Weil, S.（2001）*Waiting for God*, New York: HarperCollins.（西蒙・韋伊，《等待上帝》）
Wilber, K. A.（2001）*A Theory of Everything: An Integral Vision for Business*, Politics, Science and Spirituality, Dublin: Gateway.（肯恩・韋爾伯，《萬物論》）
Yogananda, P.（2001）*Autobiography of a Yogi*, Los Angeles: Self-Realization Fellowship.（尤迦南達，《一個瑜伽行者的自傳》）
Zukav, G.（1991）*The Seat of the Soul: An Inspiring Vision of Humanity's Spiritual Destiny*, London: Rider Books.（蓋瑞・祖卡夫，《新靈魂觀》）

奇人相遇》)
Hammarskjöld, D.(1964)*Markings*, trans. W. H. Auden & L. Sjoberg, London: Faber and Faber.(道格・哈馬紹,《路標》)
Heschel, A. J.(1975)*The Sabbath: Its Meaning for Modern Man*, New York: Farrar, Straus and Giroux.(亞伯拉罕・約書亞・赫舍爾,《安息日的真諦》)
Hesse, H.(2000)*Siddhartha*, Boston: Shambhala Classics.(赫曼・赫塞,《流浪者之歌》)
Huxley, A.(1994)*The Doors of Perception*, London: Flamingo.(阿道斯・赫胥黎,《眾妙之門》)
James, W.(undated)*The Varieties of Religious Experience*, New York: Dolphin Doubleday.(威廉・詹姆斯,《宗教經驗之種種》)
Jung, C. G.(1978)*Memories, Dreams*, Reflections, Glasgow: William Collins.(卡爾・古斯塔夫・榮格,《榮格自傳:回憶・夢・省思》)
The Book of Margery Kempe(1936)trans. W. Butler-Bowdon, London: Jonathan Cape.(瑪潔麗・坎普,《瑪潔麗・坎普之書》)
Krishnamurti, J.(1970)*Think on These Things*, New York: Harper & Row.(克里希那穆提,《人生中不可不想的事》)
Lewis, C. S.(2001)*The Screwtape Letters*, London: HarperCollins.(C・S・路易斯,《地獄來鴻》)
Malcolm X(2001)*The Autobiography of Malcolm X*, London: Penguin Classics.(麥爾坎・X,《麥爾坎・X的自傳》)
Matt, D. C.(1994)*The Essential Kabbalah: The Heart of Jewish Mysticism*, New York: HarperCollins.(丹尼爾・C・邁特,《卡巴拉精髓:猶太神祕主義的核心》)
Maugham, W. S.(2000)*The Razor's Edge*, London: Vintage.(威廉・薩默塞特・毛姆,《剃刀邊緣》)
Millman, D.(2000)*Way of the Peaceful Warrior: A Book that Changes Lives*, Tiburon: H. J. Kramer.(丹・米爾曼《深夜加油站遇見蘇格拉底》)
Newton, M.(2002)*Journey of Souls: Case Studies of Life Between Lives*, St. Paul: Llewellyn Publications.(麥可・紐頓,《靈魂的旅程》)
Nhat Hanh, T.(1987)*The Miracle of Mindfulness: An Introduction to the Practice of Meditation*, trans. Mobi Ho, Boston: Beacon Press.(一行禪師,《正念的奇蹟》)
O'Donohue, J.(1998)*Anam Cara: Spiritual Wisdom from the Celtic World*, London: Bantam.(約翰・多諾修,《凱爾特智慧》)
Pirsig, R. M.(1999)*Zen and the Art of Motorcycle Maintenance*, London: Vintage.(羅伯特・M・波西格,《禪與摩托車維修的藝術》)
Redfield, J.(1993)*The Celestine Prophecy: An Adventure*, New York: Bantam.(詹姆士・雷德非,《聖境預言書:邁向生命新境界的起點》)
Ruiz, M.(1997)*The Four Agreements: A Practical Guide to Personal Freedom*, San Rafael, CA: Amber-Allen Publishing.(唐・梅桂爾・魯伊茲,《讓心自由:最平靜喜悅的靈性生活實用指南》)
Schucman, H. & Thetford, W.(1996)*A Course in Miracles*, New York: Viking.(海倫・舒曼

英文參考書目

◎括號裡的日期是以下這些版本的出版年份。原始出版日期已註明於五十篇評論中。
（依作者英文姓氏字母排序）

Asad, M.（1954）*The Road to Mecca*, New York: Simon & Schuster.（穆罕默德・阿薩德，《麥加之路》）

The Confessions of Saint Augustine（1983）trans. E. M. Blaiklock, London: Hodder & Stoughton.（聖奧古斯丁，《奧古斯丁懺悔錄》）

Bach, R.（1973）*Jonathan Livingston Seagull*, London: Pan Books.（李察・巴哈，《天地一沙鷗》）

Black Elk, N. and Neihardt, J. G.（2000）*Black Elk Speaks*, Lincoln: University of Nebraska Press.（黑麋鹿，《巫士詩人神話》）

Bucke, R. M.（1991）*Cosmic Consciousness*, London: Arkana.（理查德・莫里斯・巴克，《宇宙意識》）

7 Capra, F.（1989）*The Tao of Physics: An Exploration of the Parallels between Modern Physics and Eastern Mysticism*, London: Flamingo（弗里喬夫・卡普拉，《物理學之道：近代物理學與東方神祕主義》）

Castaneda, C.（1972）*Journey to Ixtlan*, London: Bodley Head.（卡羅斯・卡斯塔尼達，《巫士唐望的世界》）

Chesterton, G. K.（2001）*St Francis of Assisi*, Thirsk: House of Stratus.（G・K・切斯特頓，《阿西西的聖方濟各》）

Chödrön, P.（2003）*The Places that Scare You: A Guide to Fearlessness in Difficult Times*, London: Element.（佩瑪・丘卓，《轉逆境為喜悅》）

The Book of Chuang Tzu（1996）trans Martin Palmer with Elizabeth Breuilly, Chang Wai Ming, & Jay Ramsay, London: Penguin. Cleary, T.（1992）The Essential Tao: An Initiation in the Heart of Taoism through the Authentic Tao Te Ching and the Inner Teachings of Chuang-Tzu, New Jersey: Castle Books.（莊子，《莊子》）

Dass, R.（1978）*Be Here Now*, Albuquerque: Hanuman Foundation.（拉姆・達斯，《活在當下》）

Epictetus（1909）*A Selection from the Discourses of Epictetus with The Encheiridion*, trans. George Long, Project Gutenberg, www.gutenberg.org.（愛比克泰德，《手冊》）

Gandhi, M.（1957）*An Autobiography: The Story of My Experiments with Truth*, Beacon Press.（穆罕達斯・甘地，《我對真理的實驗：甘地自傳》）

Muhammad Al-Ghazzali（1909）*The Alchemy of Happiness*, trans. Claud Field, London: J. Murray; also at www.sacred-texts.com.（安薩里，《幸福的煉金術》）

Gibran, K.（1970）*The Prophet*, London: Heinemann.（卡里・紀伯倫，《先知》）

Gurdjieff, G. I.（1978）*Meetings with Remarkable Men*, London: Picador.（G・I・葛吉夫，《與

一次讀懂心靈探索經典 / 湯姆．巴特勒─鮑登 (Tom Butler-Bowdon) 著 ; 游淑峰譯.
-- 一版. -- 臺北市：時報文化，2019.08；496 面；14.8×21 公分. --
譯自 : 50 spiritual classics
ISBN 978-957-13-7890-9（平裝） 1.推薦書目
012.4 108011277

一次讀懂心靈探索經典
50 SPIRITUAL CLASSICS

作者 湯姆．巴特勒─鮑登（Tom Butler-Bowdon）｜**譯者** 游淑峰
主編 湯宗勳｜**責任編輯** 廖婉婷｜**責任企劃** 王聖惠｜**美術設計** 兒日｜**電腦排版** 宸遠彩藝
董事長 趙政岷｜**出版者** 時報文化出版企業股份有限公司 10803台北市和平西路三段240號1-7樓
發行專線 (02)2306-6824｜**讀者服務專線** 0800-231-705．(02)2304-7103｜**讀者服務傳真** (02)2304-6858
郵撥 1934-4724時報文化出版公司｜**信箱** 台北郵政79~99信箱
時報悅讀網 http://www.readingtimes.com.tw｜**電子郵箱** new@readingtimes.com.tw
法律顧問 理律法律事務所 陳長文律師、李念祖律師
印刷 勁達印刷有限公司｜**一版一刷** 2019年8月16日｜**定價** 新台幣600元

時報文化出版公司成立於一九七五年，並於一九九九年股票上櫃公開發行，
於二〇〇八年脫離中時集團非屬旺中，以「尊重智慧與創意的文化事業」為信念。